大学金融投资类系列教材

The Securities and Exchange Training

证券交易实训

李庆华◎主编

華東理工大學出版社
EAST CHINA UNIVERSITY OF SCIENCE AND TECHNOLOGY PRESS
·上海·

图书在版编目(CIP)数据

证券交易实训/李庆华主编. —上海:华东理工大学出版社,2014.6(2021.7重印)

ISBN 978-7-5628-3912-5

Ⅰ.①证… Ⅱ.①李… Ⅲ.①证券交易—教材 Ⅳ.①F830.91

中国版本图书馆CIP数据核字(2014)第096507号

大学金融投资类系列教材

证券交易实训

主　　编/李庆华
策划编辑/李　骁
责任编辑/左金萍
责任校对/张　波
封面设计/戚亮轩
出版发行/华东理工大学出版社有限公司
地　　址:上海市梅陇路130号,200237
电　　话:(021)64250306(营销部)
传　　真:(021)64252707
网　　址:press.ecust.edu.cn
印　　刷/江苏凤凰数码印务有限公司
开　　本/710 mm×1000 mm　1/16
印　　张/10.5
字　　数/199千字
版　　次/2014年6月第1版
印　　次/2021年7月第2次
书　　号/ISBN 978-7-5628-3912-5
定　　价/29.80元

联系我们:电子邮箱 press@ecust.edu.cn
官方微博 e.weibo.com/ecustpress
淘宝官网 http://shop61951206.taobao.com

扫描进入手机淘宝网店

前　言

证券交易实训是以上海证券交易所和深圳证券交易所 A 股股票市场交易为基础数据，通过网上模拟交易平台进行投资。该实训的股票买卖是在沪深股市交易的实际时间，以真实的价格和手续费用实时成交，与实际的股票买卖并无二致。

模拟交易市场一般为每个学员提供相同数额的起始资金，每个学员可以用这些资金进行股票委托买卖。在实训过程中，采用的是学生自我管理和相互管理、指导教师在一旁监督的管理模式。每个学员都有各自不同的投资目标和投资理念，因此在实训过程中，他们选择的投资模式也会有很大的差别。每个学生按照自己的目标各自进行行业板块研究，这样既可以发挥教师的指导作用，又可以给学生最大的自由发挥空间。

"证券交易实训"是投资与理财专业的一门专业核心必修课程，它以证券基础知识、证券交易为基础，研究证券交易技巧，再配合大量的实训项目，为金融系毕业生的职业生涯发展打下一定的专业基础。

本书的编写得到了上海东海职业技术学院的积极支持和密切配合，尹雷方、陆爱勤、崔红军、胡俊霞、郑梅清、唐娟等老师也给予了全力配合，在此表示衷心的感谢！

由于种种缘由，每每在书稿完成之后，总能发现缺憾之处，本书也不例外。诚恳希望各位读者在阅读本书的过程中，指出其中存在的缺点和错误，并提出宝贵的指导意见，这是对作者的最高奖赏和鼓励。作者邮箱：xiaosunyoung@gmail. com，谢谢广大读者的厚爱！

目 录

实训 1

股票分析软件的使用与行情阅读

本项目共设计了两个任务，分别是“股票分析软件的使用”和“行情阅读”，并简要介绍了股票的内涵、股票的特征与分类，以及我国股票的基本情况。

股票分析软件是与股票公司或其他专业机构服务器相连的，可查看股票即时行情和相关信息，并支持网上股票交易的专用股票软件。读者可以按任务“股票分析软件”的指引，下载、安装和操作东方财富通行情分析软件直至熟练操作。

股票即时行情是指大盘和股票在交易日中产生的价格(点位)、成交量等实时指标数据。读者可以根据任务“股票分析软件的使用”和“行情阅读”的指引，分别对大盘、个股即时行情的实时指标进行解读与分析，并研判未来走势。

股票价格指数是用以反映整个股票市场上各种股票市场价格的总体水平及其变动情况的指标。它是由证券交易所或金融服务机构编制的表明股票行市变动的一种供参考的指示数字。由于股票价格起伏无常，投资者必然面临市场价格风险。

对于具体某一种股票的价格变化，投资者容易了解，而对于多种股票的价格变化，要逐一了解，既不容易，也不胜其烦。为了适应这种情况和需要，一些金融服务机构就利用自己的业务知识和熟悉市场的优势，编制出股票价格指数(比如道富投资)，并公开发布，作为市场价格变动的指标。投资者据此可以检验自己投资的效果，并用以预测股票市场的动向。同时，新闻界、公司老板等也以此为参考指标，来观察、预测经济发展趋势。

目前，国际上主要的股票指数以道·琼斯指数、标准普尔指数、纽约证券交易所股票价格指数、英国金融时报股票价格指数、日经股票价格指数、香港恒生指数等为代表。我国上海证券交易所、深圳证券交易所和中证指数有限公司等三个机构公布的数十种股价指数，其中以上证指数、上证 180 指数、沪深 300 指数等为代表。

【实训目的】

1. 了解股票市场的行情资讯和交易系统；
2. 掌握股票分析软件系统的操作方法；
3. 理解大盘和分时走势图的含义；
4. 理解各个行情指标的作用和意义。

【实训要求】

1. 清楚股票投资软件系统的结构和作用；
2. 股票投资、股票分析软件的使用和操作；
3. 读懂大盘领先指标和分时走势图；
4. 掌握开盘价、收盘价、委比、量比、内盘、外盘的含义与运用。

【实训内容】

一、了解股票投资、股票分析软件的功能

股票市场风云诡秘、瞬息万变，失之毫厘，即可造成成千上万的巨大损失。股市是一个变化莫测的市场，各种消息、预测往往满天飞，一般投资者尤其是新股民由于对股市行情信息掌握得不够充分，自然对各种消息特别敏感，一有风吹草动就会贸然行动，因此往往吃亏。投资大师巴菲特曾经说过，“我从来没有见过能预测市场走势的人”。股票分析之父格雷厄姆也说过类似的话，“如果说我在华尔街 60 多年的经验中发现过什么的话，那就是从没有人能成功地预测股市变化”。由此可见，在股市中唯一不变的就是“变化”，根据一些不知真假的“小道消息”“内幕消息”来买卖股票绝对是一种不理智的行为。因此，稳定、可靠是股票信息产业的生命，而“股票投资、股票分析软件”能够提供稳定、可靠的股票信息，是股票投资的分析工具。目前市场上有很多股票分析软件，如东方财付通、大智慧、同花顺、钱龙、通达信、涨乐等，这些软件的功能基本大同小异，建议读者最好精通一种。本实训以东方财富通金融终端作为股票分析软件进行教学。

二、股票投资、股票分析软件的下载与安装

登录东方财富通官方网站 www. caifutong. com. cn，下载东方财富通金融终端，如图 1-1 所示。

图 1-1　东方财富通金融终端

东方财富通金融终端下载完成后，直接找到你刚才下载的安装程序，双击打开，就会出现安装的界面，跟着指示操作，你就可以成功安装东方财富通金融终端。

在打开软件出现登录窗口后，点击“感受注册账号带来的全新体验”文字链。

在账户注册页面，输入你的手机号点击获取验证码，你的手机将会收到由东方财富通发送给你的 6 位验证码，如图 1-2 所示。登录主站有南方电信服务器二、南方电信服务器六等，选择其中任何一个服务器进行登录。

填写密码及验证码后，点击“注册”即可完成操作，如图 1-3。

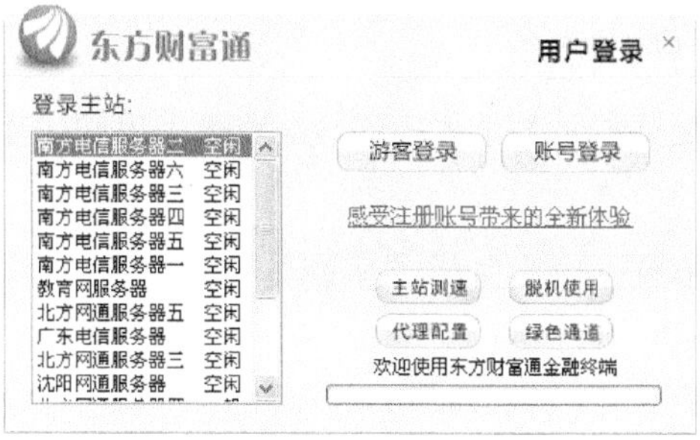

图 1-2　用户登录窗口

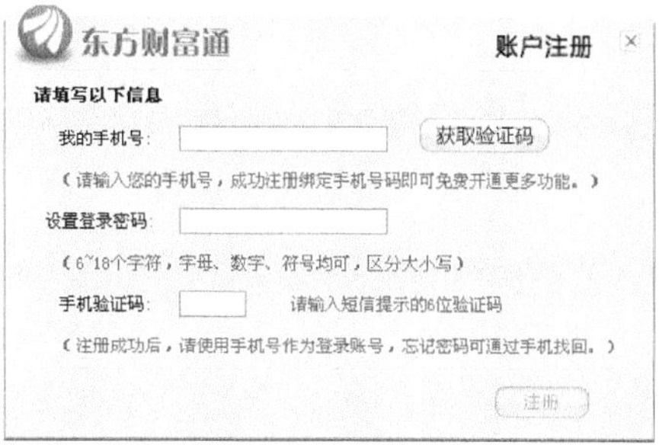

图 1-3　账户注册

你也可以选择以游客方式登录本软件，如图 1-4。

如果你已经是注册用户，也可以选择以自有账号方式登录，如图 1-5。

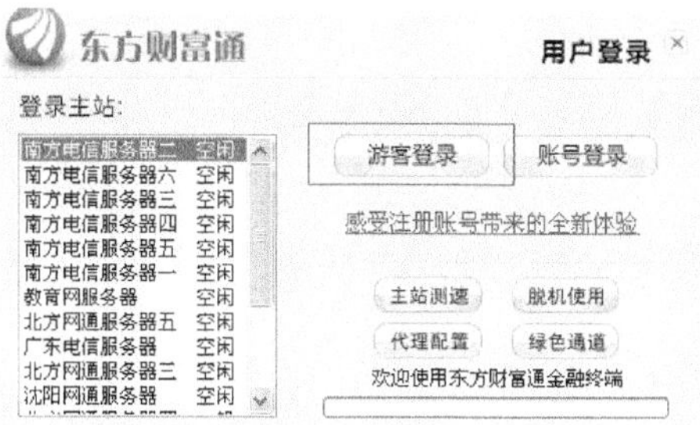

图 1-4　游客登录页面

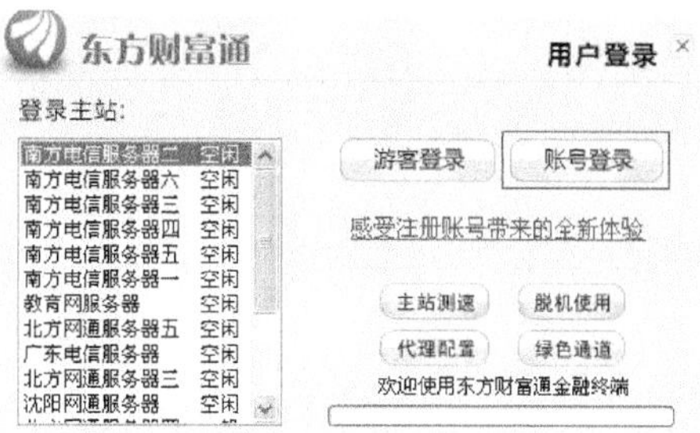

图 1-5　账号登录页面

三、股票投资、股票分析软件的使用和操作

这里先介绍软件界面构成的基本元素，以及可以从中获得的信息和实现的功能。

1. 主菜单栏

如果对股票软件还不熟悉，那么通过主菜单栏可以找到几乎所有它能够实现的功能，如图 1-6。

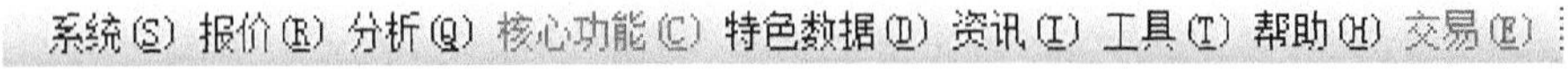

图 1-6　主菜单栏

2. 界面说明

(1) 增仓排名

统计每日交易过程中主力增减仓的成交数据，揭示市场主力资金的仓位变化情况。用户可以通过观测板块和个股的增仓数据，把握主力资金的运作方向。用户可以从主力增仓统计系统中 3 日、5 日、10 日的增仓排名顺序及股价变化中，清晰地观察手中个股的主力阶段运作趋势，如图 1-7 所示。

序	代码	名称 ●	最新	涨幅%	所属行业	今日增仓排名 查看使用说明				3日增仓排名		
						增仓占比	排名↓	排名变化	涨幅%	增仓占比	排名	排名变化
1	000018	ST中冠A	6.12	4.97	纺织服装	90.04	1	+1562	4.97	30.63	3	+2038
2	300234	开尔新材	11.68	9.98	材料行业	53.13	2	+1948	9.98	15.42	35	+419
3	300011	鼎汉技术	12.78	9.98	交运设备	40.36	3	+1	9.98	45.51	1	+2
4	000625	长安汽车	5.16	3.61	汽车行业	38.16	4	+174	3.61	11.40	113	+802
5	002634	棒杰股份	11.55	10.00	纺织服装	33.92	5	+1048	10.00	20.11	14	+1295
6	000766	通化金马	6.16	10.00	医药行业	33.76	6	+2	10.00	36.69	2	0
7	002084	海鸥卫浴	5.38	3.66	水泥建材	32.42	7	+6	3.66	25.53	7	+15
8	002659	中泰桥梁	12.98	10.00	工程建设	31.35	8	+1922	10.00	7.87	263	+1663
9	000838	*ST国兴	5.73	1.06	房地产	31.19	9	+1550	1.06	5.47	486	+1663
10	000680	山推股份	5.31	9.94	机械行业	30.04	10	+2	9.94	29.55	4	+5
11	002465	海格通信*	27.12	2.34	通讯行业	29.78	11	+6	2.34	27.46	6	+7
12	002523	天桥起重	6.61	9.98	机械行业	29.59	12	+33	9.98	21.97	11	+82
13	000630	铜陵有色	19.52	8.50	有色金属	28.64	13	+41	8.50	23.80	8	+104
14	000032	深桑达A	6.78	10.06	通讯行业	27.86	14	+1831	10.06	5.85	436	-74
15	002356	浩宁达	17.79	-1.00	仪器仪表	25.59	15	+389	-1.00	11.34	115	+318
16	600720	祁连山 *	11.62	10.04	水泥建材	24.91	16	+289	10.04	13.14	68	+192
17	000060	中金岭南	8.27	4.29	有色金属	24.71	17	+251	4.29	13.28	64	+1156
18	002471	中超电缆	14.40	1.62	输配电气	24.09	18	+654	1.62	11.46	109	+404
19	000055	方大集团	5.04	10.04	水泥建材	23.42	19	-14	10.04	27.90	5	-4
20	002193	山东如意	12.90	5.74	纺织服装	22.60	20	+2291	5.74	9.62	169	+302
21	002035	华帝股份	7.74	1.18	家电行业	22.29	21	+510	1.18	10.26	148	+762
22	000612	焦作万方	11.00	2.33	有色金属	22.11	22	+1054	2.33	7.63	279	+1220
23	600870	ST厦华	4.02	1.77	家电行业	21.31	23	+84	1.77	13.95	51	+74

图 1-7　增仓排名

增仓占比:增仓额/总成交额;

3 日排名:3 日增仓占比排名(指大盘连续交易的 3 日);

3 日变化:最近 3 日排名相比前 3 日排名的变化情况(指大盘连续交易的 3 日);

3 日涨跌:最近 3 日涨跌幅(指大盘连续交易的 3 日);

5 日排名:5 日增仓占比排名(指大盘连续交易的 5 日);

5 日变化:最近 5 日排名相比前 5 日排名的变化情况(指大盘连续交易的 5 日);

5 日涨跌:最近 5 日涨跌幅(指大盘连续交易的 5 日);

10 日排名:10 日增仓占比排名(指大盘连续交易的 10 日);

10 日变化:最近 10 日排名相比前 10 日排名的变化情况(指大盘连续交易的 10 日);

10 日涨跌:最近 10 日涨跌幅(指大盘连续交易的 10 日)。

(2) 资金流向

分析成交单交易瞬时的资金流方向和大小,利用还原算法揭示市场主力资金的流向。用户可以通过观测板块资金明细和个股资金明细,实时把握主力资金的实时动态,如图 1-8 所示。

序	代码	名称	●	最新	涨幅%	净流入↓	集合竞价	Level-2实时超大单统计				查看使用说明 Level-2实时大单统计			
								流入	流出	净额	净占比%	流入	流出	净额	净占比%
1	601377	兴业证券		9.30	10.06	8102万	167	9681万	-3293万	6388万	14.92	1.25亿	-1.08亿	1714万	4.00
2	601901	方正证券		4.23	3.93	6733万	250	9437万	-4116万	5321万	9.23	1.65亿	-1.51亿	1412万	2.45
3	000795	太原刚玉		11.83	10.05	5971万	92	4801万	-424万	4377万	20.81	4594万	-3001万	1594万	7.58
4	002648	N卫星石		35.65	-10.88	5265万	2002	417万	-22万	395万	0.82	6208万	-1338万	4870万	10.10
5	600837	海通证券		7.34	2.09	5107万	249	7122万	-2456万	4666万	13.96	9018万	-8577万	441万	1.32
6	600273	华芳纺织		8.77	6.69	4113万	6	6296万	-3025万	3271万	12.58	6597万	-5755万	842万	3.24
7	600160	巨化股份		20.18	4.40	3982万	17	4548万	-747万	3801万	11.10	7500万	-7320万	181万	0.53
8	000758	中色股份	*	16.88	3.56	3752万	548	1326万	-286万	1040万	4.04	6537万	-3824万	2713万	10.53
9	600010	包钢股份	*	4.16	1.96	3431万	78	4372万	-2783万	1589万	5.27	1.09亿	-9103万	1842万	6.12
10	600583	海油工程		5.50	5.77	3162万	4	2689万	-390万	2299万	12.38	4361万	-3497万	864万	4.65
11	000425	徐工机械		13.94	2.95	3026万	526	2095万	-1855万	239万	0.93	8404万	-5617万	2787万	10.78
12	601555	东吴证券	*	6.58	3.46	2679万	429	4971万	-3021万	1950万	3.85	1.42亿	-1.34亿	729万	1.44
13	002500	山西证券		6.76	6.62	2671万	662	1318万	-375万	943万	4.71	3988万	-2260万	1728万	8.64
14	000970	中科三环		19.00	4.68	2646万	489	2405万	-972万	1433万	5.06	7998万	-6784万	1213万	4.28
15	601318	中国平安		34.12	1.01	2594万	83	1.48亿	-1.24亿	2433万	5.28	1.32亿	-1.30亿	161万	0.35
16	002292	奥飞动漫		25.40	4.44	2449万	1082	2434万	-1686万	747万	2.03	9478万	-7777万	1702万	4.62
17	600031	三一重工		12.26	2.68	2392万	15	2408万	-985万	1424万	6.18	5474万	-4505万	968万	4.20
18	600019	宝钢股份		4.91	0.61	2080万	10	1455万	-502万	952万	10.08	4002万	-2874万	1128万	11.94

图 1-8　实时大单、超大单统计

超大单:大于等于 50 万股或者 100 万元的成交单;

大单:大于等于 10 万股或者 20 万元且小于 50 万股或者 100 万元的成交单;

中单:大于等于 2 万股或者 4 万元且小于 10 万股或者 20 万元的成交单;

小单:小于 2 万股或者 4 万元的成交单;

流入:买入成交额;

流出:卖出成交额;

主力流入:超大单加大单买入成交额之和;

主力流出:超大单加大单卖出成交额之和;

主力净流入:主力流入－主力流出;

净额:流入－流出;

净占比:(流入－流出)/总成交额。

(3) 研报中心

汇集上市公司最新研报,并提供相关盈利预测和机构评级,你可以在研报中心右上方按代码搜索个股研报,如图 1-9 所示。(相关盈利预测、机构评级等信息仅作为一种参考,对于初学者来说又获得参考价值。但是随着知识水平的提高、经验的增加,读者应该有自己的判断标准。)

机构研究报告中心 (每日动态更新) 帮助说明 免责声明

序	日期	代码	名称	相关		最新	涨幅%	评级	2012实际
				研报	行情				收益
1	5-15	600059	古越龙山	研报	行情	11.31	1.89	增持	0.301
2	5-15	000861	海印股份	研报	行情	10.68	-0.47	强烈推荐	0.875
3	5-15	000063	中兴通讯	研报	行情	12.55	-2.56	谨慎增持	-0.826
4	5-15	600655	豫园商城	研报	行情	7.40	-0.13	增持	0.673
5	5-15	600018	上港集团	研报	行情	2.76	0.36	跑赢大市	0.218
6	5-15	002690	美亚光电	研报	行情	30.26	0.23	增持	0.843
7	5-15	600352	浙江龙盛	研报	行情	9.90	-0.80	买入	0.565
8	5-15	600517	置信电气	研报	行情	13.30	2.86	买入	0.220

图 1-9　研究报告中心

盈利预测:提供统计范围内最近 6 个月各研究机构所发布研究报告的预测收益平均值和相应计算而得的预测市盈率(预测 PE)。

机构评级:提供统计范围内各研究机构所发布研究报告的评级情况。

盈利预测和机构评级也将显示在个股报价栏,如图 1-10 所示。

盈利预测		[详] 大全
年份	预测收益	预测PE
2013	2.05	4.10
2012	1.75	4.78
2011	1.46	5.74
机构评级		[详] 中心
日期	评级	机构名称
12-02	增持	宏源证券

图 1-10　盈利预测

(4) 导航栏

方便使用者在不同界面下点击相关链接,迅速进入相应栏目,如图 1-11 所示。

图 1-11　导航栏

(5) 信息地雷标记

在个股的报价列表、分时图、K 线图上，你可以见到形如小箭头或小星号的图标，将鼠标靠近图标位置后将显示信息地雷的标题概述，如图 1-12 所示。

进一步点击标题或者在鼠标的十字线移动至图标位置上方按下回车键，就会弹出一个对话框显示公告、资讯的详细内容，如图 1-13 所示。

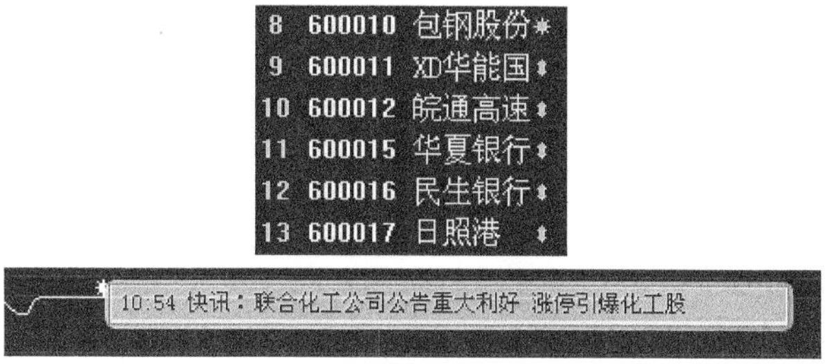

图 1-12　信息地雷标记

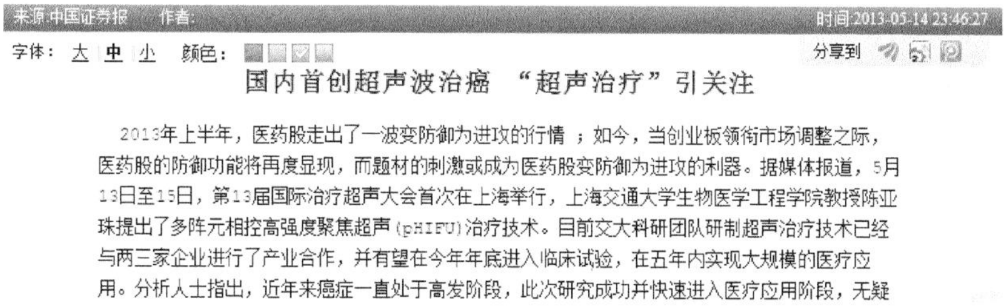

来源:中国证券报　作者:　　时间:2013-05-14 23:46:27

字体： 大 中 小　颜色：　　分享到

国内首创超声波治癌　“超声治疗”引关注

2013年上半年，医药股走出了一波变防御为进攻的行情 ；如今，当创业板领衔市场调整之际，医药股的防御功能将再度显现，而题材的刺激或成为医药股变防御为进攻的利器。据媒体报道，5月13日至15日，第13届国际治疗超声大会首次在上海举行，上海交通大学生物医学工程学院教授陈亚珠提出了多阵元相控高强度聚焦超声（pHIFU）治疗技术。目前交大科研团队研制超声治疗技术已经与两三家企业进行了产业合作，并有望在今年年底进入临床试验，在五年内实现大规模的医疗应用。分析人士指出，近年来癌症一直处于高发阶段，此次研究成功并快速进入医疗应用阶段，无疑

图 1-13　公告、资讯的详细内容

图 1-15　新闻资讯

图 1-14　全景标签

(6) 全景标签

在大盘、板块、个股报价页面的左侧会显示包括诸如分时图、K 线图、F10 资料、深度 F9、成交明细、分价表等在内的数个复页标签，你可以方便地通过切换相应标签来选择进入不同的界面，如图 1-14 所示。

(7) 新闻资讯

在大盘和个股的报价页面下方将显示相关的最新资讯，其中左侧栏显示新闻，右侧栏显示公告或研报，如图 1-15 所示。

(8) 贡献点数

根据相关行情数据,并结合计算机运算、整理,反映对大盘指数变动贡献度最大以及最小的前 20 名个股及板块信息,如图 1-16 所示。

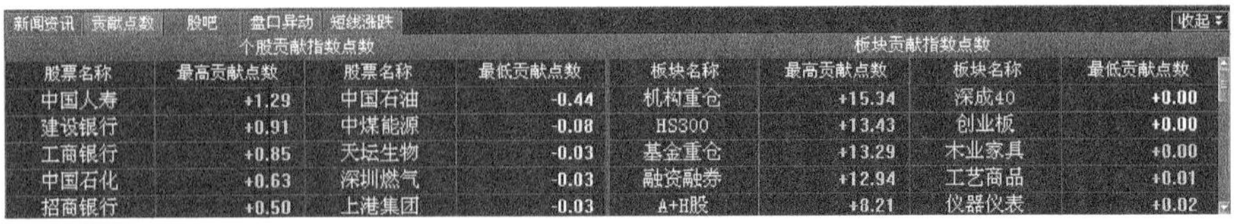

新闻资讯 贡献点数 股吧 盘口异动 短线涨跌 收起

个股贡献指数点数				板块贡献指数点数			
股票名称	最高贡献点数	股票名称	最低贡献点数	板块名称	最高贡献点数	板块名称	最低贡献点数
中国人寿	+1.29	中国石油	-0.44	机构重仓	+15.34	深成40	+0.00
建设银行	+0.91	中煤能源	-0.08	HS300	+13.43	创业板	+0.00
工商银行	+0.85	天坛生物	-0.03	基金重仓	+13.29	木业家具	+0.00
中国石化	+0.63	深圳燃气	-0.03	融资融券	+12.94	工艺商品	+0.01
招商银行	+0.50	上港集团	-0.03	A+H股	+8.21	仪器仪表	+0.02

图 1-16 贡献点数

上证指数是根据个股总市值的涨幅来计算它对大盘的贡献点数,具体计算公式为:

(个股上涨/下跌金额×个股总股数/上交所全体股票总市值)×上证指数

(9) 股吧

点击“发新帖”的按钮可以发新帖,回复他人的帖子可点击相应帖,在弹出窗口的下方进行回复。另外,也可以点击“进入××吧”来查看更多内容,如图 1-17 所示。

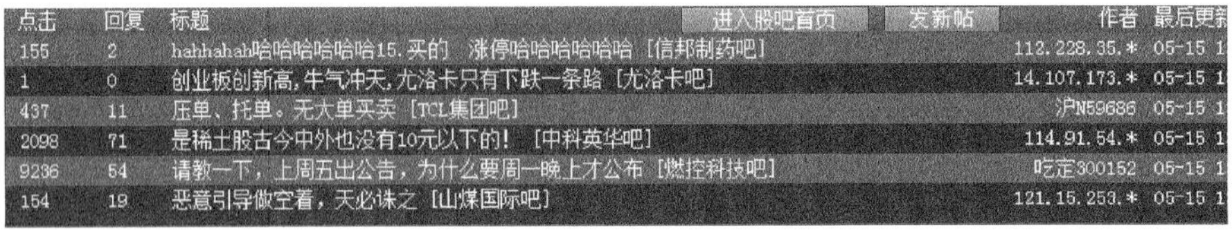

进入股吧首页 发新帖

点击	回复	标题	作者	最后更新
155	2	hahhahah哈哈哈哈哈哈15.买的 涨停哈哈哈哈哈哈 [信邦制药吧]	112.228.35.*	05-15 1
1	0	创业板创新高,牛气冲天,尤洛卡只有下跌一条路 [尤洛卡吧]	14.107.173.*	05-15 1
437	11	压单、托单。无大单买卖 [TCL集团吧]	沪N59686	05-15 1
2098	71	是稀土股古今中外也没有10元以下的! [中科英华吧]	114.91.54.*	05-15 1
9236	54	请教一下,上周五出公告,为什么要周一晚上才公布 [燃控科技吧]	吃定300152	05-15 1
154	19	恶意引导做空着,天必诛之 [山煤国际吧]	121.15.253.*	05-15 1

图 1-17 股吧

(10) 所属板块

A 股页面中相关个股功能分左右两个窗口,左侧窗口展示当前个股所属板块的情况,右侧窗口展示左侧选中板块的成分股情况,其中当前个股的名称用蓝色区分,如图 1-18 所示。

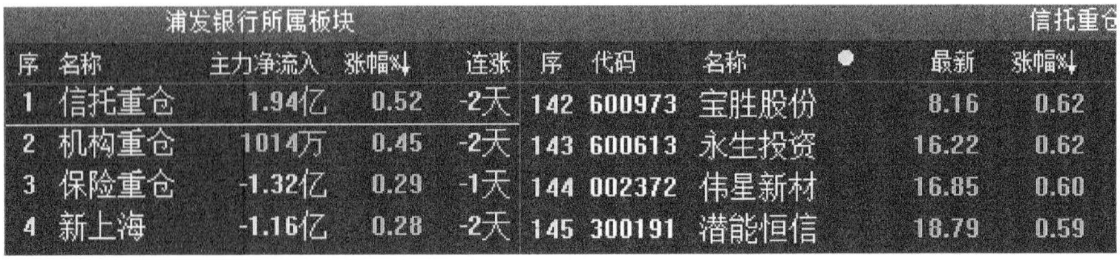

浦发银行所属板块					信托重仓				
序	名称	主力净流入	涨幅%	连涨	序	代码	名称	最新	涨幅%
1	信托重仓	1.94亿	0.52	-2天	142	600973	宝胜股份	8.16	0.62
2	机构重仓	1014万	0.45	-2天	143	600613	永生投资	16.22	0.62
3	保险重仓	-1.32亿	0.29	-1天	144	002372	伟星新材	16.85	0.60
4	新上海	-1.16亿	0.28	-2天	145	300191	潜能恒信	18.79	0.59

图 1-18 所属板块

(11) 核心题材

方便投资者快速了解该公司的经营范围、所属板块等信息，如图 1-19 所示。

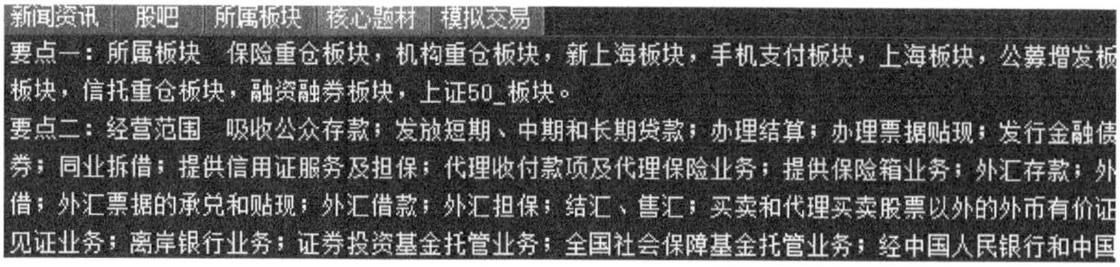

图 1-19　核心题材

(12) 盘口异动

盘口异动可以助你获知个股当日盘中异动交易的统计信息，方便你监测异动股。此外，该部分信息也将在首页盘口异动区域以及右下角状态栏中滚动提示，如图 1-20 所示。

新闻资讯　贡献点数　股吧　盘口异动　短线涨跌

时间	股票名称	即时状态	时间	股票名称	即时状态
13:25:14	德豪润达	有大卖盘	13:27:21	士兰微	封涨停板
13:25:21	青岛啤酒	卖出撤单	13:27:41	博实股份	火箭发射
13:26:36	博实股份	火箭发射	13:28:07	申能股份	有大买盘
13:26:42	数码视讯	机构买单	13:28:07	亿阳信通	卖出撤单
13:26:53	数码视讯	有大买盘	13:28:11	数码视讯	有大卖盘
13:27:02	士兰微	有大卖盘	13:28:33	海信电器	买入撤单
13:27:13	德豪润达	火箭发射	13:28:42	数码视讯	火箭发射

盘口异动		
13:28:53	深天马A	有大卖盘
13:28:57	岳阳兴长	火箭发射
13:29:03	重庆百货	买入撤单
13:29:03	三聚环保	火箭发射
13:29:11	数码视讯	有大卖盘
13:29:11	依米康	大笔卖出
13:29:23	初灵信息	机构买单
13:29:57	数码视讯	火箭发射
13:30:07	青海明胶	封涨停板
13:30:27	初灵信息	火箭发射

图 1-20　盘口异动

(13) 短线涨跌

统计单位时间内沪深两市个股的涨跌幅排行，如图 1-21 所示。

3. 操作指南

(1) 系统

假如你已登录东方财富通金融终端后，希望更换服务器，你可以点击“系统→重新登录服务器”重新选择你的服务器，如图 1-22 所示。

沪A五分钟涨幅			沪A五分钟跌幅		
生益科技	4.72	1.07%	长城汽车	37.23	-0.77%
联创光电	7.68	1.05%	陆家嘴	11.60	-0.77%
昌九生化	35.05	1.01%	联环药业	12.06	-0.66%
环旭电子	19.38	0.94%	敦煌种业	6.66	-0.60%
华微电子	4.52	0.89%	S中纺机	16.88	-0.59%
号百控股	8.78	0.80%	长电科技	5.58	-0.53%

图 1-21　沪 A 五分钟涨跌

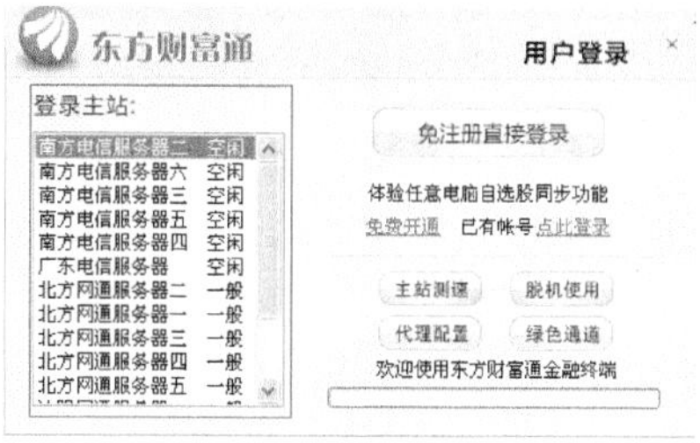

图 1-22　用户登录

点击“系统→断开行情”可进入脱机状态，这时，所有的数据都来自上次连接时的数据缓存，你可以在非开市时间做盘后分析，如图 1-23 所示。

点击“系统→系统参数设置”可以对终端最小化时是否缩小到系统托盘等常用参数做相关设置，如图 1-24 所示。

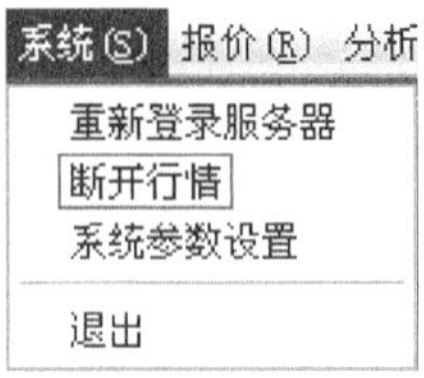

图 1-23　断开行情

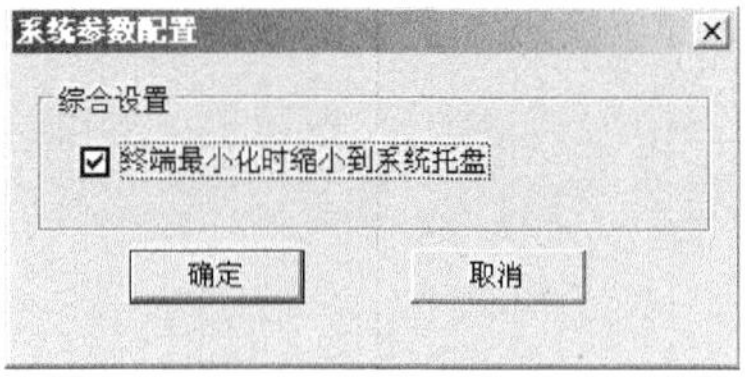

图 1-24　参数配置

(2) 报价

可以查看沪市、深市、A 股、B 股、中小板、创业板、股指期货、商品期货、权证、基金等的最新报价，如图 1-25 所示。

图 1-25　最新报价

(3) 分析

分时技术指标：它是指标功能在分时界面加入技术指标，包括分时 DDX、分时博弈、MACD、KDJ、量比等常用资金流及技术指标，其中，分时 DDX 显示每分钟的 DDX 和当日累积数值；分时博弈将个股资金流分为超级资金、大户资金、中户资金和散户资金四部分，分类显示当日这四类资金的累积流入流出。方便用户对短期走势进行技术分析，把握短线操作机会。

点击分时技术指标栏里的各个指标进行切换，默认展示 1 个，可通过右键菜单——【画面组合】进行切换，最多支持展示 5 个指标，指标栏右上方的关闭按钮可关闭当前指标。如图 1-26 所示。

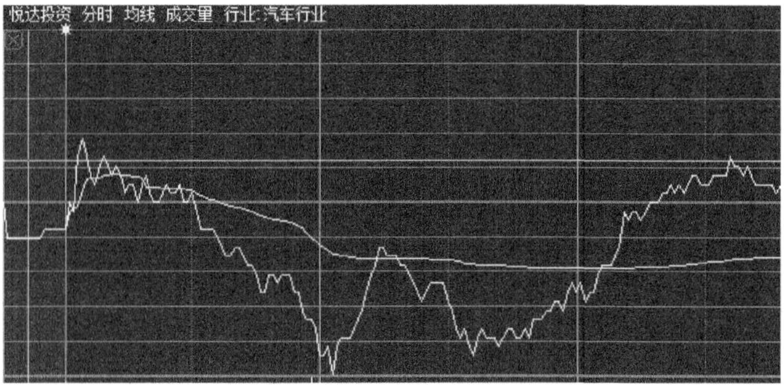

图 1-26　分时技术指标

缺口提示：它是指股价在快速大幅变动中有一段价格没有任何交易，显示在股价趋势图上是一个真空区域，这个区域称之为“缺口”，缺口提示功能用于显示K线界面内最新未回补的缺口位置及其大小，对于股价的运行具有一定的支撑和压力作用。

K线界面左上方的【显示缺口】按钮，切换缺口的显隐状态，默认展示1个，最多能展示3个缺口，如图1-27所示。

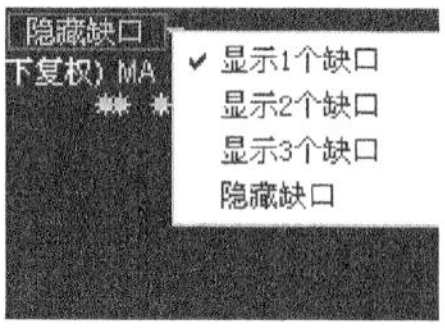

图1-27 缺口提示

K线界面右键菜单——【缺口提示】，如图1-28所示。

K线叠加：用户在K线界面增加其他品种的K线并以百分比坐标一起展示，用于比较不同品种走势的强弱或相关性，支持不同周期，目前最多可同时叠加5个不同品种的K线，如图1-29所示。

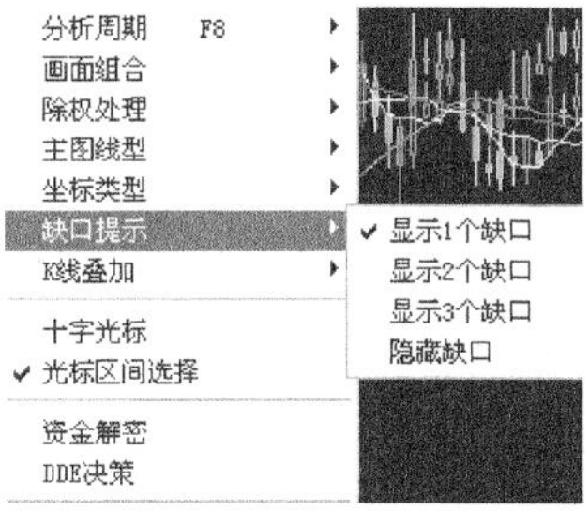

图1-28 缺口提示

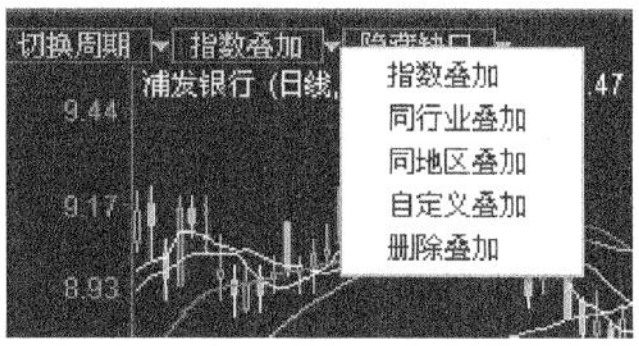

图1-29 K线叠加

K线界面左上方的按钮【K线叠加】→【添加叠加】，在弹出的对话框中选择你想叠加的品种，支持键盘宝，【删除叠加】则清空所有叠加，如图1-30所示。

K线右键菜单操作同上。

鼠标悬停叠加的K线，可以查看其高开低收的明细。

删除叠加：选中叠加K线，按Delete键；或右键菜单删除叠加，如图1-31所示。

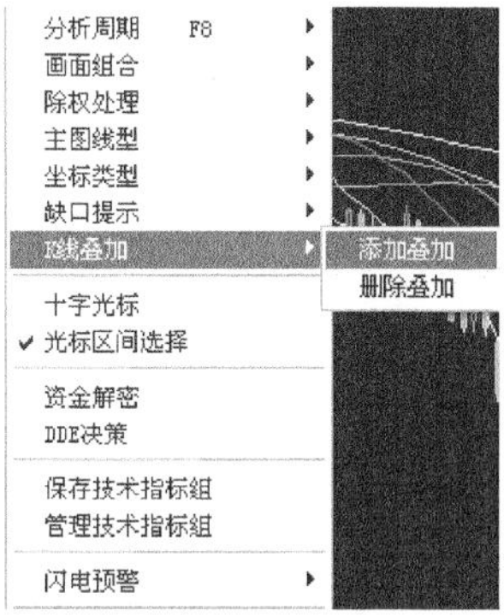

图1-30 K线叠加

设置指标显示：它能帮助使用者快速修改指标显示中实体线的颜色和线宽，颜色包括常用配色，同时也支持自定义，线宽范围为1～9，1为最细，默认设置为1。对主图、副图或你的自定义指标同样支持，满足你的专属显示需求，如图1-32所示。

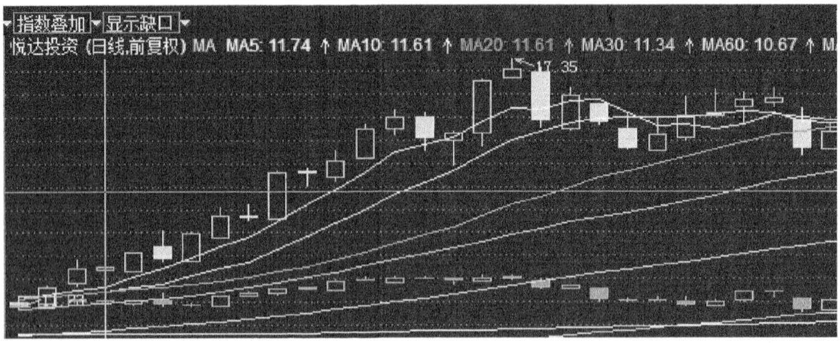

图 1-31　删除叠加

在你需要修改的指标区域右键菜单——【设置技术指标＜MA＞显示】(MA 为你想修改的指标名)，如图 1-33 所示。

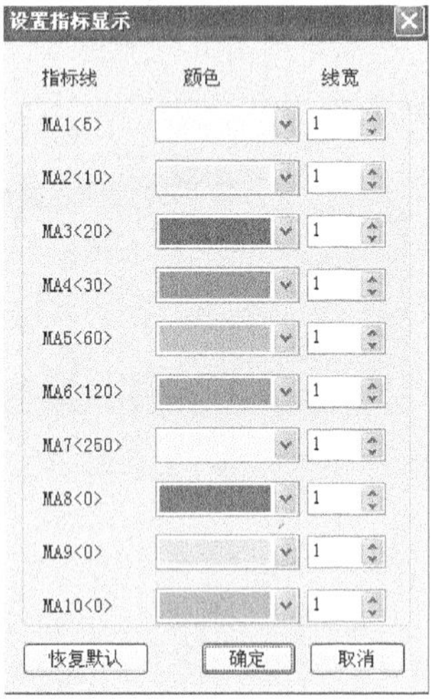

图 1-32　设置指标显示

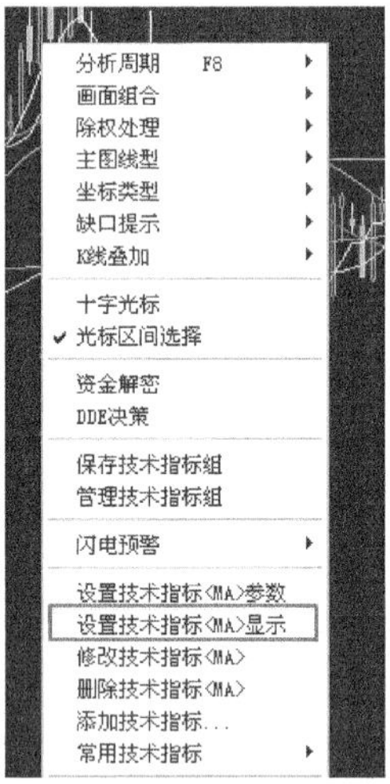

图 1-33　设置技术指标显示

弹出的对话框中，根据你想修改的指标线名，修改对应的颜色，设置下拉菜单和线宽列表框，点击按钮“C”自定义颜色，你的修改可以即时在 K 线区域查看，下方【恢复默认】按钮可以重置你的设置，如图 1-34 所示。

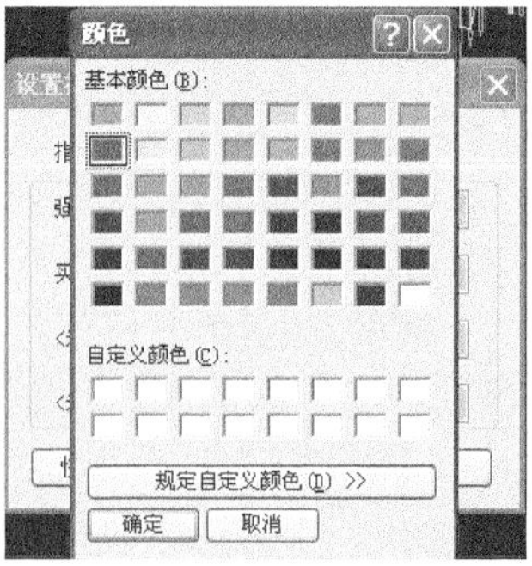

图 1-34　自定义 K 线颜色

筹码分析：筹码分析又称成本分析，它是基于数学模型算法，通过对成交换手的动态分析和研究，透视出市场成本转换的全过程，并形象地表明不同时间段、不同价位持仓筹码的分布量和变化情况，如图 1-35 所示。

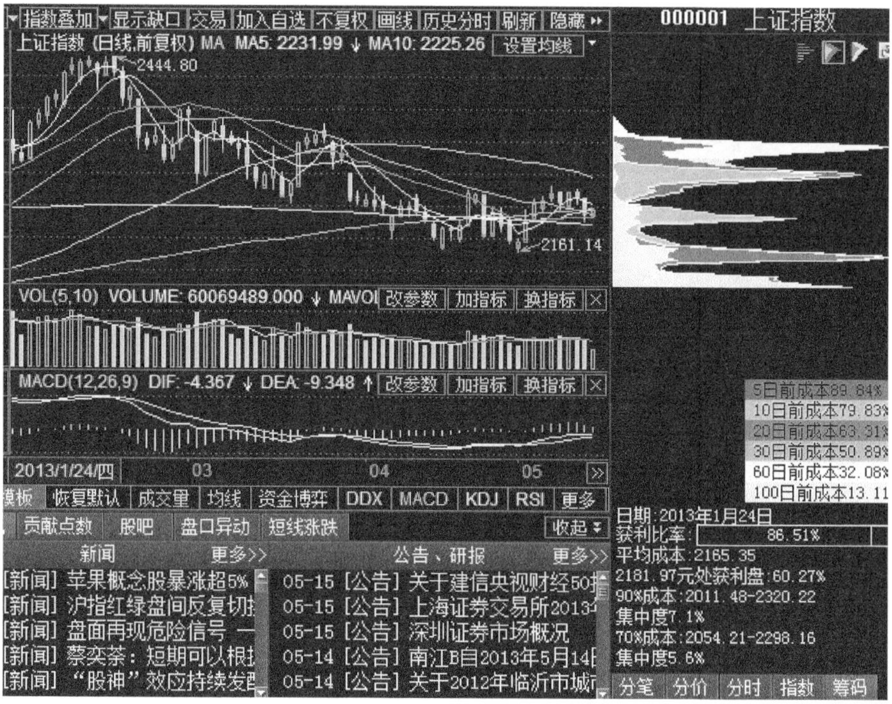

图 1-35 筹码分析

各种成本图的介绍如下：

① 上市以来的筹码分布图：点击右上部的第一个图标，显示上市以来的筹码分布图。黄色区域表示获利筹码的分布情况，白色区域表示亏损筹码的分布情况，蓝线是指市场的平均成本的位置，如图 1-36 所示。

② 远期移动筹码分布图：点击右上部的第二个图标，显示远期移动筹码分布图。比如，可以用不同颜色显示上市到 30 天前的成本分布、上市到 60 天前的成本分布、上市到 90 天前的成本分布。要注意的是，30 天前的成本分布包含了 60 天前的成本分布，因此，除了它自身的颜色区域外，还包括 60 天前的成本分布颜色区域；而 60 天前的成本分布又包含了 90 天前的成本分布，……，如图 1-37 所示。

③ 近期移动筹码分布图：点击右上部的第三个图标，显示近期移动筹码分布图。比如，可以用不同颜色显示 5 天内的成本分布、20 天内的成本分布、60 天内的成本分布。要注意的是，20 天的成本分布包含了 5 天的成本分布，60 天的成本分布又包含了 20 天的成本分布，……，如图 1-38 所示。

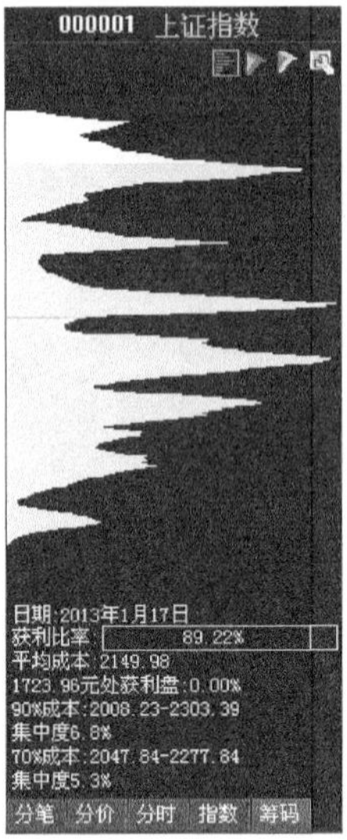

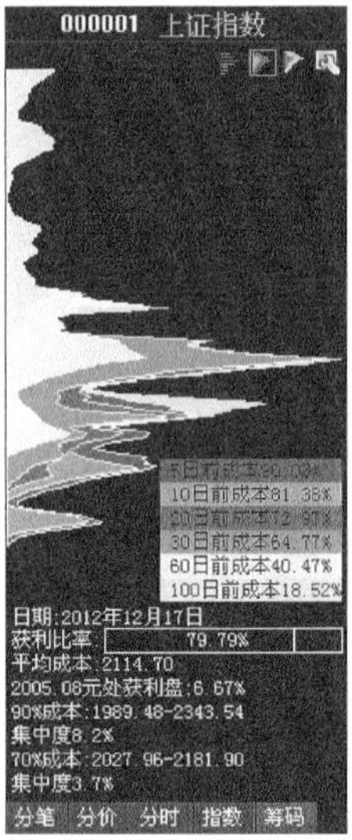

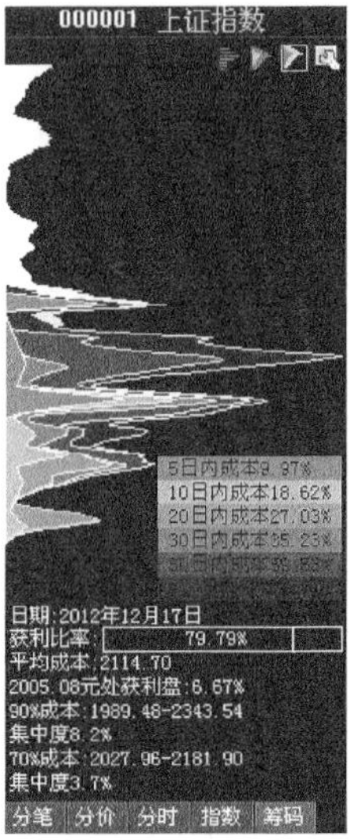

图 1-36　筹码分布图　图 1-37　远期移动筹码分布图　图 1-38　近期移动筹码分布图

筹码分布的设置:点击筹码分布图右上角的工具标志,对移动成本分析图的计算方式、历史衰减换手系数、近期成本分布和远期成本分布的参数进行设置,如图 1-39 所示。

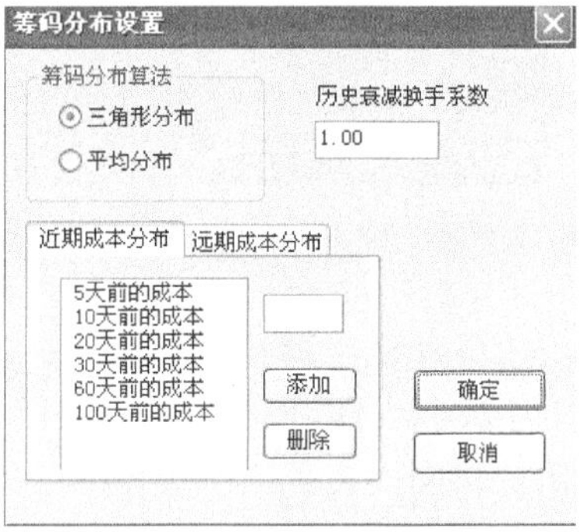

图 1-39　筹码分布设置

用法注释

当日成本算法:

当日成本×(换手率×历史换手衰减系数)+上一日成本分布图×(1－换手率×历史衰减换手系数)

平均分布:当日换手的股票数在当日的最高价和最低价之间平均分配。

三角形分布:当日换手的股票数在当日的最高价、最低价和平均价之间三角形分配。

历史衰减换手系数:表示历史换手的递减速度,将多少倍数的当日换手率从昨日的成本分布中移走,得到当日的成本分布图。

无流通盘数据时,默认 1%换手。

财务数据

详细罗列所有沪深 AB 股的每股收益、每股净资产、营业收入、营业利润、净利润、未分配利润、总资产、总负债、公积金等众多上市公司的重要财务数据,如图 1-40 所示。

序	代码	名称	更新日期	总股本	流通A股	人均持股数	每股收益	每股净资产	加权净资产收益率	营业收入
1	000001	平安银行	2013/03/31	51.2亿	31.1亿	1.21万	0.70	17.32	4.14	108亿
2	000002	万 科A	2013/03/31	110亿	96.6亿	1.56万	0.15	5.96	2.49	140亿
3	000004	国农科技	2013/03/31	8398万	8388万	6942	0.01	0.93	0.54	1735万
4	000005	世纪星源	2013/03/31	9.14亿	9.14亿	7835	-0.01	0.74	-1.36	1297万
5	000006	深振业A*	2013/03/31	12.9亿	12.7亿	2.10万	0.05	2.76	1.76	3.02亿
6	000007	零七股份	2013/03/31	2.31亿	1.85亿	9360	-0.04	1.21	-3.21	2903万
7	000008	宝利来	2013/03/31	1.52亿	7365万	9322	0.03	3.59	0.72	7229万
8	000009	中国宝安*	2013/03/31	10.9亿	10.8亿	7913	0.02	2.76	1.27	9.84亿
9	000010	S ST华新*	2013/03/31	1.47亿	6760万	9046	-0.03	0.35	-9.52	1505万

图 1-40 财务数据

研报平台

研报平台每天更新大量的投研报告，提供最全面的机构观点，帮助用户做出投资决策，如图 1-41 所示。

图 1-41 研报平台

高级选股

点击“分析→高级选股”，即可进入“高级选股”界面。点击右上角的“首页”则可以返回终端首页。

在“待选指标”中点击“＋”可以展开选项，双击相应指标，将弹出“参数编辑器”自定义选股条件。在“待选范围”中可自定义选股范围，加快搜索效率并精确搜索结果。“√”表示选中，“□”表示未选中。在点击“执行选股”后，计算机将自动选出满足条件的所有股票，列在“查询结果”窗口，同时可导入 Excel 或保存到自选股，如图 1-42 所示。

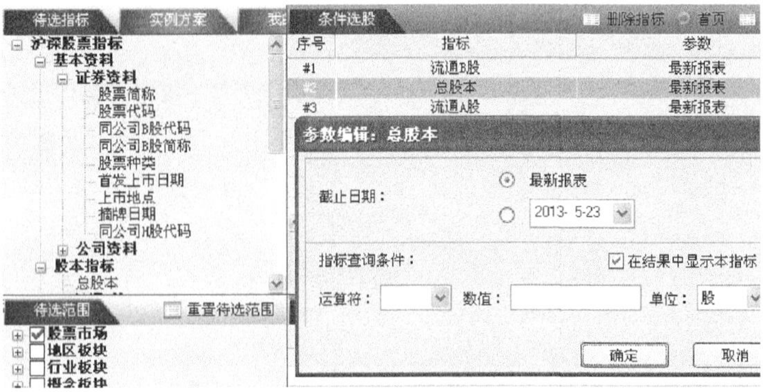

图 1-42　高级选股

在“实例方案”下可以双击各类系统自带方案，对应方案的指标自动添加至“条件选股”栏，方便用户直接调用，如图 1-43 所示。

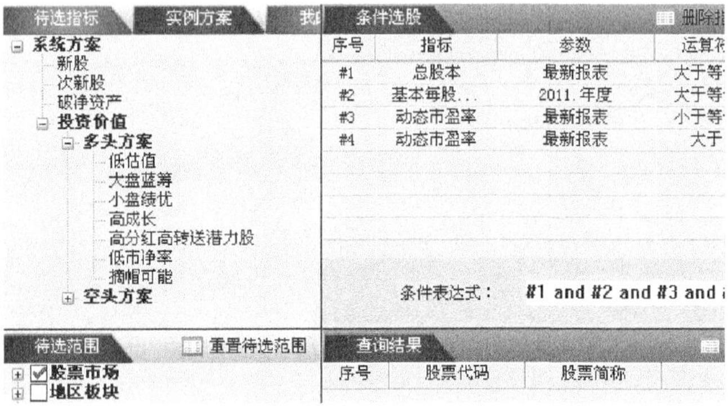

图 1-43　条件选股

用户也可以对“实例方案”进行编辑修改：双击条件列表，可以修改参数。单击一项条件，按“Delete”键，可删除选中指标。点击“重置选择方案”则清空条件列表。条件表达式的运算符中，“and”表示“与”关系，即为条件同时满足；“or”表示“或”关系，即满足其中任一指标条件。在编辑完所需指标后，可点击右上方的“保存方案”，修改条件便可按用户输入名称保存至“我的方案”中。

深度 F9

它强化了个股的公告和资讯的收集、更新、整理过程，不仅包含了沪深两市个股的最新财务信息以及各大券商的最新个股研究成果统计，而且使用多项图表功能更加清晰地展示了个股的财务数据、股本结构、行业信息以及机构对其的投资评级和盈利预测信息，从而为投资者提供了一个更加全面、及时、准确的数据平台，如图 1-44 所示。

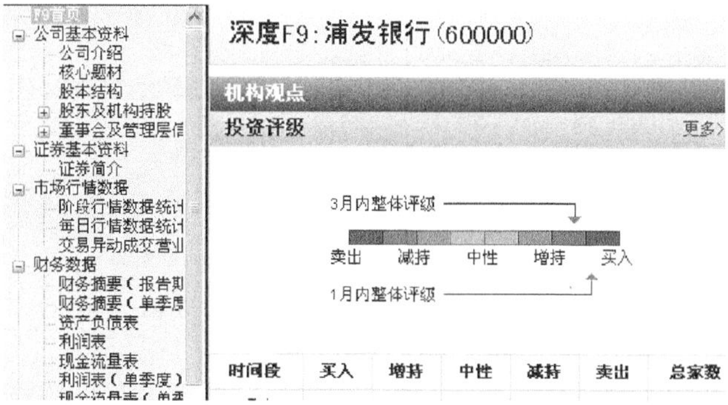

图 1-44　深度 F9

成交明细

在个股页面点击“分析-成交明细”（快捷键 F1）或全景标签中的成交明细，查看股票当天的成交情况。红色箭头表示当时成交价相对于上一成交价格上涨，绿色箭头表示当时成交价相对于上一成交价格下跌，如图 1-45 所示。

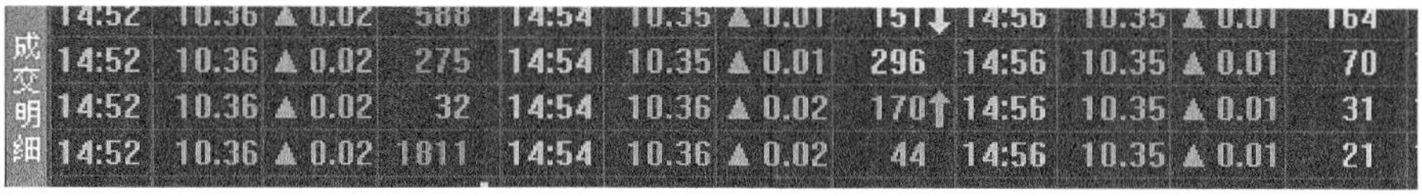

图 1-45　成交明细

选股器

快速查找匹配条件的股票，你只要点击其中的某一项目，就将弹出该项目下的各种条件分类供你选择，点击即可筛选出符合条件的股票，并且你选出的个股可以快速加入自选以便进行实时跟踪，如图 1-46 所示。

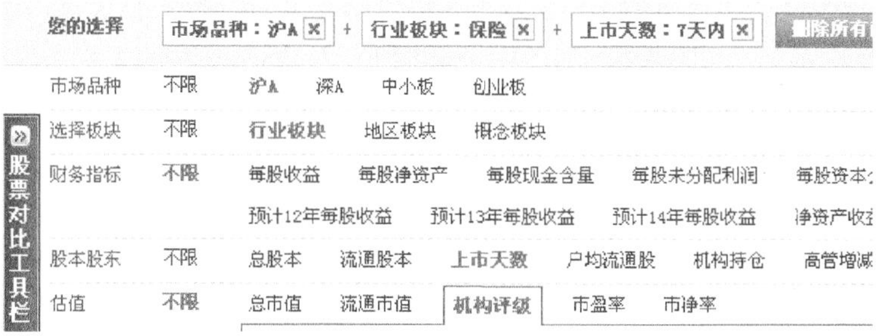

图 1-46　选股器

公式管理器

区域 1：分组标签，默认显示“全部公式”，“全部公式”中包含了系统公式和用户自编公式，按名称首字母排序。“系统公式”中包含了所有软件自带的公式，按公式类型进行了分类；“用户公式”中包含了所有自编的公式，按公式类型进行了分类。

区域 2：列出了公式类型和公式名称，公式总共分四类：技术指标、条件选股、交易系统、五彩 K 线。技术指标公式用于在主图或附图中绘制图形，条件选股公式用于根据不同的条件选出相应的个股，交易系统公式可以按条件在 K 线图上标出买卖点，五彩 K 线公式可以用颜色的变化表示买卖点的变化。

区域 3：功能区，可以分别实现新建公式、修改公式、删除公式、导出公式、导入公式、配置公式编辑器中字体和背景的颜色，如图 1-47 所示。

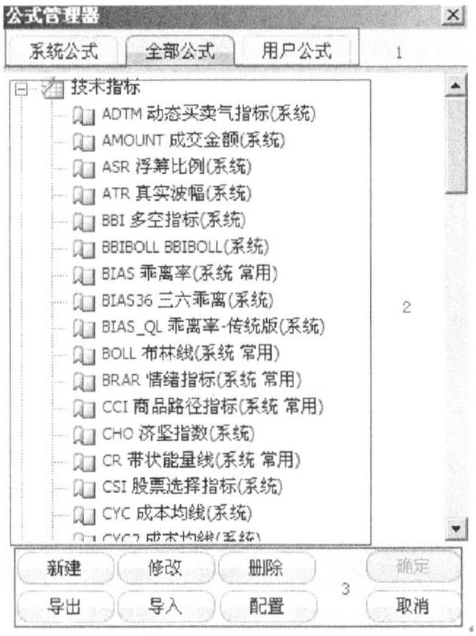

图 1-47　公式管理器

新建公式

① 点击区域 3 中的“新建”或者右键菜单中的“新建公式”，弹出新建公式窗口；

② 每个公式都需要添加公式名称，公式名需要以字母、汉字、下画线开头，且不能包含非法字符；

③ 勾选“密码保护”可以为公式加密，加密公式需要验证密码才能删除、编辑；

④ 画线方法可以选择指标公式是画在主图还是附图上；

⑤ 参数设置中添加参数，每个参数包含参数名、最小值、最大值、缺省值，用户可以在不调整公式代码的情况下，在最小值、最大值之间调整参数值；

⑥ 点击“引入公式”按钮，在弹出的“引入公式”窗口中将显示可以引用的公式名称，以及选中公式的代码，选好公式后，点“确定”或者双击公式名称，该公式的代码、参数、画线类型等信息将被导入新建公式的窗口中；

⑦ 点击“插入函数”按钮，在弹出的“插入函数”窗口中将显示可以插入的函数的名称及简述，点“确定”或者双击函数名即可完成操作；

⑧ 点击“公式测试”按钮可以对公式的语法逻辑进行检验，如果有错，将列出出错位置；

⑨ 编辑代码时需要注意，变量名只能以字母开头，且不能和系统公式同名，每一条语句必须有变量名或输出线名，以“；”结尾。赋值变量以“：＝”操作符加

在变量名后实现，但赋值后不可再次赋值，即变量只能赋值一次，允许反复使用。例如："MID:＝CLOSE;"该语句将收盘价赋给了变量MID，此后MID便等同于收盘价，如：START:MA(MID, 10)；若再次赋值，如："MID:＝OPEN;"则不符合语法。输出线变量以"："操作符实现。

修改公式

修改公式窗口和新建公式窗口相似，只是多了公式代码和参数等信息，用户可以对代码、参数、公式名等内容作修改，不过系统公式不能修改。

导出/导入公式

可以轻松地实现系统公式和自编公式的导入/导出功能，方便用户之间交流，如图1-48所示。

图1-48　导入/导出公式

右键菜单

"设为常用"可以把公式添加到附图下方的常用公式栏，"用法注释"会以悬浮框的形式展示系统公式的用法说明。

(4) 工具

设置自选股

直接在自己关注的个股点右键，选择"加入自选股"，即可将个股加入"自选股"，从而方便快速查看。也可以点击"工具→设置自选股票"，从而自行对"自选股"进行分类管理，如图1-49所示。

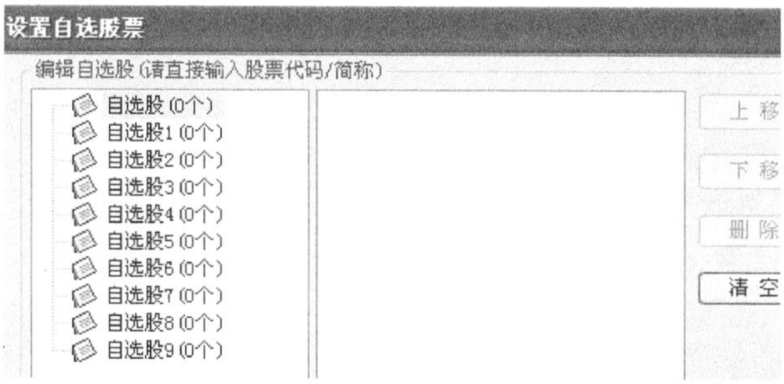

图1-49　设置自选股

功能入口

进入K线图页面，点击K线上方的"画线"按钮，或者菜单栏中"工具"→"画图工具"，打开画线工具面板，如图1-50所示。

图1-50　画图工具

画线修改方式

① 修改画线：画线完毕后，可以用鼠标拖动画线的起点和终点，调整画线方向与角度。

② 设置画线属性：鼠标选中画线，点击画线面板最下方的下拉选项框，或者右键“画线”/双击“画线”，都可设置图形参数。

③ 删除画线：鼠标选中画线，右键“删除画线”或者敲击键盘上的“DELETE”按钮；点击画线面板上的“全部删除”按钮，则可删除当前页面中的所有画线。

画线工具种类

① 趋势类：趋势线、水平线、线段、平行趋势线、五浪线、三浪线、八浪线、头肩形、M 头 W 底。此类画线主要用于趋势的辅助研判。

② 时间类：斐波那契周期线、等周期线、时间尺、自由费氏线、对称线、对称角度。此类画线主要是对一些关键性周期做出提示。

③ 空间类：水平黄金分割线、百分比线、水平空间线、幅度尺、波浪尺、转折尺。此类画线主要是对一些关键性价格空间位置做出提示。

④ 时空类：圆弧线、线性回归线、线性回归带、回归通道、阻力速度线、江恩角度线、矩形、箱体、三角形、平行四边形。此类画线主要是对价格的时间和空间位置做出提示。

计算器

点击“工具”→“计算器”可以迅速开启“计算器”功能，方便你进行数学计算以作投资参考。

4. 操作快捷键

常用画面操作热键：

Insert：将当前个股加入自选股

Del：删除自选股中的个股

Pause 或 Alt＋Z 或 Alt＋X：快速隐藏键

←与→：移动十字光标

↑与↓：查看多日分时

Tab：打开/隐藏报价信息

Ctrl＋Q：标记股票

ZCPM：增仓排名

ZJLX：资金流向

YBZX：研报中心

YLYC：盈利预测

CWSJ：财务数据

XGQ:选股器
SDF9:深度 F9
Ctrl+←:向左快速平移一段 K 线
Ctrl+→:向右快速平移一段 K 线
Home:光标移至当前屏第一根 K 线
End:光标移至当前屏最后一根 K 线
01 或 F1:个股成交明细
02 或 F2:个股当日分价
03 或 F3:上证指数走势
04 或 F4:深证成指走势
05 或 F5:切换 K 线图和分时图
06 或 F6:自选股
061:自选股 1
062:自选股 2
063:自选股 3
064:自选股 4
065:自选股 5
066:自选股 6
067:自选股 7
068:自选股 8
069:自选股 9
07 或 F7:高级选股
08 或 F8:K 线图下切换分析周期
09 或 F9:个股深度资料
10 或 F10:个股基本资料
F11:刷新行情数据
12 或 F12:委托下单
1:上证 A 股行情
2:上证 B 股行情
3:深证 A 股行情
4:深证 B 股行情
5:上证债券行情
6:深证债券行情
7:上证基金行情
8:深证基金行情

9:中小板块行情
30:全部板块列表
301:行业板块列表
302:概念板块列表
303:地区板块列表
60:沪深两市涨幅排行
61:上证 A 股涨幅排行
62:上证 B 股涨幅排行
63:深证 A 股涨幅排行
64:深证 B 股涨幅排行
65:上证债券涨幅排行
66:深证债券涨幅排行
67:上证基金涨幅排行
68:深证基金涨幅排行
69:中小板块涨幅排行
80:沪深两市综合排行
81:上证 A 股综合排行
82:上证 B 股综合排行
83:深证 A 股综合排行
84:深证 B 股综合排行
85:上证债券综合排行
86:深证债券综合排行
87:上证基金综合排行
88:深证基金综合排行
89:中小板块综合排行
92:5 分钟 K 线图
93:15 分钟 K 线图
94:30 分钟 K 线图
95:60 分钟 K 线图
96:日线 K 线图
97:周线 K 线图
98:月线 K 线图
99:年线 K 线图

四、了解大盘领先指标和分时走势图

进行股票交易之前一定要学会读懂大盘行情，大盘行情只是一种通俗的说法，一般是指股票市场价格的总体走势。

分时走势图也叫即时走势图，它是把股票市场中的交易信息实时地用连续曲线在坐标图上加以显示的技术图形。其中，坐标的横轴是市场交易的时间，纵轴的上半部分是股价或指数，下半部分显示的是成交量。分时走势图又分为指数分时走势图和个股分时走势图，二者在画面上有所不同。

运行东方财富通金融终端后，在主界面状态下输入上证指数的代码 000001（或者上证指数的首写字母），即可进入上证指数分时走势图，如图 1-51 所示。在这个界面下，输入回车键，即可转入上证指数的日 K 线走势图。

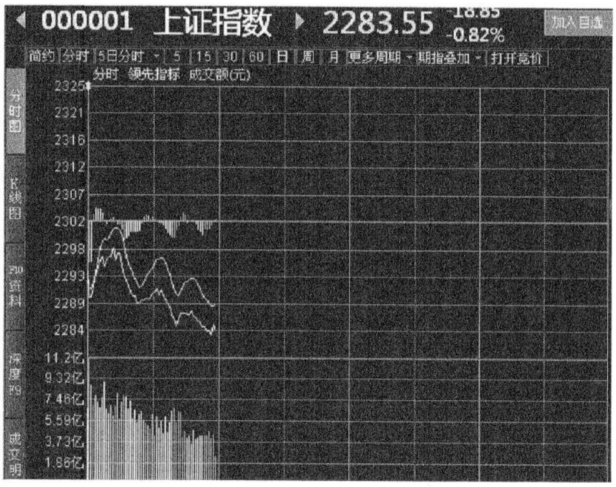

图 1-51 上证指数分时走势

在指数分时走势图中有两种不同画面，图 1-51 是我们常用的走势画面。

白色曲线表示上证交易所对外公布的通常意义下的大盘指数，也就是按个股总股本进行加权计算得出大盘指数。

黄色曲线是不考虑上市股票发行数量的多少，将所有股票对上证指数的影响等同对待，不含加权计算的大盘指数。

参考白色曲线和黄色曲线的相对位置关系，可以得到以下信息：当指数上涨，黄色曲线在白色曲线走势之上时，表示发行数量少（盘小）的股票涨幅较大；而当黄色曲线在白色曲线走势之下，则表示发行数量多（盘大）的股票涨幅较大。当指数下跌时，如果黄色曲线仍然在白色曲线之上，表示小盘股的跌幅小于大盘股的跌幅；如果白色曲线反居黄色曲线之上，表明小盘股的跌幅大于大盘股的跌幅。

红色、绿色的柱状线反映当前市场即时所有股票的买盘与卖盘的数量对比情况。红柱增长，表示买盘大于卖盘，指数将逐渐上涨；红柱缩短，表示卖盘大于买盘，指数将逐渐下跌；绿柱增长，表示指数下跌量增加；绿柱缩短，表示指数下跌量减小。

画面下方的黄色柱状线表示市场中每分钟的成交量，单位为手（100股/手）。

五、掌握股票行情报表、个股即时行情报表中各有关指标的内涵与应用

1. 股票行情报表

运行东方财富通金融终端，在其主界面状态下选择左侧“沪深 A 股”菜单，即可进入上海、深圳证券交易所行情报表主页面(如图 1-52 所示)，读者可以选择自己想要查看的商品类别。

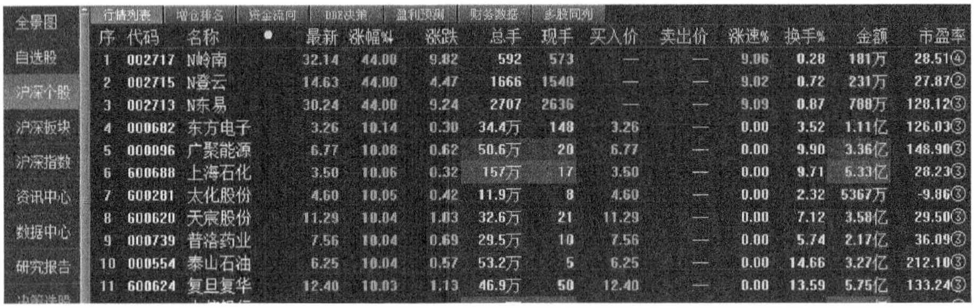

序	代码	名称	最新	涨幅%	涨跌	总手	现手	买入价	卖出价	涨速%	换手%	金额	市盈率
1	002717	N岭南	32.14	44.00	9.82	592	573	—	—	9.06	0.28	181万	28.51④
2	002715	N登云	14.63	44.00	4.47	1666	1540	—	—	9.02	0.72	231万	27.87②
3	002713	N东易	30.24	44.00	9.24	2707	2636	—	—	9.09	0.87	788万	128.12③
4	000682	东方电子	3.26	10.14	0.30	34.4万	148	3.26	—	0.00	3.52	1.11亿	126.03③
5	000096	广聚能源	6.77	10.08	0.62	50.6万	20	6.77	—	0.00	9.90	3.36亿	148.90③
6	600688	上海石化	3.50	10.06	0.32	157万	17	3.50	—	0.00	9.71	5.33亿	28.23③
7	600281	太化股份	4.60	10.05	0.42	11.9万	8	4.60	—	0.00	2.32	5367万	-9.86③
8	600620	天宸股份	11.29	10.04	1.03	32.6万	21	11.29	—	0.00	7.12	3.58亿	29.50③
9	000739	普洛药业	7.56	10.04	0.69	29.5万	10	7.56	—	0.00	5.74	2.17亿	36.09③
10	000554	泰山石油	6.25	10.04	0.57	53.2万	5	6.25	—	0.00	14.66	3.27亿	212.10③
11	600624	复旦复华	12.40	10.03	1.13	46.9万	50	12.40	—	0.00	13.59	5.75亿	133.24③

图 1-52　部分沪深 A 股行情

(1) 代码。股票代码是股票交易中用来代表上市交易股票名称的数码。目前，上海和深圳证券交易所的交易代码均为 6 位数字，其中上海 A 股以 6 开头，B 股以 9 开头；深圳 A 股以 0 开头，B 股以 2 开头；创业板以 3 开头。

(2) 名称。股票名称是在股市中用来代表股票的称号，一般由四个中文字组成。

(3) 涨幅。涨幅指当前价格与上一交易日收盘价格相比的上涨或下跌的百分比幅度，而非与当日开盘价相比的上涨或下跌的百分比幅度。

(4) 现价。现价指最近一次成交时的成交价格。

(5) 总手。总手指当前交易日从开盘到最近一次成交为止累计的总成交量，一手为 100 股。

(6) 现手。现手是与现价相对应的一个概念，指当前交易日最近一次成交时的成交量。

(7) 收盘价。收盘价指当前交易日内最后一笔买卖的成交价，反映该段交易多空双方交战的结果。(《上海证券交易所规则》规定，股票的收盘价为当日股票最后一笔交易前一分钟所有交易的成交量加权平均价。当日无成交的，以前一收盘价为当日收盘价。《深圳证券交易所规则》规定，股票的收盘价通过集合竞价的方式产生，收盘集合竞价不能产生收盘价的，以当日股最后一笔交易前一分钟所有交易的成交量加权平均价为收盘价。当日无成交的，以前一收盘价为当日收盘价。)

(8) 开盘。开盘价指当前交易日的第一笔成交价。

(9) 最高。最高指当前交易日从开盘到最近一次成交为止,股票所达到的最高成交价格。

(10) 最低。最低指当前交易日从开盘到最近一次成交为止,股票所达到的最低成交价格。

(11) 市净率。市净率指股票当前市价与每股净资产之间的比值,其计算公式为:

$$市净率 = 股票市价 \div 每股净资产$$

一般来说,市净率越低说明市场风险越低,投资价值相对而言也就越高。当然,判断一只股票有无投资价值要综合考虑市场环境、公司运营状况、公司盈利能力等多方面的因素,仅凭借市净率高低来决定投资策略是片面的、不可取的。

2. 个股即时行情报表

运行东方财富通金融终端,在分析软件主界面状态下,输入某只股票的代码或股票简称拼音的首字母,即可查看相应的个股行情。

例如,输入 000002 或 WKA,即可进入万科 A 分时走势图,如图 1-53 所示,在这个界面下,输入回车键,即可进入万科 A 日 K 线走势图,如图 1-54 所示。下面以图 1-53、图 1-54 为例,简单介绍有关指标的内涵及其研判要点(与股票行情报表中相同的指标如开盘、收盘等指标不再重复介绍)。

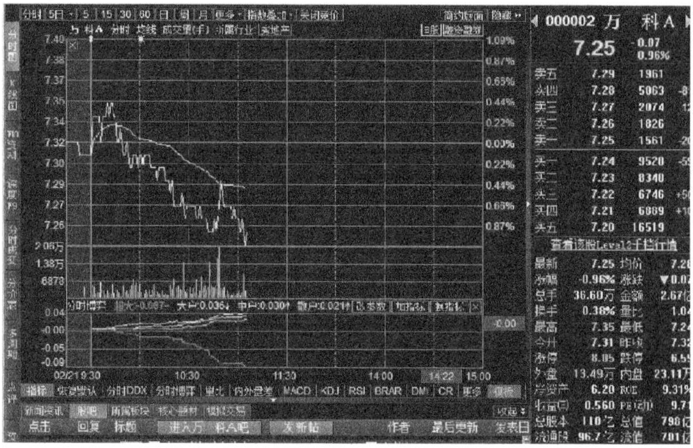

图 1-53　万科 A 分时走势

(1) 多头。多头指的是股票交易中的多方。

(2) 空头。空头指股票交易中的空方。

(3) 最高价。最高价指一天交易中最高价格的成交。

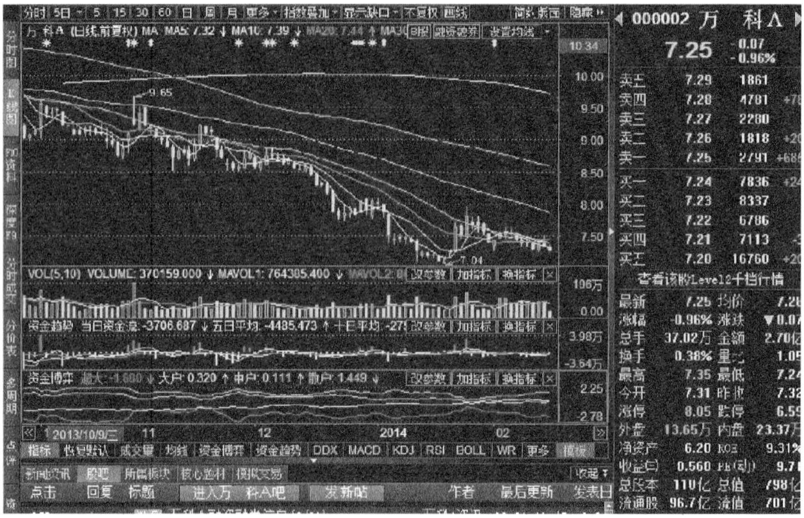

图 1-54　万科 A 日 K 线走势

(4) 最低价。最低价指一天交易中最低价格的成交。

(5) 成交价。成交价有低于、等于买入价，高于、等于卖出价，在买入卖出价之间五种。

(6) 成交量。成交量指全日成交的总量(股数、金额)。

(7) 涨跌幅。

$$涨跌幅 = \frac{现价 - 前收盘价}{前收盘价} \times 100\%$$

(8) 委买手数。委买手数指现在所有委托买入下三档之手数相加之总和。

(9) 委卖手数。委卖手数指现在所有委托卖出下三档之手数相加之总和。

(10) 委比。委比指委托买入的手数与委托卖出的手数之比：委比正值大，多方比空方强；反之，空方比多方强。

$$委比 = \frac{委买手数 - 委卖手数}{委买手数 + 委卖手数} \times 100\%$$

(11) 均价。

$$均价 = \frac{分时成交量 \times 成交价}{总成交股数}$$

(12) 量比。

$$量比 = \frac{现手总手数}{五日平均总手数 \div 240 \times 目前已开市之分钟数}$$

(13) 外盘。成交价在卖出价为外盘。

(14) 内盘。成交价在买入价为内盘。

$$内盘 + 外盘 = 总手数$$

(15) 成交明细表。成交明细表指每一分钟成交之明细。成交手数为红色，表示股价高于前一天收盘价;成交手数为绿色,表示股价低于前一天收盘价。

(16) 分价表。分价表指至目前为止的成交量依成交价列出成交在该价位的累计量。

(17) 领先指标。白线为加权指数曲线,黄线为不含加权指数曲线。指数上涨,黄在白上,小盘比大盘股涨幅大;指数下跌,黄在白上,小盘比大盘股跌幅小。

(18) 换手率。换手率指当前交易日截止到目前总手与个股实际可流通股数之间的比值。如图1-55中,当前交易日总手为370 200股,万科A的当前实际可流通A股为96 749 412股(查询万科A的F10可获取这一数据),故当前的换手率为0.38%。

(19) 市盈率。市盈率又称本益比,指公司最新市价与公司年度每股盈利之间的比值。用公式表示为:

$$市盈率 = 公司最新市价 \div 公司年度每股盈利$$

一般来说,市盈率是动态市盈率,计算公式为:

$$动态市盈率 = 公司最新市价 \div (第\ N\ 季度收益 \times 4 \div N)$$

如图1-54中,万科A的最新价为7.25元,其2013年第三季度每股收益为0.56元(查询万科A的F10可获取这一数据),故其动态市盈率为9.71。

市盈率只是衡量股票投资价值的重要指标,但不是唯一指标,且股票的市盈率水平与上市公司的行业背景、大盘总体走势等其他诸多因素密不可分,所以读者不可照搬,应结合其他指标一起使用。

(20) 涨跌停。涨跌停是指根据我国上海和深圳证券交易所的涨跌停制度而计算出来的个股在某一个交易日内价格所能达到的最高价格和最低价格。

制度规定,除上市首日之外,股票(含A股、B股)、基金、债券等各类证券在一个交易日内的交易价格相对上一交易日收市价格的涨跌幅度不得超过10%,超过涨跌限价的委托为无效委托。ST板块的涨跌幅限制在5%。我国的涨跌停板制度与国外的主要区别在于股价达到涨跌停板后,不是完全停止交易,而是在涨跌停价位或涨跌停价位之内的交易仍可继续进行,直到当日收市为止。

【实训报告】

读者须根据实训内容填写实训报告。

报告内容：

(1) 谈谈对股票交易网络和交易软件的认识；

(2) 对开盘价、收盘价、委比、量比、内盘、外盘等如何运用，并举例说明。

以下是实训报告的模板，以此为参考。

表 1-1　实训报告模板

<table>
<tr><td colspan="2">实训一</td><td>IPO 定价和发行过程调研</td></tr>
<tr><td>实训要求</td><td colspan="2">到网上查找近期上市的某只 IPO 新股的发行资料，说明股票的定价和发行过程，回答下列问题：IPO 股票名称、发行数量，定价过程，初步询价结果，累计询价结果（中小板、创业板除外），发行过程，发行价格、申购日期、申购代码、网下发行结果（冻结资金和中签情况）、网上发行结果（冻结资金和中签情况），上市首日表现，上市日期、上市首日价格变动情况（开、高、低、收、换手率等）、上市首日涨跌幅度</td></tr>
<tr><td colspan="3">实训过程记录</td></tr>
<tr><td colspan="3">http://stockdata.stock.hexun.com/2009_ggqw_603000.shtml
http://money.163.com/special/peopleipo/</td></tr>
<tr><td colspan="3">搜集和整理的重要数据资料</td></tr>
<tr><td colspan="3">IPO 股票名称：人民网(603000)
发行方式：网下向询价对象配售、网上定价发行相结合
发行数量：6 910.57 万股(网上 5 530.5 万股，网下 1 380.07 万股)
初步询价结果：20～22.5 元
累计询价结果：20 元
发行价格：20 元
申购日期：2012 年 4 月 18 日
申购代码：732000
网下冻结资金：173.3 亿元
网下配售比例：1.78%
网上冻结资金：827.4 亿元
网上中签率：1.5%
上市日期：2012 年 4 月 27 日
上市首日价格变动：高开(31.01)高收(34.72)，换手率 86.01%
上市首日涨幅：73.6%</td></tr>
<tr><td colspan="3">实训结论及总结</td></tr>
<tr><td colspan="3">基本了解了 IPO 新股的定价及发行过程，对决定并影响新股发行价的因素有了一定的了解</td></tr>
<tr><td colspan="3">老师评语</td></tr>
<tr><td colspan="3">该生上课认真听讲，积极发言，课后基本能按照老师的要求完成实训项目，希望课后多做功课，为日后工作奠定坚实的基础</td></tr>
<tr><td colspan="2">成绩</td><td>良</td></tr>
</table>

表 1-2　实训报告

<table>
<tr><td>实训一</td><td></td></tr>
<tr><td>实训
要求</td><td></td></tr>
<tr><td colspan="2">实训过程记录</td></tr>
<tr><td colspan="2"></td></tr>
<tr><td colspan="2"></td></tr>
<tr><td colspan="2"></td></tr>
<tr><td colspan="2">实训结论及总结</td></tr>
<tr><td colspan="2"></td></tr>
<tr><td colspan="2">老师评语</td></tr>
<tr><td colspan="2"></td></tr>
<tr><td>成绩</td><td></td></tr>
</table>

实训 2

股票交易操作

本项目共设计了两个任务，分别是“股票交易流程”和“股票模拟交易”，主要介绍了股票除权，报价(除息)的内涵、形式、计算方法，股票交易费用的种类，以及如何快速、全面、有效地收集股票信息。

读者可以根据“股票交易流程”任务的指引，操作股票账户、资金账户，以及通过委托、竞价、成交和结算等环节来完成完整的股票交易流程；根据“股票模拟交易”任务的指引，利用互联网进行股票模拟交易，以训练和提高读者的股票交易操作技能和技巧，积累股票投资经验，并加深对股票市场的理解与感悟，从而为未来的真实股票交易打下坚实基础。

【实训目的】

提供各大专业市场真实使用的委托下单系统，并开放批量下单等机构专用功能，使读者体验真正的专业市场交易流程。提供专业金融市场的行情资讯和交易系统，能够使广大读者在一个逼真的环境中直观、形象地理解各种股票、债券、基金的交易知识，并能亲自动手模拟交易，体会各种投资判断的最终结果，进而提高读者投资的判断力、时机的把握力、风险的承受力，对读者将来从事各金融领域的真实交易有着很好的指导意义。

【实训要求】

1. 了解股票交易系统；
2. 设立股票账户和资金账户；
3. 理解并掌握股票交易的主要原则和规则；
4. 掌握股票交易的主要程序和操作环节；
5. 熟悉影响股票价格的主要因素及其收集的途径和方法。

【实训内容】

一、股票交易流程

股票交易是指已发行的股票在股票市场上买卖的活动。股票公开转让的场所首先是证券交易所。中国大陆目前仅有两家交易所,即上海证券交易所和深圳证券交易所。由于自身的特点,导致股票交易活动有三大特性:流动性、收益性和风险性,这也为股票交易投资者带来了风险与机遇。

我国股票交易的种类是根据股东权利来划分的,具体如下:

(1) 优先股。优先股是股份公司发行的在分配红利和剩余财产时比普通股具有优先权的股份。优先股也是一种没有期限的有权凭证,优先股股东一般不能在中途向公司要求退股(少数可赎回的优先股例外)。

(2) 普通股。普通股是“优先股”的对称,是随企业利润变动而变动的一种股份,是公司资本构成中最普通、最基本的股份,是股份制企业资金的基础部分。

普通股的基本特点是其投资利益(股息和分红)不是在购买时约定,而是事后根据股票发行公司的经营实绩来确定。公司的经营实绩好,普通股的收益就高;而经营实绩差,普通股的收益就低。普通股是股份公司资本构成中最重要、最基本的股份,亦是风险最大的一种股份,但又是股票中最基本、最常见的一种。

(3) 后配股。后配股是在利益或利息分红及剩余财产分配时比普通股处于劣势的股票,一般是在普通股分配之后,对剩余利益进行再分配。如果公司的盈利巨大,后配股的发行数量又很有限,则购买后配股的股东可以取得很高的收益。发行后配股,一般所筹措的资金不能立即产生收益,投资者的范围又受限制,因此利用率不高。

投资者进行股票交易有两条途径:①直接进入股票交易场所自行交易;②委托证券经纪人(证券公司)代理买卖股票。由于我国证券交易所实行的是会员制,只有证券交易所的会员才可以进入证券交易所进行交易,所以,参与上海证券交易所和深圳证券交易所的投资者一般不能直接进入这两个交易所,只能委托证券交易所的会员,即证券公司代理买卖股票。

以下介绍上海证券交易所和深圳证券交易所的交易流程,主要包括开户(证券账户、资金账户)、委托、竞价、成交和结算六个环节。图 2-1 为上海证券交易所的证券交易流程。

(一) 开立证券账户

投资证券市场首先要进行开户,建立自己的账户。而开户又分开立证券账

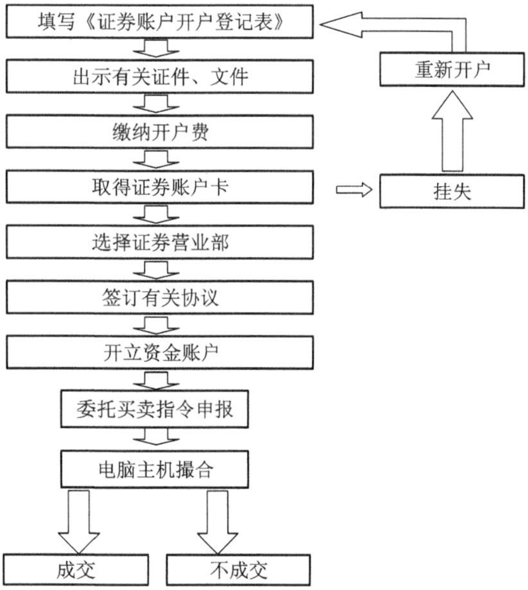

图 2-1 上海证券交易所交易流程

户和资金账户两种，只有两种账户均开齐了，才能进行证券的买卖。首先开立证券账户，证券账户又叫股东账户或股东卡，它相当于一个股票存折，一旦开立，就可以在证券交易所拥有一个证券账户，通过交易所对投资者的证券交易进行准确高效的记载、清算和交割，投资者买卖证券，都会在证券账户中如实地反映出来。如果投资者要同时买卖在上海、深圳两个证券交易所上市的股票，就需分别开设上海证券交易所证券账户和深圳证券交易所证券账户。开设上海、深圳证券账户，必须到各地证券登记公司或被授权开户代理处办理。

证券账户有不同种类。目前，上海、深圳两交易所证券账户主要分为自然人证券账户、法人证券账户、A 股证券账户、B 股证券账户以及基金账户等。

上海 A 股证券账户可以买卖在上海证券交易所挂牌交易的股票、基金、债券；深圳 A 股证券账户可以买卖在深圳证券交易所挂牌交易的股票、基金、债券；基金账户可以买卖基金和债券，但不能买卖股票；B 股证券账户只能买卖上市交易的 B 股股票；境内自然人可以开立个人 A 股证券账户和基金账户，但已开立 A 股证券账户的不能再开立基金账户，已开立基金账户的不能再开立 A 股证券账户；境内法人投资者可以开立法人 A 股证券账户，境外自然人和法人可以开立 B 股证券账户，A 股证券账户不对境外投资者开放，B 股证券账户也不对境内投资者开放。

境内个人开立 A 股证券账户时，须持本人身份证，如委托他人代为办理，必须同时出示委托人和被委托人身份证原件。每一个身份证只能开立一个上海证券账户和深圳证券账户，身份证号码与证券账户号码(股东卡号)一一对应，不得重复开户。境内法人开立法人A股证券账户时，须持营业执照原件及复印件(加盖公章)、法人代表证明书、法人授权委托书和经办人身份证等。法人A股账户也不能进行重复开户，外国及港澳台地区在中国内地的独资企业也可开立A股证券账户。具体开户步骤如下：

(1) 在当地证券登记公司或其代理处购买开户申请表并按表格要求填写；

(2) 将填写好的开户申请、有效证件及开户费交与工作人员；

(3) 经确认无误后，即可领取A股证券账户。

开设上海证券交易所B股证券账户，一般须到具有代理B股股票交易资格的证券商处办理；开设深圳证券交易所B股证券账户，须到深圳市证券登记结算公司办理。B股投资者为个人开户者，须提供外籍身份证、定居证、护照或同类有效证件及其复印件一式两份；投资者为机构投资者，须提供合资或独资企业营业执照证件及其复印件一式两份。开户时填写开户申请并缴纳开户费。上海、深圳证券交易所的证券账户一旦开立，即可使用，且全国通用，深交所的老式证券账户卡，除在深圳本地开立的之外，其他均须在当地证券登记公司更换为新卡后方可使用。

根据国家有关规定，下列人员不得开设A股证券账户：

(1) 证券主管机关中管理证券事务的有关人员；

(2) 证券交易所管理人员；

(3) 证券经营机构中与股票发行或交易有直接关系的人员；

(4) 与发行人有直接行政隶属或管理关系的机关工作人员；

(5) 其他与股票发行或交易有关的知情人；

(6) 未成年人或无行为能力人以及没有公安机关颁发的身份证的人员；

(7) 由于违反证券法规，主管机关决定停止其证券交易，期限未满者；

(8) 其他法规规定不得拥有或参加证券交易的自然人，包括武警、现役军人等。

另外，证券从业人员及国家机关处级以上干部、现役军人等不得参与股票交易，但可以开立基金账户，买卖基金和债券。

证券账户卡是股民进行证券投资交易活动的重要依据，其合法的证券交易及其持有的证券均受法律保护。因此，投资者必须妥善保管，防止丢失，并勿将证券账户卡号(股东代码)泄露给他人，以免引起不必要的纠纷。

(二) 开立资金账户

开立了证券账户后，投资者就具有了进行证券投资的资格，但是投资者不能直接与交易所联系进行交易，只有交易所的会员才能在交易所里进行交易，因此，投资者还必须选择一家具有交易所会员资格的、可以从事证券经营业务的证券营业部作为自己证券交易的经纪商，并在证券营业部开立资金账户，由证券营业部代理个人到交易所内进行交易，并办理清算、交割、过户等手续。一般来说，投资者可以根据自己的意愿随便找一家证券营业部开立自己的资金账户，委托证券营业部进行证券投资，但是面对全国数百家券商、数千家证券营业部，为了自己投资的资金和证券更安全、方便，以及自己受到的服务更周到、完善，投资者在开立资金账户之前，还是应该对证券营业部进行一下选择。投资者可以考虑以下几个方面：

(1) 证券营业部的信誉与资金实力如何；

(2) 硬件设施是否先进、完备，沪深两市的交易是否均已开通。如果是散户，还要考虑户厅大小、人数多少、磁卡委托终端和分析系统终端有多少，是否有人工委托、交割的方式等。大中户还应考察自助委托是否方便、快捷，电脑系统的快慢程度，分析软件是否齐全，跑道是否畅通，等等。

(3) 管理是否规范，服务水平如何，是否有完善、周到的信息和咨询服务；保安情况如何，交易安全、保密情况、资金存取是否便捷安全。

(4) 开户保证金起点有什么规定，对散户、电话户、中户、大户的保证金要求各是多少。

(5) 营业部的收费标准如何，除了国家规定的交易手续费之外，是否还有其他费用，比如委托费、撤单费、通讯费、查询费、场地费、开户费、销户费等，费用高低如何。

(6) 地理位置是否便利，大中户还需考虑是否有足够的车位等。在进行综合比较之后，投资者可以选定一家证券营业部，在这家证券营业部开立资金账户。

开立资金账户的步骤：

个人投资者需持本人身份证、证券账户卡(股东卡)与证券营业部签订有价证券代理交易协议书，对相关事宜进行确认，投资者认真阅读协议书，了解了自己的权利和义务之后，填写相关内容，如姓名、股东卡号、身份证号、联系地址、电话，签名后交与工作人员，工作人员核对无误后加盖公章，一式两份，投资者与营业部各留一份。工作人员为投资者建立资金账号，同时投资者应存入交易保证金，有的证券营业部还制作了资金账户卡(一般为磁卡)，投资者还会同时领到该卡。如果投资者本人不能亲自到证券营业部办理开户手续，代理人需持本人及被代理人的身份证原件，到证券营业部办理。如果是法人投资者开户，应由法人授权的合法交易人员及资金调拨人员持相关文件，包括法人执照复印件、交易及资金调拨授权书、被授权人的身份证原件及复印件以及证券账户卡等，到证券营业部办理开户手续。如果投资者同时还开设电话委托服务，应与营业部签订“电话委托协议书”，并领取电话委托操作指南。

由于上海证券交易所自 1998 年 4 月 1 日起实施全面指定交易制度，因此开立完资金账户后，还应办理指定交易，否则不能进行上交所证券的买卖，投资者可以在工作人员的指导下办理。由于指定交易必须由投资者本人办理，不能代办，因此在开立资金账户时，最好由投资者本人亲自到场办理。办完以上手续之后，投资者即可开始进行证券交易了。应该注意的是，投资者是在用自己存入资金账户的保证金进行交易，买入证券的最高限额不能超过保证金的数额，否则将作为透支处理，证券营业部一般会在电脑系统上有所提示，保证投资者不会出现透支的情况，一旦出现透支，应及时与工作人员联系进行解决，以免引起不必要的纠纷。另外，投资者在开立资金账户时，可以在一家证券营业部开立，也可以根据自己的需要在多家证券营业部开立。

(三) 代理买卖股票

1. 委托

代理买卖股票，又称为委托买卖股票，是专营经纪人或兼营、自营与经纪的证券商接受股票投资者(委托人)买进或卖出股票的委托，依据买卖双方各自提出的条件，代其买卖股票的交易活动。代理买卖的经纪人即为充当股票买卖双方的中介者。

代理买卖股票的方式有以下几种：当面委托、电话委托、电报或信件委托。

(1) 当面委托，是客户到证券商的营业所，当面办理委托手续，提出委托买卖有价证券的要求。这是一种传统的委托方式，具有稳定、可靠的特点，中小额投资者通常采用这种方式，但对远距离客户和时间观念强的客户不方便。

(2) 电话委托，是客户使用电话等电讯手段，通知证券商的营业所，由营业员按电话内容填制委托书，据以办理委托业务。这种方式具有方便、分散和保密的特点，大多数的投资者通常采用这种方式。

(3) 电报或信件委托。电报委托可以迅速、明确地向证券公司发出指示，但电报内容往往过于简单，可能产生理解上的错误。信件委托，可以详细指示买卖内容，并可作必要说明，但这样做较费时间，等信件到达证券公司时，股票价格可能已发生变化，会贻误有利时机。

一般来说，客户委托指令应当包括证券账户号码、证券代码、买空方向、委托数量、委托价格以及证券交易所和证券公司规定的其他内容。图 2-2 为海通证券网上交易委托系统的委托买入(万科 A)界面的截图。

在委托未成交之前，投资者可以撤销委托。当日委托，当日有效。投资者下达买卖股票的委托指令后，在当日不知是否成交，可以按照委托单的合同号进行查询，如果发现买卖委托没有及时成交，或有一部分没有成交，想取消委托指令时，可以进行撤单委托。撤单委托要根据买卖委托单的合同操作，并缴纳

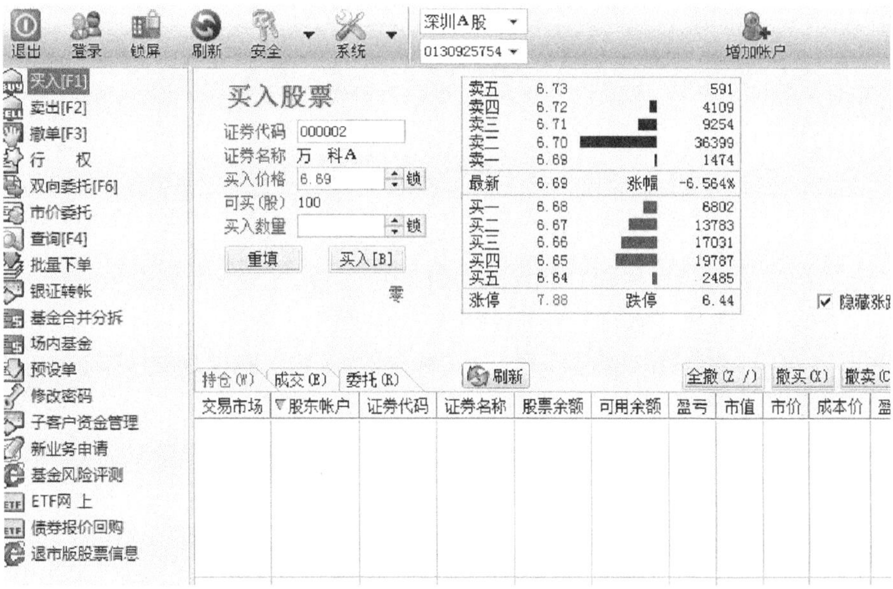

图 2-2　海通证券网上交易委托系统截图

一定的撤单费。投资者如果对于没有成交的委托单不想撤销，也可以持单在盘内，所持的委托申报当日有效，第二天自动作废。

2. 申报

(1) 申报时间

根据上海、深圳证券交易所交易规则的规定，沪深两家证券交易所的交易申报时间见表 2-1。

表 2-1　股票交易时间

(一) 集合竞价阶段：9:15—9:25 1. 9:15—9:19:59，可以申报和撤单；9:20—9:25，可以申报，不可以撤单 2. 深圳交易所 14:57—15:00，实行集合竞价，可以申报，不可以撤单
(二) 连续竞价阶段 1. 上海交易所：9:30—11:30，13:00—15:00 2. 深圳交易所：9:30—11:30，13:00—14:56:59
(三) 其他时间阶段 1. 9:25:01—9:29:59，接受申报和撤单 2. 11:30:01—12:59:59，接受申报和撤单 3. 在股票盘中交易临时停牌期间，可以继续申报，也可以撤单 4. 大宗交易申报的时间：9:15—11:30，13:00—15:30

(2) 交易费用

根据上海、深圳证券交易所交易规则的规定,沪深两家证券交易所的交易手续费见表 2-2。

表 2-2 各股票交易手续费展列

沪 A	佣金(各券商不同,最高 3‰)+印花税(1‰)+过户费(0.75 元/1 000 股)
沪 B	佣金(各券商不同,最高 3‰)+印花税(1‰)+结算费(0.5‰)
深 A	佣金(各券商不同,最高 3‰)+印花税(1‰)
深 B	佣金(各券商不同,最高 3‰)+印花税(1‰)+交易规费(0.341‰)+结算费(0.5‰)
封闭式基金	佣金(各券商不同,最高 3‰)
最低收费	A 股、封闭式基金:最低 5 元 过户费:最低 1 元 沪 B 股,佣金最低 1 美元 深 B 股,佣金最低 5 港元
其他费用	如通讯费、委托费,各地不同,一般为 5 元/笔

(3) 场内竞价

证券商场内经纪人接到买卖股票指令后,即根据委托人的要求和交易近况,以最有利委托人并能够成交的价格进行申报竞价。证券商在交易所的申报竞价方式主要有三种:① 口头申报竞价;② 填单申报竞价;③ 计算机终端申报竞价。

目前,上海证券交易所是采取计算机终端申报竞价方式。计算机终端申报竞价,就是证券商通过计算机系统进行股票交易。交易程序主要分申报输入、撮合成交、成交信息反馈、成交后电脑自动过户和交割清算五个部分。

● 申报输入。证券商将买卖指令输入计算机终端并通过计算机的联机系统,将申报指令传给交易所,交易所的电脑主机接到申报指令后,发出已接受的通知,并由证券商打印"买卖申报回报单"。

● 撮合成交。证交所电脑主机按价格优先、时间优先的程序进行自动配对。

● 成交信息反馈。一旦交易所电脑主机处理成交,即向成交双方的证券商发出信号,通知成交成果,成交双方必须立即至中介经纪人处,在"场内成交单"上签盖印章,并取回回执联,场内竞价结束。

● 交后电脑自动过户。目前,上海证券交易所的电脑主机在自动配对成交的同时,也自动进行过户,即将卖出方的原股东股票划到买入方新股东名下,省却了以前过户靠手工操作的许多烦琐的手续。

● 交割清算。当场内竞价结束后,首先在证券交易所内进行一级清算,即证券交易的中介人依据“场内成交单”将证券商之间买卖股票的种类、数量和价款分别予以轧抵，其应收、应付的股票和差额在事先约定的时间内，在证券商的清算账户上进行划拨，办理交割。其次，场内经纪人把当日委托买卖成交的情况通过电脑或传真告知各自的证券商，打印出“交割凭单”。再次，各证券商的柜台人员根据成交通知单，通知各自的委托人，让其凭本人身份证、股票账户和委托买入或卖出时的“委托单”前来办理清算交割手续，即二级交割。

（4）成交价格优先

成交原则：

价格优先原则，是指较高买进申报优先满足于较低买进申报，较低卖出申报优先满足于较高卖出申报；同价位申报，先申报者优先满足。计算机终端申报竞价和板牌竞价时，除上述的优先原则外，市价买卖优先满足于限价买卖。

成交时间优先顺序原则：

这一原则是指，在口头唱报竞价时，按中介经纪人听到的顺序排列；在计算机终端申报竞价时，按计算机主机接受的时间顺序排列；在板牌竞价时，按中介经纪人看到的顺序排列；在无法区分先后时，由中介经纪人组织抽签决定。

成交的决定原则：

这一原则是指，在口头唱报竞价时，最高买进申报与最低卖出申报的价位相同，即为成交。在计算机终端申报竞价时，除前项规定外，如买（卖）方的申报价格高（低）于卖（买）方的申报价格，采用双方申报价格的平均中间价位；如买卖双方只有市价申报而无限价申报，采用当日最近一次成交价或当时显示价格的价位。

（5）结算

上海证券交易所和深圳证券交易所所采用的登记结算体系不同。上交所采用的是“集中清算、集中登记”模式，深交所采用的是“集中清算、分散登记”模式。深圳证券交易所的清算可以分为二级：一级清算是在深圳登记公司和各地的证券商之间进行，期间需要各地登记机构作为中介；二级清算是在各证券商和委托其买卖的投资者之间进行。而上海证券交易所则采用三级清算方式：一级清算，是指由异地的资金集中清算中心与上海证券中央登记结算公司所进行的地区净额清算；二级清算，是指由各证券商同异地资金集中清算中心在当地进行净额清算；三级清算，是指投资者与证券商之间进行的资金清算。由于采用的市场模式不同，两个证券交易所的清算业务在具体办理过程中就有些不一样。

对投资者而言，在上海证券交易所和深圳证券交易所，其与证券商办理清算交割的手续是一样的。具体程序是，证券营业部在委托成交后的第二个交易日(俗称 T+1)将成交情况进行公布，投资者可凭此公告为准，也可通过证券商的行情系统自行查询，在确认自己的委托已成交后，可到证券营业部的交割柜台办理交割，打印交割单。交割单的内容包括成交的证券名称、成交数量、成交时间、成交价格，以及投资者成交前的资金余额、成交后的资金余额和成交的清算金额等等。投资者应妥善保管交割单，以备查询使用。

二、股票模拟交易

目前，很多财经类网站提供依托真实行情但没有真实现金的股票模拟交易功能。在正式进入股市之前先进行模拟交易，有利于投资者提高股票交易的操作技能与水平，增加投资经验，加深对“股市有风险，入市须谨慎”的理解。这不失为一种好的选择。

本实训项目采用的是世华财讯模拟交易系统 2.0，该软件系统会给予 1 000 000元的虚拟起步资金，用这些虚拟资金可以进行沪深 A 股和基金的委托买卖，股票买卖的具体规则同证交所公布的股票买卖规定基本一致，不能透支及买空卖空。

T+1 操作，当天买入的股票不能抛出；

+/− 10%涨跌停限制，ST 板块为+/− 5%限制；

根据当天的动态行情即时价确定成交价，每天的交易时间为 9:30—15:00。

(一) 登录

在浏览器中输入模拟交易系统用户前台地址，会出现如图 2-3 所示界面：

图 2-3　模拟交易系统

用户输入用户名、密码、验证码(不用区分大小写)并选择活动。如果没有加入过任何活动，则将进入选择院系、班级页面，以便激活在该活动下的账户信息。

点击登录进入 e-cube 版模拟交易系统，根据你的网络情况不同，会有些许等待时间即可进入；你也可以点击简版登录，进入简版模拟交易系统，简版模拟交易系统针对网络环境不佳的用户，屏蔽了 e-cube 看盘器，仅载入下单板，即时行情数据在你请求交易时才会载入和显示，大幅降低了系统网络带宽要求。

（二）注册

用户填写注册信息时，如填写不规范，则会出现提示信息。必填项全部符合规范后点击注册生效。用户成功注册后，系统提示进行活动、院系、班级的选择页面，如图 2-4 所示。

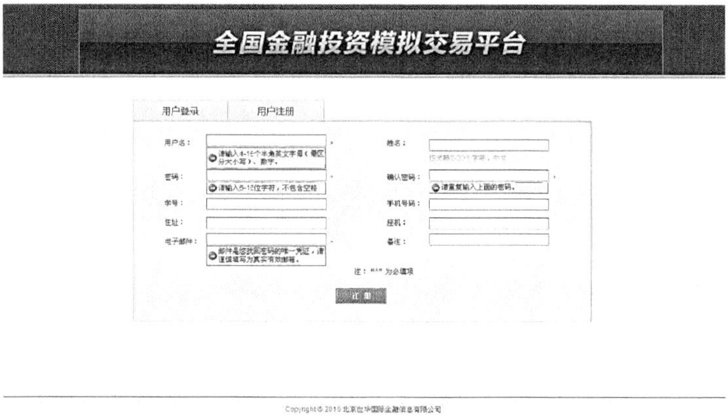

图 2-4　账户注册

选择一个感兴趣的活动，点击“进入”按钮，如图 2-5 所示。

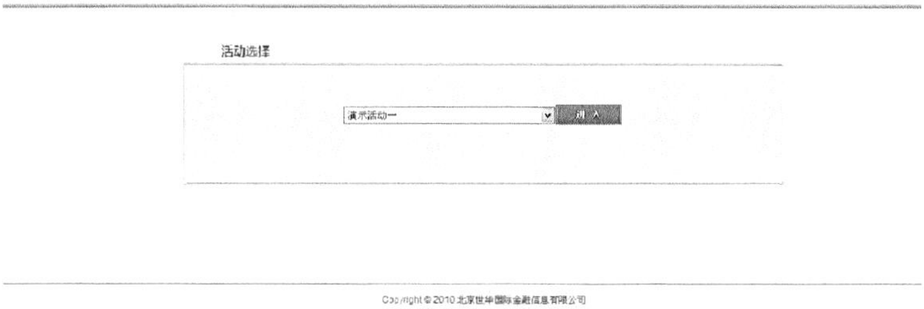

图 2-5　活动选择

选择活动下相应的院系、班级点击进入，完成最后的创建工作。点击退出则页面跳转到登录页面，且此次加入该活动进程未完成，下次加入时需再次进行此操作。

（三）忘记密码

此处需填写用户名和用户资料里面所保留的邮箱，如匹配，则系统会将密码发至该邮箱，如图 2-6 所示。

图 2-6　寻回密码

（四）登录后功能总览

登录 e-cube 版模拟交易平台后，在市场总览页面可以看到各个市场的行情及相关资讯，如图 2-7 所示。这里需要说明的是，由于未订购某市场模拟交易，则行情和资讯可以查看，但不能对该市场进行下单操作。

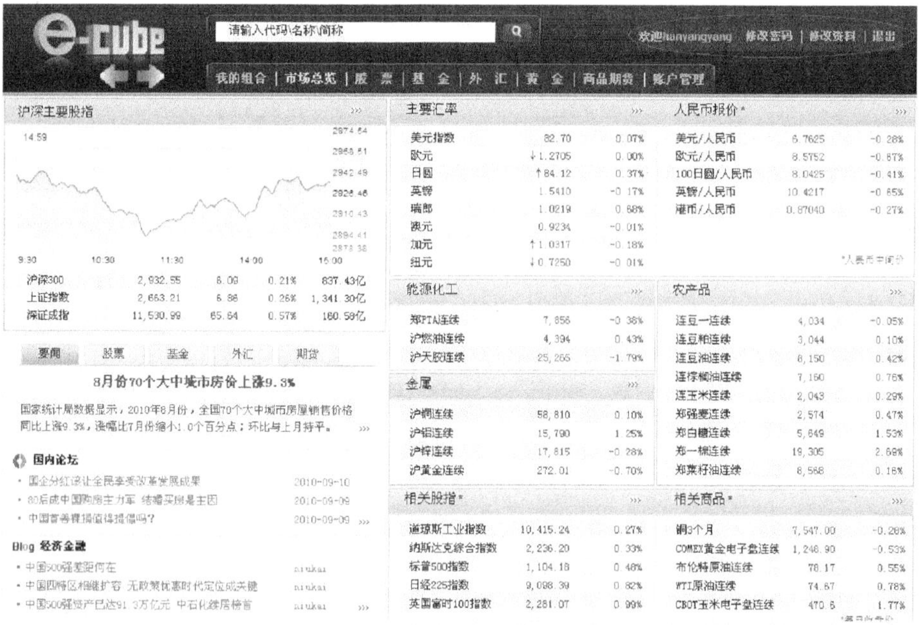

图 2-7　功能总览

简版模拟交易登录后，如图 2-8 所示。

图 2-8 简版登录

（五）资料修改

登录 e-cube 版模拟交易平台后，点击右上角的“修改资料”，可以修改除用户名外的其他信息项，点击“修改密码”可以自行修改密码，如图 2-9 所示。

图 2-9 资料修改

(六)模拟交易下单

进入下单商品时间图后,可以通过“下单”按钮或者“买卖”按钮进入下单页面,如图 2-10、2-11 所示。

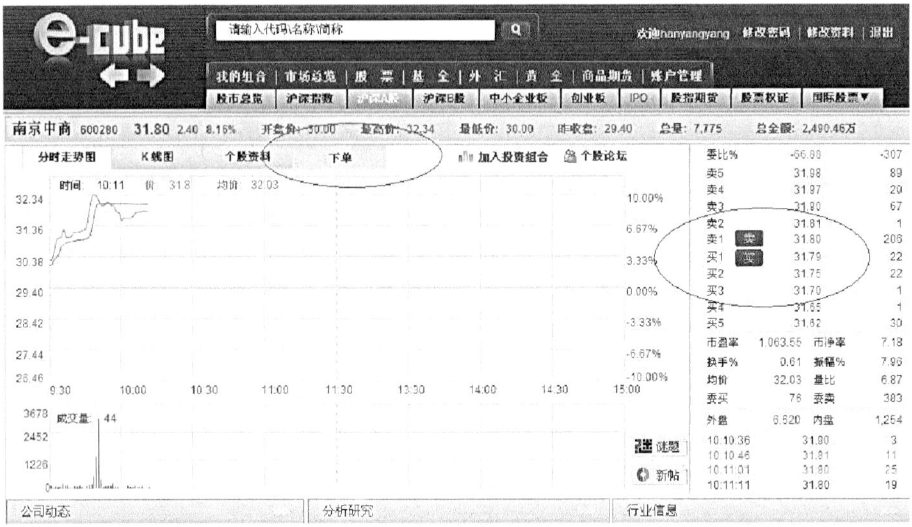

图 2-10 模拟下单

图 2-11 委托买卖

输入委托价格、数量信息,点击“下单”,进入下单确认页面。当选择买空方向后,系统会自动下单,确认页面会列出该笔下单信息,需在倒计时的 7 秒钟内完成确认工作,否则该笔下单被视为无效。只有在交易时间才能进行下单操作,在非交易时间下单,将会有错误提示,如图 2-12 所示。

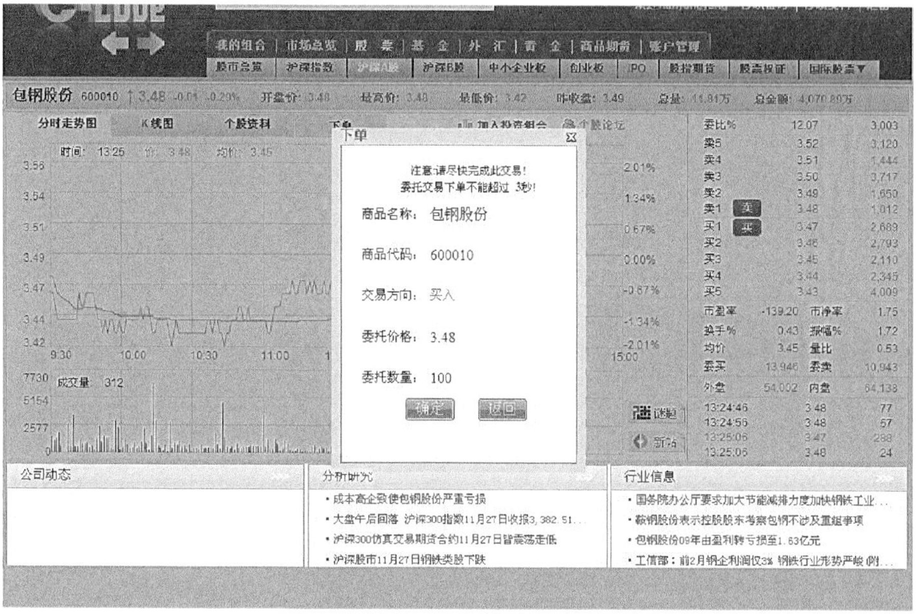

图 2-12 委托买卖下单

在简版模拟交易中,你可以实现在模拟交易系统中所有的下单、账户管理等功能,可以通过点击不同的市场按钮切换市场。下单时输入或选择交易品种,即可显示当前即时行情,交易方式与 e-cube 版模拟交易系统相同,如图2-13 所示。

(七) 账户管理

账户管理首页显示该活动下股票市场及各市场的用户资金情况,点击各个市场,可查看到该市场的成交明细、委托明细、资金明细等信息,并提供历史查询功能,如图 2-14 所示。

图 2-13　简版委托下单

图 2-14　账户管理

【实训报告】

根据实训内容填写实训报告。

报告内容：

(1) 谈谈你对股票交易的认识；

(2) 举例说明股票交易的主要原则和规则。

(3) 认真记录本人的模拟股票交易日记账，分析其中的得失。

附表 2-3:实训报告

表 2-3　实训报告

实训二	
实训要求	
实训过程记录	
实训结论及总结	
老师评语	
成绩	

实训 3

K 线和形态分析

本项目共设计了两个任务，分别是“K 线的种类及含义”和“K 线组合图分析”，并简要介绍了 K 线的起源与传播。

K 线是一种能准确记录证券过去和现在的市场行为(价、量、时、空)的基础性技术分析工具。K 线图有直观、立体感强、携带信息量大的特点，蕴涵着丰富的东方哲学思想，能充分显示股价趋势的强弱、买卖双方力量平衡的变化，预测后市走向较准确，是各类传播媒介、电脑实时分析系统应用较多的技术分析手段。读者可以参考任务“K 线的种类及含义”和“K 线组合图分析”，对大盘和个股的 K 线进行分析，研判市场多空双方的力量对比，预测大盘和个股的短期价格走势。

【实训目的】

K 线分析无疑是股票模拟中最重要的一环。从 K 线图中，投资者可以捕捉到买卖双方力量对比的变化。根据 K 线图，可以分析预测股价的未来走势。K 线形态分析是最基本的分析工具之一。

【实训要求】

1. 理解 K 线图的定义；
2. 掌握 K 线图的绘制；
3. 理解各种 K 线图的形态及其意义；
4. 了解组合 K 线图的分析方法。

【实训内容】

一、K 线的起源与传播

K 线理论发源于日本，是最古老的技术分析方法。1750 年，日本人就开始利用阴阳烛来分析大米期货，后因其细腻独到的标画方式而被引入股市及期货市场。目前，这种图表分析法在我国乃至整个东南亚地区均尤为流行。由于用这种方法绘制出来的图表形状颇似一根根蜡烛，加上这些蜡烛有黑白之分，因而也叫阴阳线图表。通过K线图，我们能够把每日或某一周期的市况表现完全记录下来，

1. 绘制方法

首先我们找出当日或某一周期的开市和收市价，把这两个价位连接成一条狭长的长方柱体；然后再找到该日或某一周期的最高价和最低价，垂直地与长方柱体连成一条直线。假如当日或某一周期的收市价较开市价高（即低开高收），我们便以红色来表示，或是在柱体上留白，这种柱体就称之为“阳线”；如果当日或某一周期的收市价较开市价低（即高开低收），我们则以蓝色表示，或是在柱体上涂黑色，这柱体就是“阴线”了。

2. 优点

能够全面、透彻地观察到市场的真正变化。我们从K线图中，既可看到股价（或大市）的趋势，同时也可以了解到每日市况的波动情形。

3. 缺点

K线的绘制方法十分复杂，是众多走势图中最难制作的一种。此外，阴线与阳线的变化繁多，对初学者来说，在掌握分析方面会有相当的困难，不及柱线图那样简单明了。

4. K线的内容

K线包括实体、上影线和下影线。实体指的是开盘价与上一个交易日收盘价之间的部分；上影线是实体以上的部分，即实体上方的细线；下影线是实体以下的部分，即实体下方的细线。如图3-1所示的是K线示意图。

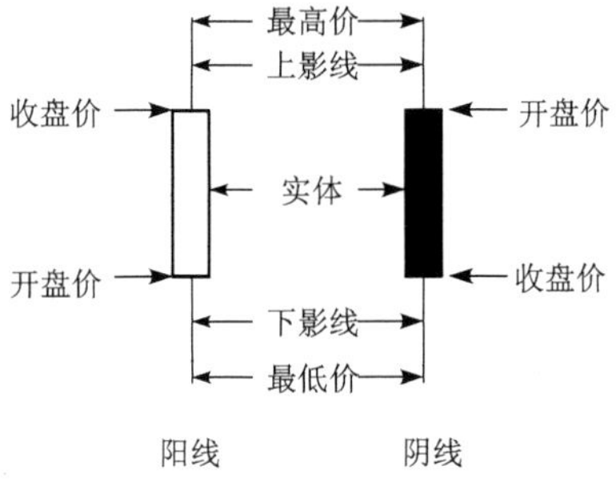

图3-1 K线示意

二、K线的种类及含义

由于“阴阳线”变化繁多，“阴线”与“阳线”里包含着许多大小不同的变化。在讨论“阴阳线”的分析意义之前，先让我们知道阳线每一部分的名称。

我们以阳线为例，最高价与收盘价之间的部分称之为“上影”，开盘价与收盘价之间称为“实体”，开盘价与最低价之间就称作“下影”。

K线具有东方人所擅长的形象思维特点，没有西方用演绎法得出的技术指标那样定量，因此，运用上还是主观意识占上风。面对形形色色的K线组合，初学者不禁有些为难，其实浓缩就是精华，我们把浩瀚的K线大法归纳为简单的

三招，即一看阴阳，二看实体大小，三看影线长短。

“一看阴阳”——阴阳代表趋势方向，阳线表示将继续上涨，阴线表示将继续下跌。以阳线为例，经过一段时间的多空拼搏，收盘价高于开盘价，表明多头占据上风，根据牛顿力学定理，在没有外力作用下，价格仍将按原有的方向与速度运行。因此，阳线预示下一阶段仍将继续上涨，最起码能保证下一阶段初期能惯性上冲。故阳线往往预示着继续上涨，这一点也极为符合技术分析中三大假设之一——股价沿趋势波动，而这种顺势而为也是技术分析最核心的思想。同理可得阴线继续下跌。

“二看实体大小”——实体大小代表内在动力，实体越大，上涨或下跌的趋势越是明显；反之，趋势则不明显。以阳线为例，其实体就是收盘价高于开盘价的那部分，阳线实体越大，说明上涨的动力越足，就如同质量越大与速度越快的物体，其惯性冲力也越大的物理学原理。阳线实体越大，代表其内在上涨动力也越大，其上涨的动力将大于实体小的阳线。同理可得阴线实体越大，下跌动力也越足。

“三看影线长短”——影线代表转折信号，向一个方向的影线越长，越不利于股价向这个方向变动，即上影线越长，越不利于股价上涨；下影线越长，越不利于股价下跌。以上影线为例，在经过一段时间多空斗争之后，多头终于晚节不保，败下阵来。一朝被蛇咬，十年怕井绳，不论K线是阴是阳，上影线部分已构成下一阶段的上档阻力，股价向下调整的概率居大。同理可得，下影线预示着股价向上攻击的概率居大。

K线的不同形态代表着多空双方斗争的结果，胜负都可以通过K线图清晰地表达出来。表3-1所示的是K线的最常见的种类及含义。

表3-1　K线的种类及含义

	种　类	含　义
1	大阳线	最高价与收盘价相同，最低价与开盘价相同，价格波动很大。说明多方力量占绝对优势。这种情况多数出现在回调结束后的再次上涨、严重超跌后的大力度反弹，以及脱离底部的初期
2	大阴线	开盘价与最高价相同，收盘价与最低价相同，价格波动也很大。说明空方力量占绝对优势。这种情况多数出现在头部开始下跌的初期、反弹结束后或者最后的打压过程中
3	光头阳线	代表开盘后股票先跌后涨，股票在跌至低位时，受到多方的支撑，这种情况多数出现在市场底部或市场调整完毕时
4	光脚阳线	属于上升抵抗型K线，多方的攻击遇到阻力，上影线和实体的比例关系代表了多方遇到的阻力程度。这种情况多数出现在股票上涨途中或上涨末期

续 表

	种 类	含 义
5	光头阴线	属于下跌抵抗型K线,空方在股票的下跌途中遇到多方零星的阻击,但总体来看还是空方力量强大。这种情况多数出现在股票下跌途中、市场顶部或震荡行情中
6	光脚阴线	代表开盘后股票先涨后跌。上影线和实体的比例关系代表了空方实力的强弱,这种情况多数出现在阶段性的头部,庄家在拉高出货或震仓洗盘中
7	十字星K线	开盘价就是收盘价,表示多空双方力量暂时处于均衡状态
8	T字形K线	开盘价等于收盘价,但下方有一定支撑。这种情况多数出现在市场的底部或顶部
9	倒T字形K线	开盘价等于收盘价,但上方有一定支撑。这种情况多数出现在市场的顶部或横盘调整中
10	一字形K线	分两种情况:一种是多方占绝对优势,股票处在涨停的位置;另一种是空方占绝对优势,股票处在跌停的位置。这两种情况多数出现在股价涨停板或跌停板的时候
11	带上下影线的阳线	上影线长,代表上方压力大;下影线长,代表下档支撑强。阳线实体越长,代表多方实力越强大,总体来说多方占优。这种情况多数出现在市场的底部、上升途中
12	带上下影线的阴线	上影线长,代表上方压力大;下影线长,代表下档支撑强。阴线实体越长,代表空方实力越强大,总体来说空方占优。这种情况多数出现在市场的顶部、下跌途中

多头指的是股票交易中的多方,空头指的是股票交易中的空方。多头市场指的是股票价格普遍上涨的市场,也就是我们日常所说的牛市;空头市场指的是股票价格普遍下跌的市场,也就是我们日常说所的熊市。

1. 大阳线

没有上下影线的大阳线又叫光头光脚阳线,如图3-2所示。

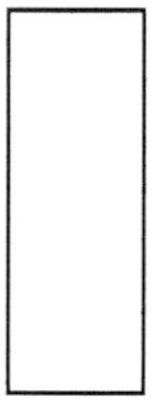

图3-2 大阳线

光头光脚阳线表示最高价就是收盘价,最低价就是开盘价,上下没有影线。光头光脚阳线的盘面含义主要分四种情况,分别如下:

① 股价刚开始上涨时出现,这时多方力量强势,占绝对优势,投资者可以把握机会进入市场,短线和中长线都比较看好。

② 股价在上涨的途中出现,这时股价还会继续上涨,投资者仍然可以把握机会进入市场。

③ 股价连续上涨后出现，预示着股价日后会加速上涨，但也有可能出现见顶回落的情况，这时，投资者要结合大盘环境和股价走势来把握机会。

④ 股价连续下跌途中出现，预示着股价短期内会见底回升，多方占优，下跌的形势可能会被逆转。

大阳线表示从开盘开始，多方就积极进攻，中间会遇到空方的抵抗，但总体来看，多方的力量明显强于空方，直至收盘。整个过程中，多方始终占据优势，涨势强烈，股市呈现高涨的态势，投资者们在疯狂买入。

2. 大阴线

没有上下影线的大阴线又叫光头光脚阴线，如图 3-3 所示。

图 3-3 大阴线

光头光脚阴线的最高价就是开盘价，最低价就是收盘价，上下没有影线，预示着股票即将下跌。这种 K 线表示从一开始，空方就占据优势，持股者不考虑价格，疯狂抛售，从而造成投资者的心理恐慌，继而纷纷抛售，直至收盘价格。光头光脚阴线的盘面含义主要分三种情况，分别如下：

① 股价运行到高位区域时出现，预示着股价的上涨行情结束，即将逆转下跌；

② 股价在上涨的途中出现，预示着股价可能会停止上涨，进入调整阶段，投资者可以观望或减持股份；

③ 股价下跌途中出现，预示着股价还将继续下跌，多数是一种加速下跌的信号，投资者可以在合适的机会进行补仓。

3. 光头阳线

光头阳线是一条只有下影线没有上影线的 K 线，又被称为上吊阳线，如图 3-4 所示。

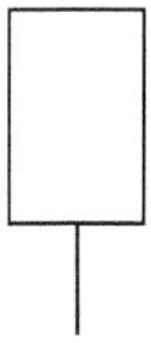

图 3-4 光头阳线

带下影线的光头阳线表示最高价与收盘价相同。开盘后，空方气势很大，价格下跌，但在低价位上遭遇多方的抵抗，空方受挫，价格向上升至开盘价，继而一路上扬，直至收盘，最终表现为收盘价等于最高价。总体来说，出现先跌后涨，多方力量强于空方力量。实体部分与下影线长短对比也是多空双方力量对比的缩影。

根据实体部分与下影线长短的不同，可以把光头阳线分为三种情况：实体部分长于下影线部分，表示上涨的动力比较强；实体部分等于下影线部分，表示多空双方交战激烈，但大体上多方占据主导地位；实体部分短于下影线部分，表示多空双方在低价位上发生激战，遇到多方支撑，价格上升，但多方占据的优势不大，如果空方下一个交易日全力反击，多方的实体部分很容易被攻占。

光头阳线的盘面意义主要包括两种情况：

① 在低价位出现,预示着股价会逐步攀升,成交量放大,股价看涨,下影线越长,反弹的力度也就越大。

② 在高价位出现,预示着庄家可能在拉高出货,为了在尾市大捞,当实体部分比下影线长时,表示空方压力大,多方把价位摊上不多,从总体来看,空方占据了绝对优势,后市上涨的可能性不大。当实体部分与下影线相等时,表示空方打压价格,多方的抵抗虽然也在增加,但是抵不过空方的打压。当实体部分短于下影线时,说明空方把价位一路压低,在低价位上遭遇多方的顽强抵抗,空方的优势越来越小,后市股价可能上涨。

光头阳线的盘面意义表示如果在股价已经下跌了一段时间后出现,表明可能有抄底资金进入,预计股市会反弹,而且下影线越长,反弹的力量就越大;如果在股价上涨了一段时间后出现,预计股价会出现反转,或进入盘整行情。

4. 光脚阳线

光脚阳线是一条只有上影线没有下影线的 K 线,又称为上升阻力型阳线,如图 3-5 所示。

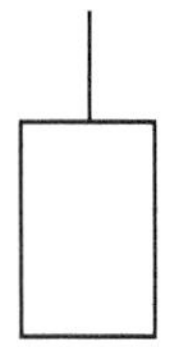

图 3-5 光脚阳线

光脚阳线的开盘价即成为全日最低价,开盘后,多方占据明显优势,股票价格不断盘升,表示上升势头很强,但在高价位处,多空双方有分歧,股价下跌,最终仍以阳线报收。总体来讲,出现先涨后跌型,多方力量占优,但实体部分与上影线长短差不多,且量能明显放大或缩小时,说明多方力量稍弱于空方力量,买入时应谨慎。

上影线代表冲刺到某点上方,开始有阻力卖盘,所以下落,而开盘光脚阳线,说明有资金在低位开盘就坚决托住,这有几种可能:一是发生在上升中,主力想看看前面有没有大的卖盘,如果卖盘并不大,后期回荡有限,会拉涨停冲破前期高点,后面升幅可观,这种图形被称为“仙人指路”;二是主力故意拉高出货,在前期涨幅过大的个股,主力要出货时,以一笔大单拉升,到某高点后不再拉升,任由卖盘回落,实际是出货,主要看成交量是否放大,如果拉升时放量、回落时缩量,则不是;反之则很有可能。

光脚阳线的盘面意义主要包括两种情况:

① 低位光脚阳线。一般来说,如果在低价位区域出现光脚阳线,且实体部分比上影线长,表明多方开始聚积上攻的能量,进行第一次试盘。

② 高位光脚阳线。如果在高价位区域出现光脚阳线,且实体部分比上影线短,表明多方上攻的能量开始衰竭,空方的能量不断增强,行情有可能在此发生逆转。

5. 光头阴线

光头阴线,顾名思义就是指没有上影线只有下影线的实体阴线,如图 3-6

所示。

图 3-6 光头阴线

根据光头阴线实体部分与下影线部分长短的不同，可以将其分为三种情况：

① 实体部分比影线长，表明卖压比较大。一开盘，股价大幅度向下，在低点遇到多方抵抗，多方与空方发生激战，影线部分较短，说明多方把价位上推不多。从总体上看，空方占了比较大的优势。

② 实体部分与影线同长，表示空方把价位下压后，多方的抵抗也在增加，但可以看出，空方仍占优势。

③ 实体部分比影线短，表示空方把价位一路压低，在低价位上，遇到多方顽强抵抗并组织反击，逐渐把价位上推，虽然最后仍以下跌收盘，但可以看出空方只占极小的优势。后市很可能多方会全力反攻，把小阴实体全部吃掉。这种线型如果出现于低价位区，说明抄低盘的介入使股价有反弹迹象，虽然短期内不会立即出现大幅上涨，但由于有买盘在低价位区介入，后市会有一定的上涨机会。

通常情况下，光头阴线一旦出现，往往预示着股价行情将会出现某种程度的反转，或者出现某种程度的回调整理，具体属于哪一种含义，需要结合股价所在的位置和股价的升幅来加以分析。实战经验表明，如果在高位横盘整理之后出现光头阴线，或者在股价已经具有巨大升幅之后出现光头阴线，这时往往是股价走势产生逆转的标志性信号之一，投资者对此需要引起足够的重视。

光头阴线虽然震慑力和杀伤力都十分巨大，但是，投资者千万不可对它产生一种过敏反应，一见到它就产生极度恐慌，这样做是十分愚蠢的。实际上，股市的主力炒家对投资者的这种恐慌心理是了如指掌的，而且经常有意识地利用自己手中的巨量筹码人为地操纵股价的升跌，刻意在股价上升的途中制造空头陷阱，引诱投资者抛出手中的筹码，而光头阴线就是极好的制造空头陷阱的工具。

因此，投资者在看图读图的时候，应当对主力炒家的这一手法有比较充分的认识，并且根据股价的所在位置，以及光头阴线出现时与之相对应的成交量来进行深入细致的分析，正确把握其中的真实含义。

6. 光脚阴线

光脚阴线是一种带上影线的黑色实体，如图 3-7 所示。

图 3-7 光脚阴线

光脚阴线的收盘价即成为全日最低价。开盘后，多方稍占据优势，股票价格即出现一定涨幅，但上档抛压沉重，空方趁势打压，使股价最终以阴线报收。

一般来说，光脚阴线的盘面意义主要包括两种情况：

① 在低价位区域出现光脚阴线，表明多方开始聚积上攻的能量，但空方仍占有优势。

② 在高价位区域出现光脚阴线，表明多方上攻的能量已经衰竭，空方的做空能量不断增强，且占据主动地位，行情有可能在此发生逆转。

7. 十字星K线

十字星K线是一种只有上下影线没有实体部分的K线形态，如图3-8所示。

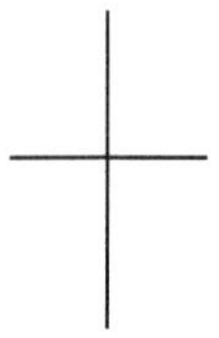

图3-8 十字星K线

十字星的开盘价就是收盘价，表示在市场交易中，多空双方力量势均力敌，达到暂时均衡，盘中股价虽暂时出现高于或低于开盘价成交，但收盘价仍然回到开盘价的位置，使得K线形态出现十字星形走势。这种情况下，下影线越长，代表多方实力越强；上影线越长，代表空方实力越强。无论十字星K线出现在高位或者低位，均表明市场趋势可能会出现逆转，是一种可能随时会改变行情趋势方向的K线。

根据十字星形态的不同，通常我们把十字星分为普通十字星、长十字星、射击之星三种：

① 普通十字星是一种只有上下影线，没有K线实体的形态。由于开盘价与收盘价相同，这表示在市场交易中，多空力量达到暂时均衡，盘中股价虽暂时出现高于或低于开盘价成交，但收盘价仍然回到开盘价的位置，使得K线形态出现十字星形走势。普通十字星的最高价或最低价与收盘价的距离均小于2.5%，这是所有十字星中最常见的一种。

② 长十字星的上下影线均较长，其最高价或最低价与收盘价的距离均大于3%。虽然从外表看，长十字星似乎与普通十字星极为相似，都是上下影线几乎相等，也都是多空双方表现出势均力敌，但是长十字星的巨大振幅显示出市场格局将发生新的变化，市场趋势将得以改变，特别是在高价位或低价位时出现长十字星，则意味着反转随时有可能出现。

③ 射击之星是从收盘价位拉出一根较长的上影线或下影线，其形状像“射击”，俗称射击之星。通常射击之星出现在底部是良好的买点，而出现在顶部则是良好的卖点。当射击之星出现在顶部时，投资者要注意及时获利了结；当射击之星出现在低位时，投资者要考虑买进。射击之星的出现，不单单是一个图形的出现，而是一个股价在底部开始启动或在顶部开始回落的预兆，投资者应及时调整投资行为。如果一个股价持续下跌时间较长，出现射击之星，则属于比较安全的底部；如果一个股价刚刚启动，便出现了射击之星，投资者可以暂时等待。但股价持续涨高并出现射击之星时，及时出货是必要的。射击之星具体可分为长上影线十字星和长下影线十字星。

8. T字形K线

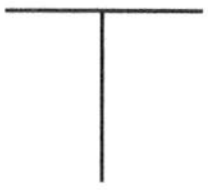

图3-9　T字形K线

T字形K线没有实体部分和上影线，由于其形态跟英文字母T相似，故称其为T字形K线。从严格意义上来说，它属于十字星K线，如图3-9所示。

T字形K线的开盘价就是收盘价，当日交易以开盘价以下价位成交，又以当日最高价位收盘。空方虽然强大，但是多方力量更强大，局势对多方有利。T字形K线不仅形态与十字星类似，而且出现在K线图中的位置也跟十字星相同，所以，可以将T字形K线看作是十字星K线的变异形式。

T字形K线的盘面意义如下：

① 出现在股价连续上涨的途中，预示着股价走势会减弱；

② 出现在股价暴涨的途中，预示着股价还将继续上涨；

③ 出现在股价下跌的途中，预示着多方力量较强，股价走势可能会被逆转，而且下影线越长，回升的动力就越足。

9. 倒T字形K线

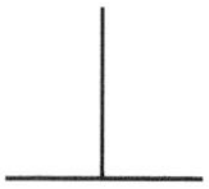

图3-10　倒T字形K线

倒T字形K线又称空胜线，是一种常见的跌停下的K线形态，如图3-10所示。

倒T字形K线的开盘价与收盘价相同。当日交易都在开盘价以上价位成交，并以当日最低价也就是开盘价收盘，表示多方力量虽强，但空方比多方更强，多方无力拉升股票价格，总体来看空方占优。如果倒T字形K线出现在高价位区域，行情很可能会下跌，并且上影线越长，代表下跌的力度越大。

出现倒T字形K线，说明股价有上冲动力，不过由于空方压力比较大，从而使价格回落。接下来的交易日如果买盘不强烈，股价很可能会下跌。

倒T字形K线的盘面意义如下：

① 出现在股价连续上涨后，预示着上涨趋势减弱，甚至股价回落，而且上影线越长，空方力量越强，股价回落的可能性越大。

② 出现在股价持续下跌后，具体要看第二个交易日的走势，如果接下来收出大阳线，股价后期可能会反弹；如果接下来收出大阴线，股价后期可能会继续下跌。

③ 出现在股价上涨或下跌途中，预示股价大多还会按既定趋势走下去。

10. 一字形K线

一字形K线是指开盘即涨停，一直持续到收盘为止的K线形态，它没有实体和上下影线。因为这种K线形态类似于汉字的“一”，因此称为一字涨停，如图3-11所示。

图3-11　一字形K线

一字形K线是一种极端的走势形态，也是一种比较特殊的走势形态。这种K线形态不大常见，主要出现在三种情况下：

① 涨停：开盘即以涨停价开出，至收盘为止，涨停未被打开过，全天均以最高价成交，说明买盘旺盛，该股属于强势股。一字涨停的股票因为开盘就有大量买单封住涨停，而卖单数量远远小于买单，代表人们对这只股票强烈看好，所以在一字涨停期间，几乎不可能买到这只股票。

② 跌停：开盘即以跌停价开出，至收盘为止，跌停未被打开过，全天均以最低价成交，说明卖盘沉重，该股属于弱势股。一字跌停的股票因为开盘就有大量卖单封住跌停，而买单数量远远小于卖单，代表人们对这只股票强烈看空，所以在一字跌停期间，几乎不可能出手这只股票。

③ 交易非常冷清，全日交易只有一档价位成交。

11. 带上下影线的阳线

带上下影线的阳线是最为普通的一种阳线，又被称为穿头破脚阳线，如图3-12所示。

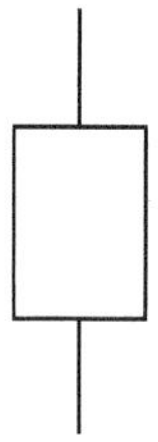

图3-12 带上下影线的阳线

带上下影线的阳线的开市价比最低价高，而收盘价又比最高价低，但明显比开市价高。其中，开市价与收盘价之间的长方形为实体，实体上端的细线为上影线，实体下端的细线为下影线。由于存在着上下影线，说明当天的买卖过程中，曾经出现过上突下探的行情，多空双方对当前的股价分歧开始增大，双方争夺非常激烈，一度都占据优势，把股价推到了最高价或压到了最低价，然而，都被对方顽强地拉回去，只是到收市时，多方才把优势勉强保住。对多空双方优势的衡量，主要是依据上下影线的长短与实体的长度来确定。

在这种情况下，我们可以粗略地依据上下影线与实体的长短分为以下五类：

① 上下影线等长的阳线。有时候，阳线实体上的上影线和下影线差不多一样，意味着股价在高价位遇到的压力与在低价位受到的支持力度半斤八两。在这种情况下，阳线的实体越长，而上下影线越短，它的技术分析意义越接近没有上影线和下影线的阳线。有时候，上影线和下影线的长度跟实体的长度几乎相等。从阳线实体相当长的存在，体现了市场仍处在上升的过程中，然而，如果这一类带上下影线的阳线是在一段时期的上升行情之后出现，同时伴随着成交量的放大，行情上下震荡加剧，表面上看似乎市场交投活跃，但实际上这往往是市场转折的信号，往后几天股价下跌的可能性很大。相反，如果这种阳线在一段时期的下跌行情之后出现，意味着在低价区的承接力量不断加强，空方已处于劣势，后市反弹的可能性很大。有时候，上影线和下影线很长，比实体长两三倍，这是典型的多空双方拉锯战的结果。开市后，多空双方以开盘价作为攻防

的基点，向对方阵地发动攻势，双方实力相当，各有胜败。比如，开市后，多方往上强攻，但空方施压，待股价被打压到一定价位，又遇到多方的顽抗，因此，股价又被推上来。结果收盘时的价位，正好也在开市价附近。正因为收盘价与开市价很接近，因此，形成短小的实体。这种形态的阳线，其技术分析的意义就接近十字线，它的含义就是：经过一段时间上涨之后出现，意味着行情很快就反转。如果在经过一段时间下跌之后出现，显示很快触底反弹。由此可见，这种形态的阳线是暗示市场趋势已到发生转折的关键时刻。

② 下影线比上影线长，而且比阳实体长。我们有时候会看见这样的股价走势图：一根阳线的下影线比上影线长，同时也比实体长。这种形态是怎样形成的呢？这是由于开市后空方涌现，猛烈出击，引致股价滑落，但是在低价位时受到多方顽抗，又把股价推上，最后收市价略低于最高价。可能是经过几个回合的交战，先见多方出击，后见空方施压，大量抛售，然后多方又全力推高股价，最终把实体推挤成短小的阳实体，形成低开高走收场。从股价起伏波动的情况来看，虽见多方占优，但从上下影线与阳线实体之间的比例关系考虑，收场仍然存在着空方的一定优势，多方的力道强弱还需要一段时间的巩固或考验。下影线越长，支撑越强：这种形态的含义，说明股价在低价位受到的支撑要大于它在高价位遇到的阻力。下影线越长，意味着下档的支撑越强劲。上影线越短，上档的阻力就越小，而下影线的长度必须比实体长两三倍才有重大的意义。下影线比上影线长，同时比阳实体长，必须注意两个要点：①下影线长，显示空方先施压力，股价滑落。②下影线比实体长两三倍，说明买力顽抗，防守成功，空方进攻受挫。从以上两点来看，后市很可能是空方继续败退，原来是进攻而转为防守，多方却乘胜追击，由防守转为进攻，换句话说，多方的实力由弱转强。

③ 上影线比下影线长，同时比阳实体长。一般来讲，这种形态是开市后，多方实力强劲，股价一路往上攀升，上涨到高价位时，空方施压，痛击回退，但收市价仍比开市价高，留下比实体长两三倍的上影线，而下影线却很短。这种形态说明当天股价出现强烈上涨后，又猛烈滑落的过程。多空双方交战的结果，是空方占了优势，多方受到挫折。它的含义就是股价在低档受到的支撑要小于它在高价位遇到的阻力。上影线越长，意味着股价在上档遇到的压力就越强大；下影线越短，下档的支撑就越弱，而上影线必须要比实体长两三倍，才有重大的意义。通常在下列情况下，会产生截然不同的操作方法：一是在连续下跌的行情中，特别是在大幅度下跌后出现，发出的是止跌信号，可作为买进的参考依据；另一个是在连续上涨的行情中，特别是在大幅度上涨后出现，发出的是见顶转折的信号，可作为卖出的参考依据。

④ 上影线比下影线长，但比阳实体短。这种形态是低价开市后，股价稍微下跌，出现短小的下影线，然后涌现买盘，股价扶摇直上，形成一根长实体，而股

价以略低于最高价收盘。这种阴阳线表现的是多方在上升的过程中遭受挫折，但是阳线实体较长，同时下影线很短，这表示下档的承接力仍然很强，多方仍占据市场主导地位。上影线比下影线长，说明市场有获利回吐现象以及短线赚取差价者存在。这种形态以技术含义来说，如果出现在上升的趋势中，意味着短期后市趋于上升；如果出现在下降趋势中，表示多方力量增强，可能出现反转或反弹。

⑤ 下影线比上影线长，但比阳实体短。这种形态是开市后，多方力道强劲，股市推到高价位时，空方反击，股价回退，但来回激战之后，最终收市价仍高于开市价，留下较长的下影线，形成较长实体的阳线。这种形态从形成的过程中，说明是一种较明显的由低价位向上的转折信号。阴阳线的形态所包含的信息很丰富，带有上下影线的阳线，依据它们的实体之大小，大致可概括为大阳线、中阳线、小阳线。

12. 带上下影线的阴线

带上下影线的阴线也是一种常见的阴阳线，是一种反弹试探形态，如图 3-13 所示。

图 3-13　带上下影线的阴线

带上下影线的阴线，是指股价在开盘后上下浮动，多空双方竞争激烈，股价上升到最高价后又回落，开盘价高于收盘价但低于最高价，收盘价高于最低价，最后形成带上下影线的 K 线形态。综合来说是空方占优势。

这种形态，可能开市之后，多方一度出击，试图把股价推高，但是敌不过空方强大的卖压，结果节节败退，空方转为主动，但在低价处多方仍有一定的力量，可惜力道不够强劲，使得收市价低于开市价。这说明多空双方在高价位上分别持有不同看法的一种行情。但由于留下较长的阴实体，意味着市场总体特点是高价多方不愿追高，但在低价位，多方也有一定的承接力量，如果以双方力量相比，仍然是空方占了明显的优势。根据这种基本形态的上影线、下影线和黑实体的长度，可以分为以下几种买卖力道的不同状况：

① 上下影线等长的阴线。有时候，阴线实体的上影线和下影线差不多一样长，说明了股价在高价位时，空方力量增强，卖压重，上升乏力；在低价位时，买气转强，以至于未在最低价位收场。如果阴线的实体越长，而上下影线越短，它的技术分析意义越接近没有上下影线的阴线。如果这种形态在大跌之后出现，就意味着在低档区有承接的力量，显示将很快触底反弹；如果这种形态在大涨之后出现，就表示在高价区卖压沉重，行情可能转而向下滑落；如果这种形态在下跌途中出现，继续看跌。有时候，上影线和下影线的长度跟阴实体的长度几乎相等。这种形态，如果出现在一段时期的上涨行情之后，还跟随着成交量的扩大，可能是市场转折的信号，往后几天股价下跌的可能性很大。如果这种

形态出现在一段下跌行情之后，表示在低价区的承接力量出现，多方可能反击，后市反弹的可能性很大。有时候，上影线和下影线很长，阴实体短小，开市价与收市价很接近，但最高价与最低价拉得很开，基本上，上下影线要比实体长两三倍才有重大的意义。这种形态既可在涨势中出现，也可在跌势中出现。在涨势中出现，后市看跌；在下跌的途中出现，继续看跌；在连续加速下跌行情中出现，显示见底回升，是买进信号。

② 上影线比下影线长，而且比阴实体长。有时候，我们在股价走势图上看见一根阴线的上影线比下影线长，同时也比阴实体长。一般来说，这种形态是开市后，多方力道强劲，把股价大力往上推，但上涨到高价位时，空方涌现，全力反击，将多方推高的股价又打压下来；或是在当天买卖双方来回交战中，多方的力量在沉重的打击下，已溃不成军，还手的力量很虚弱，空方的力量已牢牢控制当天的局面。这种形态说明当天股价出现强烈上涨后，又猛烈滑落的过程，形成收市价比开市价低，而最低价又略低于收市价，留下短小的下影线，上影线明显比下影线长，也比阴实体长几倍，致使最高价与最低价的差距很大。这种形态的市场含义，基本上是后市发展将由空方力量主导。就是股价在低档受到的支撑小于它在高价位遇到的阻力，上影线越长，表示股价在上档遇到的压力就越强大；下影线越短，下档的支撑就越虚弱，但上影线必须要比阴实体长两三倍，才有重大的意义。这种形态既可能在上升趋势中出现，也可在下降趋势中出现。由于出现的位置不同，操作的技巧也就不一样。如果出现在中期上涨行情的高价区，市场进入狂热状态，股价天天上涨，投资人也失去理智，追高抢进的人很多，但是炒家或大户却趁着市场人气旺盛的时候，一面推高一面派发，因此，当股价推上高点后，承接的力量减弱，而派发却并未结束，形成了长长的上影线。股价走势图中，一根上影线比下影线长，而且比阴实体长三倍，再配合成交量的扩大，第二天又出现同类型的长上影线，但成交量已缩减，充分显示大户或炒家已将筹码派发完毕，鸣鼓收兵了，往后股价便节节败退。如果在下降的趋势中，多方的力道弱，下跌了一个波段后出现这种形态，显示股价见底反弹，如能配合成交量扩大，是买进的信号。

③ 下影线比上影线长，而且比阴实体长。这种形态的形成，开市后可能卖压沉重，股价节节败退，或是经过买卖双方来回交战之后，股价大幅度下挫，其后逢低买进介入，致使股价回升，收复部分失地，形成下影线明显长于上影线，但是收市价比开市价低，留下短小的阴实体。上影线短，上档阻力小。这种形态的市场含义是：阴实体短小，说明开市价与收市价差距小，最高价和最低价却拉得相当大。下影线越长，表示下档的支撑力越强大；上影线越短，上档的阻力就越小，这充分显示低价位多方力道强劲，有转型反弹或回升的可能。不过，如果与长下影阳线相比，长下影阳线的上升力道比它还强劲。这种形态如果出现

在一段下跌行情的末期，往往预示着行情的底部将要出现，该考虑买进。这是由于上影线的存在，表示多方有反攻的意愿，然而，因为前一段时期的下跌惯性，看淡的思维浓厚，卖盘压力仍在，致使股价挫退，跌破开市价并创出新低。但是阴实体短小，留下长长的下影线，说明了多方的力量逐步增强。接下来的交易过程，股价进一步推高的可能性很大。当采用阴阳线做技术分析时，有一点必须特别注意，就是同样的阴阳线形态，处在不同的位置与方向，它的技术含义就不相同，操作技巧也要跟着改变。比如是在一段时期的上升行情之后出现，同时成交量也随之扩增，表面上看，似乎市场交投活跃，但是后续的日子如果成交量缩减，股价下跌的可能性很大，应获利了结。股价连续大涨三天，成交量大增，接着拉出一根长下影线，成交量减少，随后走出一波持续下跌的行情。下影线比上影线长，而且比阴实体长，这种形态从技术含义来看，在上涨一些日子后出现，后市看跌；在下跌的途中出现，继续看淡；在连续加速下跌行情中出现，有见底回升的意义，是买进信号。

常见的K线组合形态

K线组合形态分为反转和持续两大类，下面只列举9种反转组合形态。

① 锤形线和上吊线如图3-14(a)(b)所示。锤形线处在下降趋势中。当天疯狂的卖出行动被遏制，价格又回到或者接近当天的最高点。锤形线有牛市含义。上吊线处在上升趋势中，当天的价格行为一定在低于开盘价的位置，之后反弹使收盘价几乎是在最高价的位置。上吊线中产生的长下影线显示了一个疯狂卖出是怎样开始的。上吊线具有熊市的含义。

② 鲸吞型基本形状如图3-14(c)(d)所示。熊市鲸吞型处在上升趋势中，收盘价比前一天的开盘价低。上升的趋势已经被破坏，上升趋势将要反转。牛市鲸吞型的情况与熊市鲸吞型叙述的情况正好相反，是看涨的组合形态。

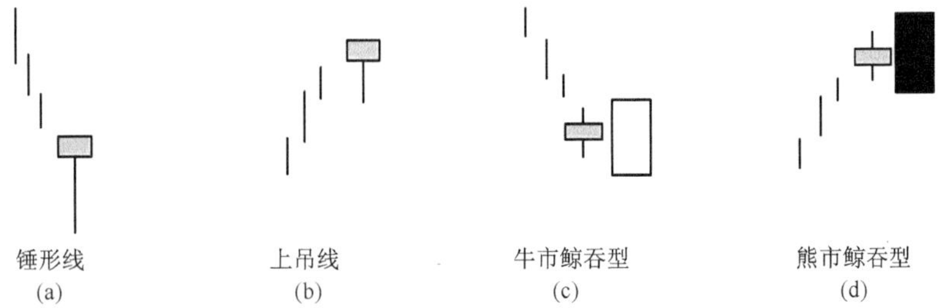

图3-14

③ 孕育型的基本形状如图3-15(a)(b)所示。牛市孕育型处在下降趋势进行了一段时间之后，第二天价格上升，建议买进。熊市孕育型处在上升趋势进行了一段时间之后，第二天价格低开，动摇了多头，引起价格的下降，建议卖出。

倒锤线和射击之星的基本形状如图 3-15(c)(d)所示。

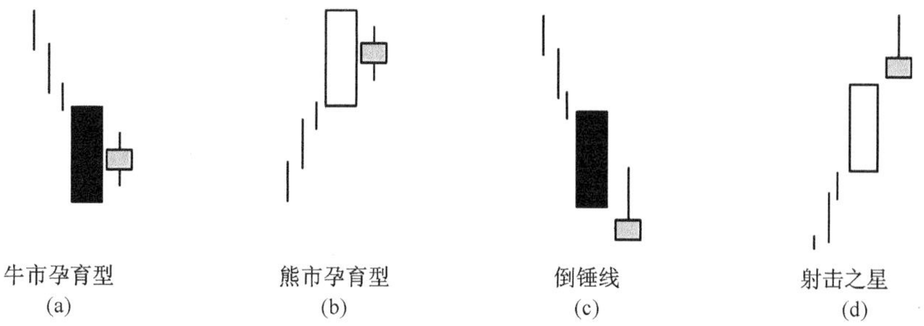

图 3-15

④ 倒锤线之前已经是下降趋势。潜在的趋势反转将支持上升。射击之星处在上升趋势中，市场跳空向上开盘，出现新高，最后收盘在当天的较低位置。后面的跳空行为只能当成看跌的熊市信号。

⑤ 刺穿线与乌云盖顶的基本形状如图 3-16(a)(b)所示。刺穿线形成于下降趋势中，第一天的长阴线后，第二天的收盘价高于长阴线实体的中点，是反转形态。乌云盖顶形成于上升趋势时，长阳线后的收盘价格降到阳线实体的中间之下，顶部反转的机会越大。

⑥ 早晨之星和黄昏之星的基本形状如图 3-16(c)(d)所示。早晨之星开始是一根长阴线，第二天的小实体显示了不确定性。第三天价格跳空高开，显著的趋势反转已经发生。黄昏之星的情况与早晨之星正好相反，是上升趋势中的反转的组合形态。

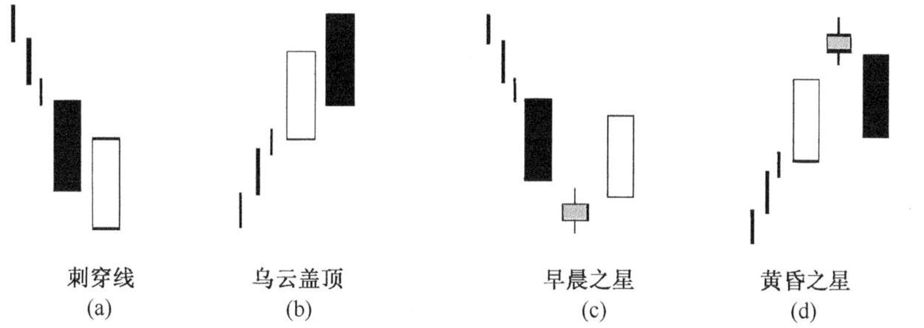

图 3-16

⑦ 三白兵的基本图形如图 3-17(a)所示。如果在下降(上升)很长时间后出现，是反转的信号。沪深市场的三白兵阳线之间更多的是有缺口。

⑧ 强弩之末是发生在上升趋势末期，基本图形如图 3-17(b)所示。小实体和缺口说明不确定性有阻止向上移动的必要。强弩之末展示了原来上升趋势

的弱化。从图形上看，强弩之末是黄昏之星的“前奏曲”。在上升的过程中，强弩之末的形态出现得越晚，不能继续上升的强弩之末的含义越强。

⑨ 三乌鸦发生在上升趋势末期，基本图形如图3-17(c)所示。三乌鸦呈阶梯形逐步下降，由于出现一根长阴线，明确的趋势倒向了下降的一边。

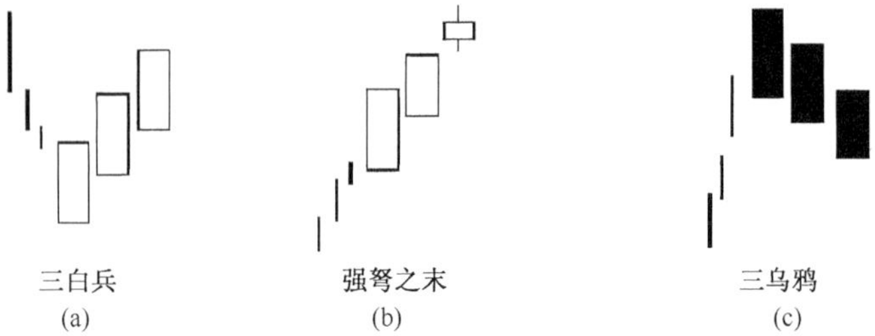

图 3-17

三、K线组合图分析

股市操作方法多种多样，不同的投资者有各自不同的投资理念。首先，分析基本面、结合技术分析，是每个成熟投资者决定入市的共同点，细致周到的观察分析对投资决策增添了成功的概率。其中，K线是最直观反映股价走势变化的图形之一，投资者可以从K线组合及成交量变化所反映的市场信息中寻找买卖机会。以下介绍75个最基本的K线组合图解。

1. T形线(蜻蜓)

应用法则：底部看涨，顶部看跌，如图3-18所示。

图 3-18　T形线

(1) T字线的开盘价、收盘价、最高价相同，K线上只留下影线，如果有上影线，也是很短很短。T字线信号强弱与下影线成正比，下影线越长，则信号越强。

(2) 位置不同，技术含义也就不同。

第一，T字线出现在股价有较大涨幅之后，是见顶信号。

第二，T字线出现在股价有较大跌幅之后，是见底信号。

第三，T字线出现在股价上涨过程中，技术上是继续上涨的信号。

第四，T字线出现在股价下跌过程中，技术上是继续下跌的信号。

(3) T字线是一种庄家线，它是完全由庄家控盘造成的。

第一，在高位拉出的T字线，其实就是庄家为了掩护高位出货释放的一枚烟雾弹，使散户觉得这种先抑后扬的“T”走势是股价拉升过程中的一种洗盘行为，这会诱使一些抛出筹码的短线客再度追涨买入，让持股的散户放心做多，正中其计。因此，这种在高位出现的 T 字线后面，与之相伴的多数是高开低走的大阴线。

第二，股价连续下跌后出现 T 字线，反映庄家在低位建仓后利用先抑后扬的“T”字线走势来稳定军心的一种迫切心情。如果这种止跌信号被市场认同，庄家就会在 T 字线后面拉出几根阳线，或让盘面演化成阴阳交错的攀升走势。当股价走势出现上述情况，可大致推断庄家的操盘意图，此时，投资者可采取适量买进策略，与庄共舞。

第三，股价在上升过程中出现 T 字线，这是庄家利用 T 字线走势在洗盘，而绝不是“出货”。如何识别是上升途中的 T 字线还是上升到顶的 T 字线？有两点：首先，看上升幅度大不大。假如上升幅度已经很大，出现高位 T 字线的可能性较大；反之，出现高位 T 字线的可能性就较小。其次，看 T 字线之后股价重心是上移还是下沉。如果是上移，则是庄家利用 T 字线在洗盘；如果是下沉，则是庄家利用 T 字线在出货。

第四，股价在下跌过程中出现 T 字线，这是被套庄家利用 T 字线走势制造一种止跌企稳的假象，以此来吸引买盘，派发手中的筹码。如何区别下跌途中的 T 字线和下跌底部的 T 字线？区别方法有二：①看下跌幅度。如果跌幅已经很大，出现底部 T 字线可能性较大；反之，则可能性较小。②看 T 字线之后股价重心是上移还是下沉。如果 T 字线后股价重心上移，很有可能是庄家利用 T 字线稳定军心，正策划一轮上攻行情，那么，这个 T 字线就是见底回升的信号，此时投资者可以考虑买进。如果 T 字线是为投资者设的一个多头陷阱，这个 T 字线就是继续下跌的信号，股价在这之后仍会有较大跌幅。此时，投资者一定要耐心观望，绝不可盲目买进。

总之，T 字线真实反映了庄家的操盘意图，投资者只要认真分析 T 字线出现的时间、位置，再结合其他技术分析指标，就能识破庄家的阴谋，在与庄家的争斗中取得胜利。

2. V 形反转

应用法则：底部见底，反转上升，如图 3-19 所示。

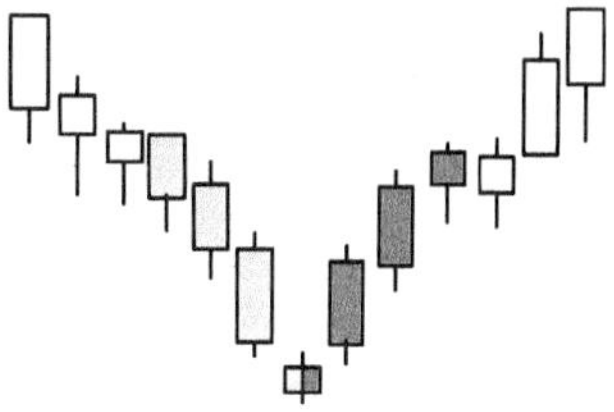

图 3-19　V 形反转

V 形反转在投资品种的 K 线组合里是很常见的。V 形反转是一种强烈的上涨信号，它的出现一般都是 K 线经过一段较长时间的下跌后(下跌按某个角度下行)，一般是在利空后、极度发泄后、突发较大的利好消息(股票)。这时，K 线拐头向上而且有相当一段的持续性。因此，在 K 线图形上形成了一个 V 字。

V形反转的特征：

(1) 出现在(股票、期货……)急速下跌之后。

(2) 在急速恐慌性下跌末期，空头能量得到了彻底的宣泄，这时，做多的力量已开始堆积，如股市有利好，股票、黄金、期货、CFD等品种会迅速反转，掉头向上。反应敏捷者蜂拥而入，很快把价格推高。

(3) V形反转启动速度很快，在底部停留的时间极短，反应慢的投资者容易踏空，可操作性差些，下单速度慢都不易成交，这时如果对后市判断正确，可追高买进，否则机会稍纵即逝。如非要介入，可及早撤单更新买入。做黄金和期货的投资人，短期K线经常出现这些K线图形，及时以“挡板法”介入，短线效果更佳。

V形反转的出现一般没有事先的征兆，并且是一种失控的形态，在应用时要特别小心。不过形态完成后潜能相当惊人，所达到的上升或下跌幅度也不可测算，但转势一经形成，可确认性较高，具有十分重要的实战意义。

如何把握V形反转机会呢？要注意以下几点：

第一，涨跌幅度。一般来讲，短期内涨跌幅度越大、动力越强，出现V形反转的可能性也越强，超过5%以上的巨阳或巨阴往往成为很好的配合证据。

第二，价量配合。正V形反转在转势时成交量要明显放大，价量配合好，尤其转势前后交投的放大，实际上是最后一批杀跌盘的涌出和先知先觉者接货造成的；倒转V形反转对成交量没有强制要求，不过其转势前成交量往往也会暴增，实际上意味着多头力量已成强弩之末，买盘后继无力了；而伸展V形的价量要求则与伸展前的V形性质相同。

第三，结合中长期均线进行研判。均线具有显著的判断趋势运行的功能，借助20日、30日和120日均线，可较准确把握V形反转的两次大机会，一般可采用20日均线。当股价第一次突破20日均线时，虽不能明确V形反转能否确立，但这却是激进的做多或做空信号，一旦出现第二次突破20日均线，基本上可以确认反转趋势的确立，这是稳健的做多或做空信号。以底部正V形反转为例，时代新材2003年1月6日以锤头见底后，1月16日首次以中阳突破了20日均线，当时虽有二次探底的危险，却为短线的激进介入点；随后，股价上升至历史高点前止步休整，2月18日虽曾击破20日均线，2月19日却以中阳重返20日均线之上，基本确立了V形反转，为稳健买入的介入点，不久就以巨阳巨量创出历史新高。

第四，实战中，伸展正V形的横向波动为较好的介入时机，既安全又有效。股价第二次突破20日均线为较好的短线介入点。同时，股价横向波动的相对位置也十分重要，如在前期高点之上横盘，预示主力有极强的控盘能力，向上动力强；如在前期高点附近上下波动，则向上动力相对较弱。此外，横盘持续时间也十分重要，一般而言，横盘越久，向上力度也越小。实战中要加以品味与区分。

如何应对V形反转？

尽管V形反转在所有反转形态中是最难以把握的，但由于这一形态出现频率较高，较准确地把握它有利于减少损失或扩大盈利。与多数的顶与底相似，V形顶与底的差别主要表现在震荡幅度和成交量上。在底部运行时，股价的震荡幅度较小，成交量持续低迷，一旦形成反转，股价通常会连续上扬，成交量也呈现放大态势；而在顶部时，股价震荡往往相当剧烈，但成交量是否放大或萎缩，则并非关键因素。在斜率较大的运动中，横盘可摆脱趋势线的束缚，但这并不能构成形态的反转，只有趋势线被有效突破时，才意味着行情已产生变化，此时，顺势而为显得格外重要。尽管作为自动趋势线的5日均线具有特殊的价值，但趋势线常会比股价形态更早发出突破信号，即不必等到形态完成就可"提早"买卖，以便取得更高的收益。

反转前有何征兆？

以V形顶为例，形态完成前一个重要征兆是分时图上留有多个缺口，而日线跳空缺口已被封闭，形成波幅较大的（长下影）十字星（或胎内星）等；另一个则是在陡峭的通道线附近出现变化，或刺穿后回落（通道线无支撑），或达不到通道线高度。当V形反转出现后，市场有时很快形成一个小平台，称为扩展V形形态，即为形态的重要变体，完成的标志是平台的突破。在实际走势中，这种扩展形态较少出现，但它能为图表分析者提供更多的机会，因为其中的平台颇似旗形形态。

由此，投资者可发现如下几个重要卖点：①触及通道线后回落至开盘价之下时以及收盘价；②收盘价跌破短期均线支撑时；③如果出现扩展形态，平台高点几乎皆为理想的卖点（逃命点）；④平台破位时为最后的逃命机会。此外，经过持续的、特别是大幅扬升后，股价一旦出现横盘迹象，就必须格外注意并做好准备。

3. 长上影线

应用法则：①长上影线出现在上升趋势的高位，若成交量放大，则意味着多头追高积极，但高位抛压沉重，股价向上攀越艰难，行情很可能调头回档或反转。②长上影线出现在下降趋势的低位，若成交量放大，则意味着多头抄底盘介入，但不能有效遏制抛压，多空双方已逐渐转向势均力敌，如图3-20所示。

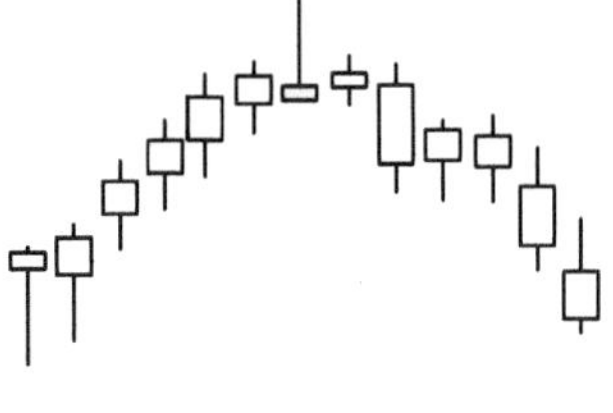

图3-20　长上影线

一般来说，产生上影线的原因是空方力量大于多方造成的。股票开盘后，多方上攻无力，遭到空方打压，股价由高点回落，形成上影线。带有上影线的K线形态，可分为带上影线的阳线、带上影线的阴线和十字星。不同的形态，多空力量的判断是有区别的。

股指在快速冲高过程中，受阻回落，如果留下较长的上影线，显示大盘将进入调整。而对于个股来说，冲高回落留下长长的上影线，一方面显示庄家在试盘，另一方面说明庄家在拉高派发。

被动回调——短期将收复失地。

个股在冲高过程中，突然遇到大盘调整，会引发较大的抛压，庄家会顺势而为，股价重新回到低位，这样在日K线图上会留下长长的上影线。如果量能配合得比较好，而且股价刚刚脱离主力成本区，这种股票会很快恢复上涨，只要大盘稍微走稳一点，这些股会及时被拉高。如某日受消息影响，股指出现大幅下跌，而当天很多个股经蓄势后正准备冲关，庄家在拉高过程中，遇到股指回调，其个股在冲高之后也抛压加重，庄家只好退缩防守，这种长上影线的个股，短线机会极大。在大盘暴跌时，选择长上影线的股票比光头阳线的股票要好。

主动回调——庄家拉高在出货。

大盘在平稳运行过程中，个股快速拉高，之后逐波走低，在日K线上留下长上影线。这种股票一般显示庄家拉高派发，至少是快速拉至涨停，之后不断派发，其日K线留下了长上影线。由于该股累计升幅较大，庄家获利较丰，出货有很大的利润，所以短期调整形态明显。由于庄家持仓量比较大，股价还有反复，投资者可以利用反弹冲高时减磅。总体来看，长上影线可以分为两类：一类是突破箱形整理后留下的长上影线，另一类是连续冲高后留下的上影线。前者是短线介入的极好品种，后者应坚决放弃，如果与基本面联系起来研判更好。大盘回调时被动回调出现的长上影线是可以介入的品种，而大盘平稳时个股留下的长上影线应该排除。

上影线有那么可怕吗？

上证指数，连续三根上影线一根比一根长。上影线总是给人一种失去的感觉，明明涨了5%却每次都下来。高台跳水多了，难免心中有些恐慌。如何面对上影线，年前的行情又将何去何从？

首先，上影线没有那么可怕。上影线是股价运行过程当中受到阻力导致的结果。比如，某日早上的利好消息引发了金融和能源类个股的大涨，由于包含有权重成分，所以，大盘也很快上行。而且从当天来看，中石油、建设银行等大盘股是刚刚开始晃动，说明有一定的资金开始了买入的迹象。当然，换谁做主力都不会把中石油直接拉到涨停再买吧，所以，适当的震荡和上影线是这个阶段的一个特点。连续三天都有上影线，说明市场有明显的调控力量的出现，这种力量的来源就是政府持续的救市政策。

其次，上影线的分化也是存在的。某日市场在上午大涨的时候就有一些前期涨幅过大的板块开始了回调，这可能与基金的一些部署的变化有关。临近年关，随着经济周期的变化，基金在一些核心个股的坚守之后，也要有思路的调整和变现的行为。我们对于一些涨幅过大的和单纯的概念炒作个股需要保持一定的谨慎，市场震荡还将会继续。

最后，寻找上影线中完全的机会。上影线在有的状态下是股价试探前期高点的表现，遇阻回落之后，还会有进一步的上攻动能。我们建议关注业绩会有持续稳定增长的板块，对于刚刚突破箱体的上影线不要害怕，但是对于一些加速上涨30%以上个股出现的上影线，要做区别对待，这些个股短期调整的压力还是很大的。

在形形色色的K线图中，我们经常会看到长长的上影线。经典的K线理论告诉我们，股价遭遇抛压将下跌。我们知道，投资者的交易行为会受到市场的影响，因此，股价的波动就一定会受到市场的干扰。所以我们不能把K线图孤立起来，而是要与市场联系在一起。“黄金一小时”的概念，就是主力选择在最后一个小时的交易时段发力，是最经济合算的推升股价的方法。事实上也确实有很多主力在这样做，尤其是在避免违规行为的大背景下，主力更容易采用这种手法。不过操盘手却不一定能把握大盘当天的走势，所以很有可能在股价被推升的时候，大盘却一头栽了下来。对于大量顺势而为的主力来说，只能且战且退。于是，我们在日K线图上就看到了一根长长的上影线，这种上影线并不一定意味着股价上涨趋势的结束，因为主力已经在推升股价，而且由于当天大盘最后时刻的跳水会带动很多浮动筹码的出逃，这反而给股价的上涨扫除了障碍，所以，这一类长长的上影线或许能给我们带来机会。由于青睐“黄金一小时”，因此可以肯定，该主力并非控盘主力，多数情况下会顺势而为，因此对于大盘的研判就显得尤为重要。尽管我们一直认为预测大盘并不现实，但对于一两个交易日内的趋势还是有相对把握的，只是无法精确到具体的幅度。假设今天某股走出长长的上影线，大盘下跌幅度较大，那么，如果推断明天大盘至少会翻红，则该股就有上涨的机会，而且幅度也会比较大，高点很有可能会超过今天的上影线，所以，明天开盘后我们可以在今天的收盘价附近买进。如果大盘明天继续下跌但后天起码会翻红，那么明天盘中寻机逢低买入是良策。

当然这些只是一些短线操作的机会，因为我们没有涉及个股的基本面。不过对于该股的中长线走势研判也很有帮助，因为要把握中长线走势，必须对盘中的主力有一定的掌握。如果是分析以前的K线图有一些困难，那么现在很多券商提供的免费行情软件都配有重现当天实时图的功能，能够为我们复原当天的走势图，所以一样可以进行分析。有些长长的上影线确实是被抛盘打压下来的，只要大盘的走势还可以的话，这种走势往往是筹码松动的结果，其中有可能是一些大单子的兑现，也有可能是主力的阶段性减仓甚至出逃，还有一些长长的上影线是无关痛痒的。比如，某只交投清淡的个股在开盘后或者盘中被几笔小单打高，随后回落，这种情况出现的频率还是比较高的，一些手中缺少资金的主力常常会这么做，看看能不能吸引到市场买盘的跟进；也有可能是主力在试盘面，看看会有多少接抛单挂出来；还有一种可能是有大单准备建仓，通过这种方式吸引卖单挂出来。进一步的研判可以通过当天的后续走势来进行，特别要关注成交量。在行情分析中，我们千万不能把自己的思路限制在某一个特定的范围，因此当我们看到长长的下影线之后不必急于下结论，首先是查阅这根 K 线当天的走势，然后是当天大盘的走势，以及个股与大盘的相对强度，就这样一步一步来。

4. 长十字线

应用法则：①十字线可能构成重要的警告信号：原趋势停顿或反转。②只有在一个市场不经常出现十字线的条件下，十字线才具有重要意义。③如果具有很长的上影线，或者具有很长的下影线，则更加意味着市场犹豫不决，较普通的十字线更具有预示原趋势停顿或反转的研判意义：底部见底，反转上升，如图 3-21 所示。

图 3-21　长十字线

一般来说，长十字线主要出现在以下几种情况：总体显示多空战斗非常激烈却未分胜负，但这种均衡极易被打破。在高位出现，显示较强的见顶信号；在低位出现，显示较强的见底信号；在上涨途中出现，虽然易引发短暂调整，但应继续看涨，为上涨中继信号；在下跌途中出现，持仓者心态失稳，继续看跌，为下跌中继信号。

对于这种情况，投资者操作时应该注意以下几点：①长十字星信号的可靠性要远远高于十字星，特别是处在顶部或底部的转向状态下。②长十字星虽然表示多空双方势均力敌，但较大的振幅正酝酿变局，特别是在高位和低位的时候容易反转；当不经常出现十字星的时候突然出现长十字星，更有转势的意义。③主力控盘的强势股，有时候上升途中长十字星成为洗盘线，究竟是洗盘还是变盘，可由后面 1～2 个交易日的 K 线走势加以确认。

5. 长下影线

应用法则：①长下影线出现在上升趋势的高位，若成交量放大，则意味着抛压加重，承接踊跃，但有多头力竭之感。②长下影线出现在下降趋势的低位，若成交量放大，则意味着有恐慌性筹码抛出，但低位接盘踊跃，有大量多头抄底盘介入，如图 3-22 所示。

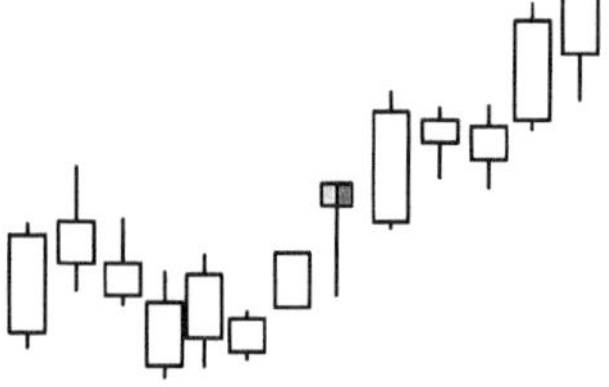

图 3-22　长下影线

在传统的日K线图技术分析中，出现长下影线意味着下档买力强劲，股价未来上涨机会大，与上影线释意是相反的。但这里有一个问题，股价冲高回落后出现长上影线是盘中出现卖压的结果，无论这种压力是有意还是事实本身的反应，长下影线都没有这么简单，股价大幅下跌后的快速上涨，是的确有实质买盘抢进还是刻意拉起，将引起股价未来可能出现截然不同的变化。

长下影线的出现大致有两种情况：

第一，股价在持续回落后，加速下跌，但长期和大幅的下跌自然会吸引大批投资者快速购入，从而引起股价的上涨，并持续推动股价上涨一段时间，于是市场上就出现了获利机会。

第二，股价在经历了一段上涨之后，在一些突发因素影响下，股价在相对高位出现获利盘回吐，导致股价急跌，此时引出主力的护盘力量。因为这种现象的前提条件是股价已在相对高位，真正想要在高位变现的人为了保持股价盘中的稳定性，定会尽力维护较好的技术走势，以保存股价已上涨的胜利成果，于是就出现了在相对高位的长下影，这时如果仍按第一种情况分析，长下影会有好的获利机会，就可能出现主观性差异，因为这种情况下的长下影线更可能是一种护盘结果。从技术角度判断这种现象并不复杂，首先判断出现长下影线之前股价是否出现过明显上涨，如果没有太多短中期获利盘，可以大胆参与；如果已经过连续上涨，说明主力护盘的可能性大。也就是说，股价的急跌过程是有真的卖盘出现，而买盘则更多的是主力自己买入的行为，目的是暂时抑制其他人的抛售，尽量长时间地维持股价的高价位，如果投资者介入其中，就会让自己陷入不利。其次，真实的长下影线是人们迫不及待地追入的结果，次日股价应该继续保持强势，否则，与长下影线的意义就是矛盾的，矛盾的原因是主力怕跌，不想让股价跌，试想连主力都怕跌，股价还有什么理由不跌，所以次日股价不能迅速走强，就是可靠的卖出信号。

第三，成交量不能持续放大也是非常明显的卖出原因。价跌量减是传统的看好走势，但在这种情况下，跌时成交量不能放大，意味着市场没有人参与，股价形式上的止跌或上涨只是表面和暂时的，只有持续放量，股价才会有新的上涨机会。可以说，相对高位的不能放量的长下影线是市场获利盘恐慌的结果，也是主力恐慌护盘的结果，对于投资者来说，绝不是简单的买入信号，反而是卖出的理由。投资者在看盘时，只看到形似是不够的，一定要想到是否也是“神似”才是全面的分析。

6. 出水芙蓉

应用法则：一根大的阳线上穿三条均线，改变均线为多头排列，后势看涨，如图3-23所示。

出水芙蓉是K线与均线结合的产物，指横盘整理或下跌过程当中，某天一根长阳线突破短期均线系统(如5日、10日、20日均线),即形成出水芙蓉。表示股价在长期下跌或者长期的横向震荡以后,某日放量冲上均线系统(可能是季均线系统,也可能是月均线系统)。

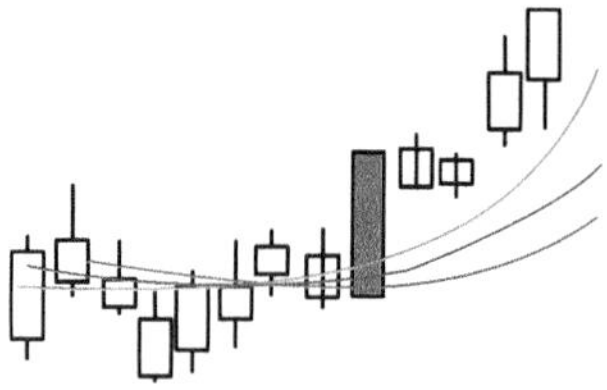

图3-23 出水芙蓉

出水芙蓉K线的特点主要包括唯一性和可靠性两点。

● 唯一性,指的是在股价长期下跌的过程中第一天出来,注意只有这一天而没有第二天。出水芙蓉确实是捕捉股价底部启动一瞬间的一个很好的参照物。出水芙蓉带动股价的长期走势。

● 可靠性,指的是股价在冲破了季均线系统以后,在那里作个买入点,以后再次下跌造成重大损失的可能性不大。也就是说它具有某种操作的、赢利的可靠性。

出水芙蓉发生的一瞬间,股价有连续的飙升痕迹,甚至有的股票还会出现跳空再跳空这种走势。之所以会产生这种情况,是因为在出水芙蓉出现前,庄家进行震仓然后买进,这叫洗筹;再进行震仓打压,再洗筹;再打压,再洗筹,直到把筹码基本上建仓完毕,这样造成了长期的走低,然后要迅速拉开成本区。迅速拉开是要使跟风的人不容易买进。第一个要买进来不及,因为很多人不具备出水芙蓉的常识,不知道在这个时候要买进;还有一种人在股价连续飙升的过程中认为相对位置较高而不敢买进。也就是说,当出水芙蓉发生的一瞬间,我们也可以认定为是庄家公开的、肆无忌惮的、大量的、明显的建仓行为和拉升行为的先兆,所以这个时候不买进,当然是放弃了一个很好的买入点。在这个点出现后买进,第二天股价还有可能跌破均线,也是个买入机会;如果第三天也没有买进,那么就要等它上升以后回档,回档不破均线,就可以坚决买进,这是第二次机会。

出水芙蓉启动的一瞬间,一个明显的特征是,黄线比红线低,并且黄红绿线都不交叉。市场能看到的最低点和可操作的最低点,可能是在均线以下横向震荡,或者是在相对的高位横向震荡。黄金交叉(20日平均线、40日平均线发生交叉的时候)之前出现芙蓉,黄金交叉点股价反压均线,也是个很好的买入机会。黄金交叉对我们的买入有一个提示作用。

出水芙蓉在季均线系统会出现四种情况:无金叉出水芙蓉——从三条均线以下突然爆发,这种类型爆发力强,上升高度很可观。一金叉出水芙蓉——在有一个均线一个黄金交叉出现以后才出现,这种密度也比较大,准备比较充分。二金叉出水芙蓉——20日平均线上穿40日平均线,一个黄金交叉;20日平均线上穿60日平均线,这时候要看清可能会出现出水芙蓉,这个爆发力也比较大。一阳上穿三角托——阳线穿过第二个黄金交叉的正中间，图形很典型，信号很明确，应该是我们买进的可靠的买入点。

大阳线一次突破三根均线，表明多头上攻势头极为强劲。当股价在下跌末期出现此K线形态，说明股价见底，后市将回升，其上攻力度的强弱取决于成交量的大小。当股价在上涨途中出现此K线形态，说明多头休整充分，重新展开强势攻击，股价将加速上扬。投资者如果碰到这样的形态，千万不要错过，应该积极抄底买入。

7. 大阳线

应用法则：①大阳线在上升行情中出现，意味着行情剧烈地向上攀升。②大阳线在下跌行情中出现，意味着行情剧烈地向上反弹。如图3-24所示。

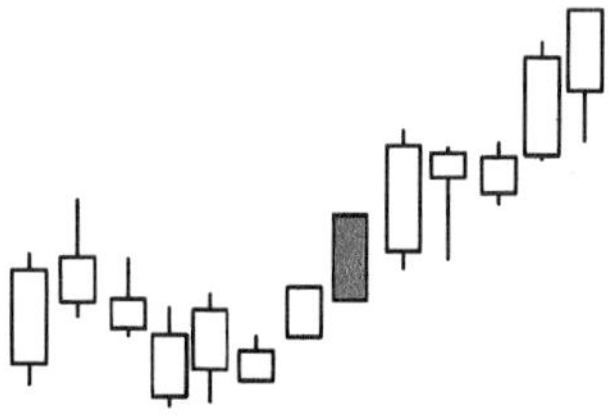

图3-24 大阳线

投资者在分析股价运行趋势时，往往会通过对量价线的研判，来辨别多空双方能量变化的规律。但是，随着做庄手法的花样翻新，庄家往往会使用骗线手段使得投资者在选择股票时迷惑不解，而这其中，大阳线的识别最为复杂。

一般而言，若大阳线伴随着大成交量出现，往往是看好后市的信号。

首先，当股价经过连续下跌至前期低点或见历史新低后，若突然出现一根大阳线，同时成交量也放出下跌以来的天量，则表明股价即将见底回升，我们常把这根大阳线称作底部大阳线。

其次，当股价成功筑底后，往往会展开横盘走势，若其股价在面临突破近期阻力位时，突然拉出一根大阳线，并伴随着天量的出现，则表明增量资金进场积极，股价将攻击某根均线阻力位。这根大阳线我们称之为启动大阳线。

再次，若股价一旦攻击阻力位成功，往往会依托这根均线再次展开横盘走势，以清除近期低位跟进的筹码，一旦清除完毕，股价将进入上升行情之中。当股价涨升一段时间后，若再次出现一根大阳线，并伴随天量出现，则表明庄家拉升心切，要加速推高股价。这根大阳线我们称之为中继大阳线。

最后，股价经过较长时间的大幅攀升后，在高价区域会出现一根大阳线，同时伴有上升以来的天量，此时预示着股价即将回调，因为庄家会借势拉升股价并在高位派发筹码。我们将这根大阳线称为见顶大阳线。综上所述，由于大阳线位置的不同，其技术意义自然就有所差别。

8. 大阴线

应用法则：①大阴线在上升行情中出现，意味着行情将深幅地向下回挡。②大阴线在下跌行情中出现，意味着行情将加速地向下惨跌。大阴线与大阳线一样，也是股价走势图中常见的K线，其基本形态如图3-25所示。

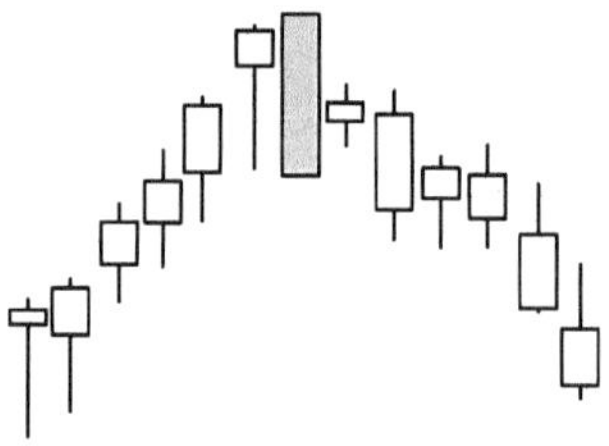

图3-25 大阴线

大阴线的特征如下：

（1）无论股价处于什么态势，都有可能出现；

（2）阴线实体相对较长，并可捎带上下影线；

（3）阴线实体越长，则力量越强；反之，则力量越弱；

（4）在涨停板制度下，最大的日阴线实体可达当日开盘价的10%，即以涨停板开盘，涨停板收盘。

大阴线的作用：如果股价有一段较大涨幅后出现大阴线，意味着市场杀跌能量大，则后市看跌，投资者此时应考虑卖出脱身；如果股价刚开始下跌时出现大阴线，意味着对跌势确认，起助跌作用，表明后市将下跌，投资者应立即清仓退出；如果在下跌过程中出现大阴线，则表明后市仍有下跌空间，投资者应继续看空、做空；如果股价在连续下跌的情况下出现大阴线，则意味着空方的最后一击，往往是股价见底的信号，后市行情可能会有逆转，这时候投资者应做好买进准备。

9. 倒V形反转

应用法则：反转形态，后市看跌。倒V形是指股价先一路上涨，随后股价一路下跌，头部为尖顶，在图形上就像倒写的英文字母V，如图3-26所示。

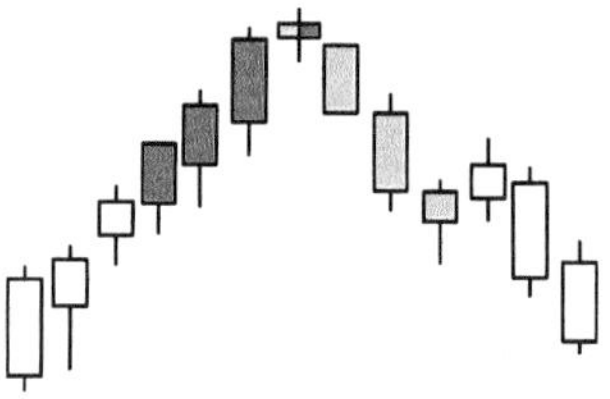

图3-26 倒V形反转

股价在上涨趋势中，由于市场看好的气氛使得买盘强劲增多，使得股价上涨的速度越来越快，最后出现宣泄式暴涨，多头得到极度宣泄之后，便出现了危机，短线客见股价上涨乏力，便会反手做空，这种现象愈演愈烈，股价走势也就出现了戏剧性的变化，股价触顶后便一路下跌，这样就产生了倒V形走势。倒V形反转常见于以下五种情况：

（1）多发生于行情的末升段，指数在急涨之后，又再急速下跌。

（2）往往是受到消息传闻的影响，或是市场情绪化操作的反应，令投资人来不及反应市场的快速变化所导致。

（3）在行情发展过程中，比较难马上发现是倒V形反转，但该形态很容易发生在对称三角形的形态之后。

（4）行情判断极为不易，无法从先前的指数走势来预推发生的可能性。

（5）反转发生后，低点爆大量才是指数比较容易出现的止跌点，但并不表示后续走势会反转。

10. 倒锤线

应用法则：出现在下降趋势后，则构成看涨的K线形态。在分析时注意：当倒锤线出现后，必须等次日验证。方法：倒锤线次日的开市价向上跳空，超过了倒锤线的实体。向上跳空的距离越大，验证信号就越强烈。如图3-27所示。

图3-27 倒锤线

如果倒锤线出现在下降趋势之后，则构成一个看涨的K线图形态，这一点与普通的锤线如出一辙。在分析倒锤线时，有一点非常重要：当倒锤线出现后，必须等待下一个时间单位的看涨信号对它加以验证。倒锤线的验证信号可能采取下面这样的形式：倒锤线次日的开市价向上跳空，超过了倒锤线的实体。向上跳空的距离越大，验证信号就越强烈。还可能采取另外一种形式：倒锤线次日是一根白色K线，并且它的价格均处在较高的水平，则完成了看涨的验证信号。

11. 吊颈线

吊颈线又称绞刑线。股价经过一轮涨升后，在高位出现一条长下影、小实体的图线（阴阳不分），称为吊颈。吊颈是强烈的卖出信号，如图3-28所示。

图3-28 吊颈线

应用法则：①如果吊颈线出现在上升趋势之后，则构成一个看跌的K线图形态。②在分析吊颈线时，有一点非常重要：当吊颈线出现后，必须等待下一个时间单位的看跌信号对它加以验证。吊颈线的验证信号可能采取如下形式：吊颈线次日的开市价向下跳空缺口越大，验证信号就越强烈。③还可能采取另外一种形式：吊颈线次日是一根黑色K线，并且它的收盘价格低于上吊线的实体，则完成了看跌的验证信号。

当吊颈形态包括以下两个条件时，市况见顶回落的可能性非常大：一是吊颈的K线为阴线，二是吊颈的下影线部分比K线实体长两倍以上。吊颈形态出现之后的第二根K线一般为阴线，阴线的长度越长，新一轮跌势开始的可能性就越大。颈形态出现时，当日的成交量转为萎缩，说明当日为无量空涨形态，进一步印证涨势的不可持续。

吊颈线的特征是：①K线实体很小，上影线很短或者没有，但下影线很长（通常是实体长度的2～3倍）。②在上涨行情末端出现，该K线出现，预示着股价已涨到尽头，接下来很有可能转升为跌。一般来说，该K线在股价已有较大涨幅情况下出现，其显示的转跌信号比较可靠。如果此时吊颈线是以阴线形式出现，则下跌的概率更大。投资者在上涨行情中，尤其是股价已有大幅上扬情况下看到此K线，必须引起高度警惕，不管后市如何，可先做些减磅，日后一旦发觉股价掉头向下，应及时抛空出局。

12. 叠叠多方炮

应用法则：空方炮的重复，短期下跌走势极大。“多方炮”是一种K线技术形态，走势上呈现两阳夹一阴的K线技术形态，如图3-29所示。

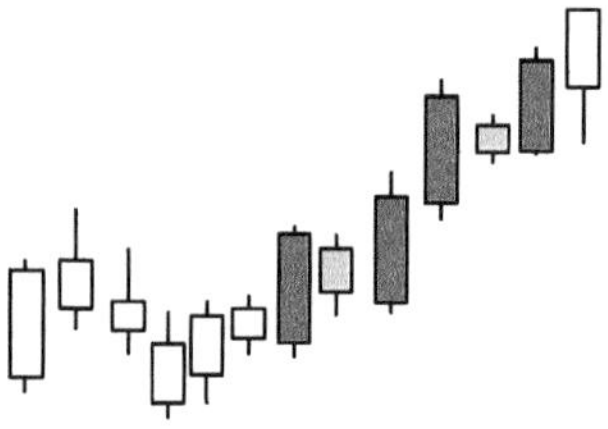

图3-29　叠叠多方炮

当多方炮形态出现后，股价未必一定上涨，而接下来的走势十分关键：如果接下来股价出现跳空上行或继续放量上攻的情形，表明多方炮的技术意义有效，这时称之为多方开炮，两阳夹一阴的K线组合亦称“炮台”，表明后市股价将有上升空间。如果接下来股价没有出现跳空向上涨升或继续放量上攻的情形（也就是说无法持续向上攻击的势头），多方炮将变成哑炮，形成多头陷阱，股价将回落到原来的整理区间继续盘整，甚至出现向下破位的情形。所以，并不是看见一个两阳夹一阴就认为它是多方炮，因为哑炮很多。

多方炮的特点如下：

① 多方炮须出现在一轮明显的下跌行情之后，股价有一个低位止跌横盘的过程；

② 第一天放量阳线须是突破中期均线（如30日线）或创近期新高；

③ 第二天出现跳空高开的阴线，成交量必须萎缩，而股价不可再回均线之下；

④ 第三天阳线的收盘价应高于第一天的收盘价，且须比第一天放量，但不可是巨量；

⑤ 第四天必须稍放量（均量或温量）阳线。

但是需要注意的是，对于空头炮一定要做空，也就是说只要见“两阴夹一阳”，坚决杀跌！无须看量！

投资者操作时需要注意以下四个方面：

第一，两根阳线中间夹一根阴线，后一根阳线实体越大越好，如中间一根星线，特别是红星，后面涨势能量更强。

第二，骑墙过线看多头，第二根阳线要站在均线之上，均线要呈多头向上之势。

第三，后量超前真信号。具备了前两个条件不见得上涨，还必须看量能的态势，基本要求是超过前面的成交量，应在3倍以上或是近期最大的当日成交量。

第四，符合前面三个条件，出现的是中线行情，而不是三两天的短线行情，所以，一波涨幅至少达到10%～15%，不要微涨就出，错失大的利润。

13. 叠叠空方炮

应用法则：空方炮的重复，短期下跌走势的可能性极大，如图3-30所示。

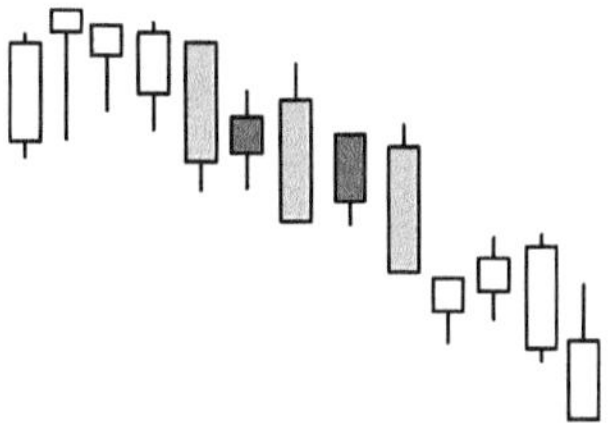

图3-30　叠叠空方炮

图3-30中为两阴夹一阳的K线形态，两阴夹一阳的K线组合形态由两根较长的阴线和一根较短的阳线组成，阳线夹在阴线之中。走势强劲的两阴夹一阳特征是：三根K线呈下跌趋势，阴线的顶部尽量低，阳线的实体尽量短。

此种形态表明：在多空双方的力量对比中，空方取得支配地位，多方虽有反抗，但力量微弱，明显不敌空方，后市看跌。两阴夹一阳的K线组合图形既可以出现在涨势中，也可出现在跌势中。在涨势中出现，是见顶信号；在跌势中出现，继续看跌。在涨势已持续很长时间或股价有了很大涨幅后出现两阴夹一阳，是头部信号。第一天阴线可能是庄家大量出货，将股价压低，由于长期的上涨使人们逢低即买；第二天买入盘涌入，收阳线；第三天庄家见高价再次大量出货，再收阴线。这样，股价会在大量抛售的情况下继续往下跌。两阴夹一阳出现在跌势中，继续看跌。此时多方的力量已经十分微弱，下跌途中虽有反抗，但却改变不了下跌的大局。

投资者操作时需要注意以下两个方面：

(1) 股价在高位区域出现两阴夹一阳K线组合形态时，应立即卖出手中持股，以回避头部风险。

(2) 两阴夹一阳K线组合形态中的阳线也可以是"十"字小阳线。有时出现两根大阴线夹数根小阳线，且第二根阴线把前几根小阳线全收复的K线组合形态时，同样具有看空意义，应卖出手中股票。

14. 顶部十字架

应用法则：短期见顶，后市看跌。如图3-31所示。

图3-31　顶部十字架

当股价连续上涨了一段时间，或经过数浪上涨已产生了较大涨幅，此时买方做多的力量已经不足，后续买盘跟不上，空方在股价连续上涨的情况下还希望卖个更高价格，因此并不急于大幅抛售股票，这使多空双方在一个不大的范围内达到了暂时的平衡。一旦空方发现股价不能继续上涨，将会加大抛压力度。所以，在此出现的十字将可能是一个顶部十字架。

如果顶部十字架在一个较高的位置出现时，可能的原因如下：

（1）因股价连续上涨，买方力量已不足；

（2）卖方因还想卖出更高价，所以卖压力量并不很大，但已有逢高出货盘；

（3）不大的买量和不大的卖量使多空双方暂时处于平衡；

（4）因股价处于高位，一旦空方力量增强，将可能出现向下的变盘；

（5）短期见顶，后市看跌。

15. 东方红大阳升

应用法则：连续拉阳线，如果配合均线金叉，后市将看涨，如图 3-32 所示。

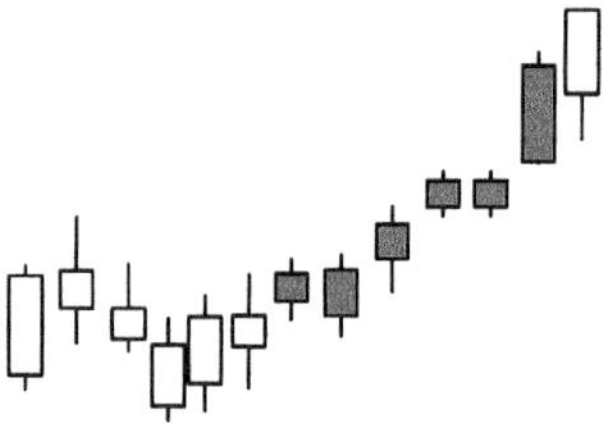

图 3-32 东方红太阳升

在海边看一轮红日从东方喷薄而起，新的一天又将开始。看地图是上北下南左西右东，这和日 K 线图有点相似：上高下低，左边是过去，右边才是未来，未来在东方。

因此，我们必须特别注意日 K 线图东边的颜色，在日 K 线图上东边的颜色发黑的时候，条条阴线让人胆战心惊，而东方露出大阳线时，让人感到未来有希望。东方红在日 K 线图上同样是喜气洋洋的。特别是 5 日、10 日、20 日均线经过长期的空头排列后，股价跌无可跌，此时，三条均线像浩瀚海洋的水平线，平静地等待着一轮红日升起。

16. 断头铡刀

断头铡刀形态是一根大阴线将短期均线（5 日均线）、中期均线（10 日均线）、长期均线（30 日均线）完全覆盖。均线断头铡刀形态多出现在大盘或股票价格的顶部或阶段性顶部，是一种典型的见顶卖出信号，如图 3-33 所示。

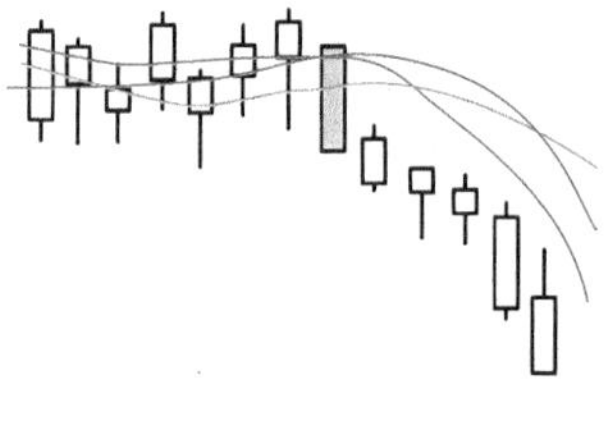

图 3-33 断头铡刀

应用法则：一根大阴线切断了三根均线，改变了均线的排列为空头排列，后市看空。

断头铡刀的特点如下：

（1）该形态出现在前期放出巨大成交量（如是天量，则形态判断效果最为准确），缩量小幅回调之后，继续创出新高（形成天量之后的天价），成交量却不再创出新高（RSI 指标出现顶背离），短期均线系统出现黏合。

（2）突然出现一根长阴（一般是光头光脚阴线），并跌破许多短期均线支撑及重要点位支撑，将所有在该阴线收盘点位之上购买的筹码迅速锁定套牢，从而形成明显的头部形态。

投资者在判断其走势时应注意两点：

第一，较为常见的走势是第二日顺下跌余威继续下跌，尾市拉起，有的形成当日阳线，给人以下跌过猛受到支撑之感。第三日继续下跌，把所有人牢牢套住。每日成交量不放大，无明显接盘资金介入。在交易过程中，急跌之后，成交量放大便反弹，但反弹幅度不大，反弹过程中，成交量放大便下跌。随着下跌幅度的深浅不同、下跌过程的长短不同，从而形成短期、中期、长期头部特征。

第二，研判该形态是短期、中期还是长期头部形态的重要指标。该形态的形成具有暴发突然、下跌迅速等特点，容易激发短线客介入抄底操作。但在尚未判断该形态是短期、中期还是长期头部形态的基础上，盲目抄底风险很大。研判该形态是短期、中期还是长期头部形态的重要指标是 5 日均线。如果股指反弹碰 5 日均线即下跌，或离 5 日均线尚较远，则表明市场仍处弱势之中，下跌趋势不改。只有在突破 5 日均线的条件下，股指才有望企稳，然而“断头铡刀”的首日阴线之上的套牢盘又将是反弹的重要压力位。

17. 多方炮

多方炮是一种走势上呈现两阳夹一阴的 K 线技术形态，如图 3-34 所示。

应用法则：多方强势，短期看涨。

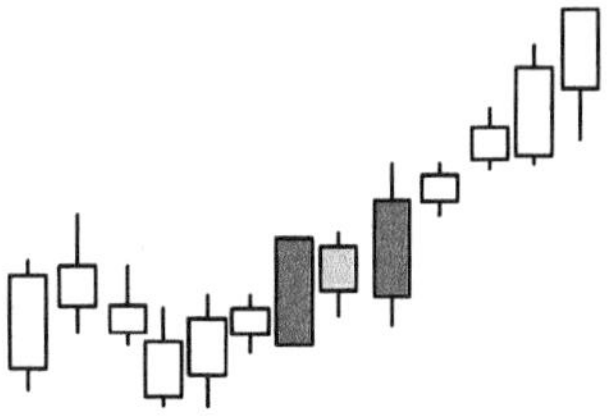

图 3-34 多方炮

当多方炮形态出现后，股价未必一定上涨，而接下来的走势十分关键：如果接下来股价出现跳空上行或继续放量上攻的情形，表明多方炮的技术意义有效，这时称之为多方开炮。两阳夹一阴的 K 线组合亦称“炮台”，表明后市股价将有上升空间。如果接下来股价没有出现跳空向上涨升或继续放量上攻的情形（也就是说无法持续向上攻击的势头），多方炮将变成哑炮，形成多头陷阱，股价将回落到原来的整理区间继续盘整，甚至出现向下破位的情形。所以，并不是看见一个两阳夹一阴就认为它是多方炮，因为哑炮很多！

投资者在研判这种形态的 K 线图时，应把握以下五点：

（1）多方炮须出现在一轮明显的下跌行情之后，股价有一个低位止跌横盘的过程；

（2）第一天放量阳线须是突破中期均线（如 30 日线）或创近期新高；

（3）第二天出现跳空高开的阴线，成交量必须萎缩，而股价不可再回均线之下；

（4）第三天阳线的收盘价应高于第一天的收盘价，且须比第一天放量，但不可是巨量；

（5）第四天必须稍放量（均量或温量）阳线。

但是对于空头炮一定要做空，也就是说只要见“两阴夹一阳”，坚决杀跌！

无须看量！具体操作时应注意：①两根阳线中间夹一根阴线，后一根阳线实体越大越好，如中间一根星线，特别是红星，后面涨势能量更强。②骑墙过线看多头，第二根阳线要站在均线之上，均线要呈多头向上之势。③后量超前真信号。具备了前两个条件，不见得上涨，还必须看量能的态势，基本要求是超过前面的成交量，应在3倍以上或是近期最大的当日成交量。④符合前面三个条件，出现的是中线行情，而不是三两天的短线行情，所以，一波涨幅至少达到10%～15%，不要微涨就出，错失大的利润。

18. 曙光初现（反击线）

曙光初现是由两支不同颜色的阴阳烛组成，意味着市况由淡转好，通常在一个下跌市况后出现，如图3-35所示。第一支烛为处于跌势的大阴烛，显示当日沽盘相当强劲。第二支烛为大阳烛，其开市价必须低于第一支烛的最低价，而收市价则必须高于第一支烛的一半烛身。事实上，若投资者将第一支烛的开市价及第二支烛的收市价混合在一起分析，同样代表利好后市，便会出现一个头形态。

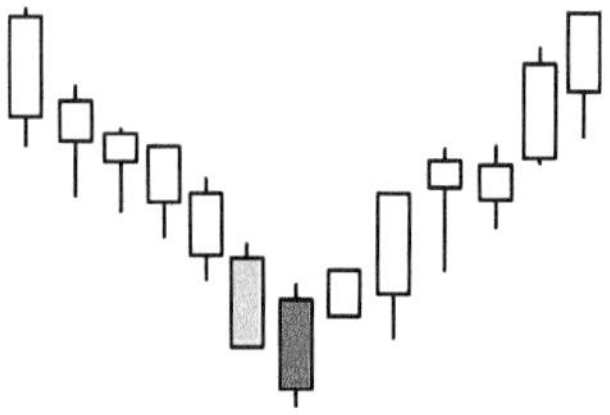

图3-35 曙光初现

应用法则：①反击线形态出现于一轮由缓跌到急跌的下降趋势中，行情将演化为V形反转或止跌横盘趋势。②反击线形态根据其后一个阳线切入阴线实体的深入程度不同而决定其反击力度的大小。即阳线切入阴线实体的深度越大，则行情将演化为反转或止跌横盘趋势的可能性越高。

“曙光初现”K线组合是由两根走势完全相反的较长K线构成，前一天为阴线，后一天为阳线。第二天阳线向下跳空低开，开盘价远低于前一天的收盘价；但第二天的收盘价却高于前一天的收盘价，并且阳线的收盘价深入第一根阴线的实体部分中，几乎达到前一天阴线实体一半左右的位置。

“曙光初现”K线组合在熊市中应用时，要加上一个附加条件，那就是“曙光初现”第二根阳线的最低价必须是13个交易日以来的最低价，这主要是用于避免投资者在熊市中贸然追高，防止增大操作风险。但是，如果市场趋势向好，股市运行在牛市行情中时，投资者则不必过于拘泥于这条规则。因为，牛市中股价涨多跌少，如果强调买入13天以来的最低价，就会错失良机。

投资者在分析“曙光初现”形态时，关键要把握以下三点：①其基本原理与“乌云盖顶”相同，但以相反方向分析和操作；②第二支阳烛的实体部分愈长，表示力度越大；③阳烛的实体部分应超越阴烛实体部分一半以上才有意义。

投资者运用“曙光初现”选股时，应从以下三个方面把握：

（1）量能的变化情况。伴随K线组合形态同时出现缩量，表明股价已经筑底成功。

(2) 股价所处的环境位置很重要,如果个股涨幅过大时,出现“曙光初现”K线组合形态,则有骗线的可能性。

(3) 出现“曙光初现”K线组合形态后,如果股价立即展开上升行情,则力度往往并不大;相反,出现“曙光初现”后,股价有一个短暂的蓄势整理过程,往往会爆发强劲的个股行情。

19. 光头阳线

应用法则:光头阳线形态说明多方呈现积极上攻态势,具体力度的大小要根据阳线实体的大小来定。如图3-36所示。

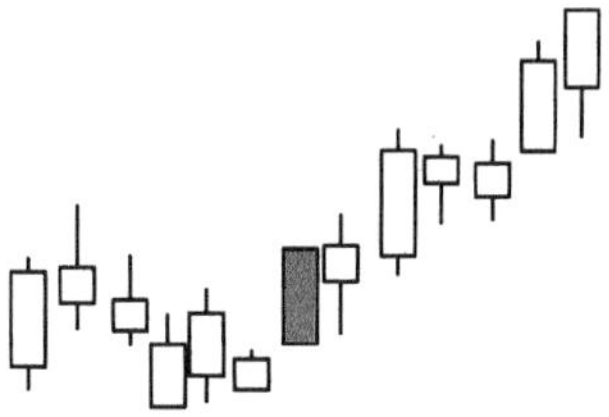

图3-36 光头阳线

该K线经常出现在主力强力拉升途中、市场底部或调整结束时,表明股价受到买方支撑,后市行情将进一步趋好。如果在低价位区域出现光头阳线,同时有成交量的配合,则是短期见底特征。股价在探底过程中成交量萎缩,随着股价的逐步攀高,成交量呈均匀放大势态,并最终以阳线报收,预示后市股价看涨;如果出现在上升行情途中,表明后市继续看好。

20. 光头阴线

应用法则:光头阴线形态说明空方抛压的坚决势态,具体力度的大小要根据阴线实体的大小来定。如图3-37所示。

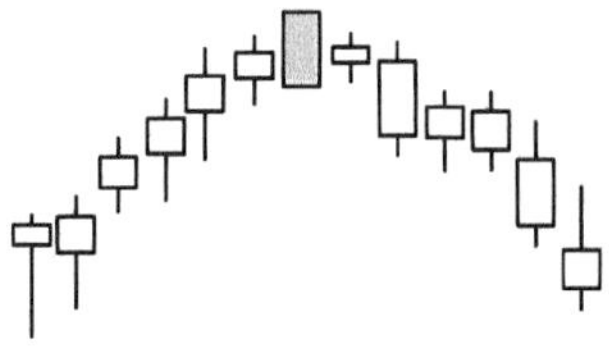

图3-37 光头阴线

光头阴线出现了下影线,说明空方在打压到当天的低位时受阻,下档有接盘支撑,但是阴线光头说明空方具有一定的实力。实体长于下影线的光头阴线,说明空方虽然遭遇多方抵抗,但空方的实力远远大于多方,占绝对优势地位;实体等于长下影的光头阴线,空方虽遇多方抵抗,但仍占主动地位;短于长下影的光头阴线,说明空方只是略微占有优势,但多方已经具有一定的反扑力量。

光头阴线如果出现在下跌趋势的中途和盘整末期跌势的开始,均表示后市继续下跌的可能性较大,操作上尽早卖出为佳;如果出现在上升趋势中,要看短期多方的反攻力度,特别是在长期上涨之后的高价区,要提防股价趋势的逆转;但若是出现在持续大幅下跌之后的低价区,尤其是出现实体短于长下影的光头阴线,虽然次日可能再度收出小阴线,特别是孕线,第三天即有转势的可能。

通过次日开盘价和开盘后多空的交战区域(即对昨日K线的切入程度),我们可对当天多空双方交战的结果做个简明快速的预期判断,便于次日实时操盘决策。如果次日开盘价和交战区域在实体的上端,多方发动总攻占据绝对优势，次日报收中大阳线的概率极大；如果次日开盘价和交战区域在实体部分，多空双方交战激烈互不相让，不能忽视空方的能力；如果次日开盘价和交战区域在下影部分，空方再次发起攻击，多方处于防守被动地位；如果次日开盘价和交战区域在下影的下端，说明多方毫无斗志，溃不成军，收出中大阴线的可能性较大。

对于实体长于下影的光头周阴线，和实体等长下影的光头周阴线而言，如果前面是一根周阳线，那么意味着股价将进行 2～3 周的调整，下周初应该果断卖出，不过要注意调整到低位可以买进，等待调整结束后的股价回升；如果前面只有一根周阴线，下周初会出现截然相反的走势，即先涨后跌或先跌后涨，在操作上应做好相应的准备；如果前面已有两根或两根以上的周阴线，说明在低位已经出现了主动性的承接买盘，往往预示着跌势的结束和反弹升势的开始，操作上可以逢低吸纳。

对于实体短于长下影的光头周阴线而言，这是一个建仓买进的信号，可以在下周初买进，特别是连跌几周后出现，更要中线持股；如果下周股价只是进行窄幅整理横盘的话，那么下下周上涨的概率仍然较大；还有一种出现比较少的情况，即下周跌穿“中心值”甚至创出新低价，则预示着还有一段下跌的时空，操作上应该及时止损，避免更大的损失。

21. 黄昏十字星

股价经过一段时期上涨后，出现向上跳空开盘，开盘价与收盘价相同或非常接近，而且留下上下影线，形成一颗“十字星”，接着第二天跳空拉出一根下跌的阴线，这就构成了黄昏十字星。如图3-38所示。

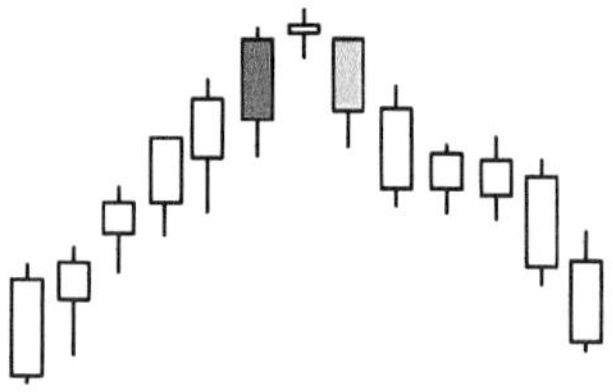

图 3-38　黄昏十字星

应用法则：①黄昏十字星的判断法则与黄昏之星相同。②黄昏十字星比黄昏之星更具有趋势停顿或反转的研判意义。

此 K 线组合的出现，表明股价已经见顶或离顶部不远，股价将由强转弱，一轮跌势将不可避免。见此信号，投资者应离场出局为妙。

22. 黄昏之星

黄昏之星，指的是在高位跳空高开，并且形成一个上下影线都很长的十字星形状的 K 线，通常如果遇到的是阴线并且放量，那么黄昏即将到来。如图 3-39 所示。黄昏之星表示股价回落，是卖出信号，应伺机抛货。第一天股价继续上升，拉出一根阳线；第二天波动较小，形成一根小阳线或小阴线，

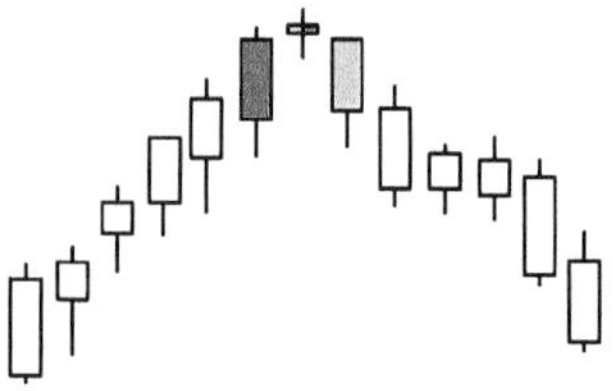

图 3-39　黄昏之星

构成星的主体部分;第三天形成一根包容第二天并延伸至第一天的阳线实体。不过,现在的股市用这两种 K 线进行判断有时候不太管用了。

应用法则:此形态的关键之处在于第三天的黑色实体向下穿入第一天的白色实体的深浅程度。

太阳就像一颗红色的泪珠,从西山之巅缓缓滚落。在夕阳的余光之中,黄昏之星就像魔鬼的特使君临股市。市场在持续的涨势之后,已激情不再,就像再好的筵席也有散场之时。黄昏之星的图形,预示着市场趋势已经见顶,卖出的时机悄然来临。黄昏之星也是由三根 K 线组成:第一天,市场在一片狂欢之中继续涨势,并且拉出一根长阳线。第二天,继续冲高,但尾盘回落,形成上影线,实体部分窄小,构成星的主体。第三天,突然下跌,间或出现恐慌性抛压,价格拉出长阴,抹去了前两天大部分走势。黄昏之星充当顶部的概率非常之高,在牛市的后期,要特别警惕这种反转信号。

黄昏之星是由三支阴阳烛组成的转向利淡形态,通常在一个上升趋势后出现。具体的形态特征表现为:①第一支烛为承接前期上升走势的大阳烛,买盘强劲,显示升势持续。②第二支烛可为出现在裂口高开后的十字星或纺锤。此信号显示买方压力逐步得以舒缓,价格大有可能已见顶。倘若第二支烛有着与射击之星相同的上影线,利淡转向信号的可靠性更是大为提高。③第三支烛为沽盘强劲的阴烛。此时市况已发生根本的转变,跌势一直持续到收市。

23. 金蜘蛛

金蜘蛛 K 线图是上海人在 20 世纪的股票术语,是指两个甚至几个金叉重合的意思,这个交叉看起来就像一只蜘蛛,是由一个上升通道中的几个价托重合而成。如图 3-40 所示。

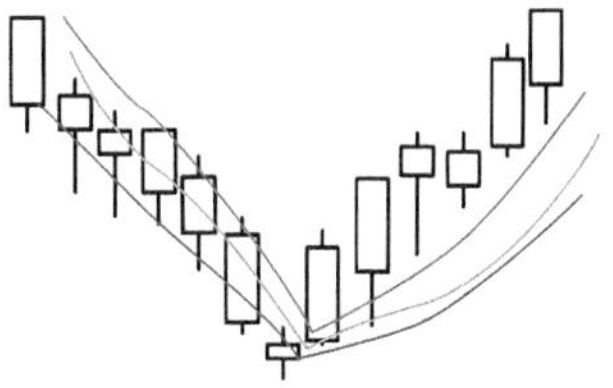

图 3-40 金蜘蛛

应用法则:长、中、短期的均线金叉,后市看多。① 在金蜘蛛出现后,应逢低买入。②如果在金蜘蛛图形下能出现量托,则更应积极买入。

K 线金蜘蛛表明上升力量强大。如果出现突破 120 日均线的金蜘蛛,上升力量更强。该图形特征主要有四个方面:①由三条价格平均线自上而下,并扭转向上所形成的结点,该结点朝未来水平方向形成辐射带,对未来股价有支撑作用;②该结点朝未来水平方向有辐射带,表示为一串方向向上的小箭头,对未来股价有推动作用;③点辐射的时间长度相当于结点前价格盘整时间长度;④点辐射的空间高度相当于一条水平线。

投资者在把握这种 K 线的市场意义时,需注意以下几点:①当三条平均线由上而下探底企稳并扭转向上时,如果同时交叉在某一个价位或某一个价位附近,说明这个价位是最近三条平均线共同的买入成本。②当最新成交价格在最近三条平均线共同的买入成本之上时，说明近期买入的人都有盈利。③当这种盈利示范被传播后，会吸引更多的人入市，并将股价继续推高。

这里，我们再来探讨一下“共振——金蜘蛛穿越年线”。共振源于物理学，指振动频率相同的物体，当一个物体发生振动时，引起另一个物体振动的现象，称之为共振。当多辆重型装甲坦克雄赳赳地从大桥上驶过，大桥岿然不动；当一队队排列整齐的士兵们迈着整齐的步伐，气昂昂地从大桥上走过，虽然士兵比坦克轻多了，但大桥随时都有崩塌的危险。为什么？这就是共振产生的效果！不同的坦克其频率不同，坦克虽然重，但不至于毁坏桥梁；士兵虽轻，但步伐一致，即频率相同，导致桥梁产生共振而有可能毁坏。我们研判的对象是它的波及效应——极大的重量只不过是威胁桥梁的一个因素，而频率的高度一致性才是桥毁人亡的根本原因。

共振是物理学中的一个普遍原理，当然可以应用于股市：当出现了影响股价的单个因素（或消息）时，股价受的影响还不大；但多个因素同时同向（即皆为利好，或皆为利空）出现，则股价很可能会发生突变。变盘，一般说来与时空共振相联系，时空共振常容易变盘（但不能说一定会变，应结合量价关系）。多种时空因素聚焦时就易产生共振，或者说易有拐点出现。汇集的因素越多，变易的幅度就越大。具体表现为以下五点：

（1）当长期交易者、中期交易者、短期交易者在同一时间点，进行方向相同的买入或卖出操作时，将产生向上或向下的共振（如日线、周线、月线的共振）；

（2）当时间周期中的长周期、中周期、短周期交汇到同一个时间点且方向相同时（如 F5、F15、F60），将产生向上或向下共振的时间点；

（3）当长期移动平均线、中期移动平均线、短期移动平均线交汇到同一价位点且方面相同时，将产生向上或向下共振的价位点（如均线金蜘蛛）；

（4）当 K 线系统、均线系统、成交量 KDJ 指标、MACD 指标、布林线指标等多种技术指标均发出买入或卖出信号时，将产生技术分析指标的共振点（如三金叉见底或见顶）；

（5）当基本面和技术面方向一致时，将产生极大的共振点。

24. 九阴白骨爪

应用法则：连续的阴线和均线死叉一同出现，预示着后期的走势凶多吉少。如图 3-41 所示。

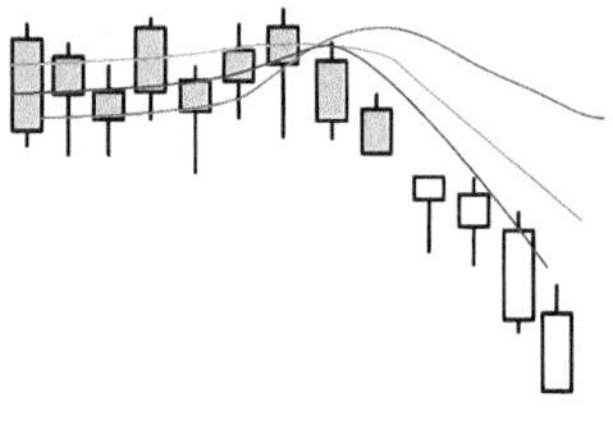

图 3-41　九阴白骨爪

该 K 线图的图形特征表现为：

（1）当股价形成头部时，必然是庄家大量出货的区间。因此，在 60 分钟 K 线图上会连续出现阴线。而且在分析软件的量柱体图上连续呈现白色长柱体，有时多达九根阴线，称为九阴白骨。在日

K 线图上出现九根阴线的机会不多，但多阴白骨爪的图形还是挺多的。

（2）由于股价开始滑落，60 分钟 K 线图上的 5、10 和 20 单位平均线会出现向下的“爪”字形，称为九阴白骨爪。

投资者分析这种 K 线的市场意义时，应注意两点：①九阴白骨图形是庄家全力、密集地出货的特征；②九阴白骨爪是庄家出货后平均线系统空头排列的图形，标志着一段涨势的结束和一段跌势的开始。

具体投资操作时应把握两点：

（1）当出现九阴白骨或多阴白骨时，就应该引起警惕并适当减磅。

（2）当同时出现均线死亡交叉或出现价压时，应坚决清仓。九阴白骨爪令人有阴森恐怖之感！

“九”在个位数里为最大，九阴白骨在这里引申为多根阴线的意思，就是说不一定要很死板地认为九根阴线就必须得有九根阴线。九阴白骨出现在头部区间，代表庄家密集的出货行为，一旦均线形成压后空头排列向下延伸，就形成爪子的形状了，那么就是完整的九阴白骨爪了。看到九阴白骨爪要立即意识到该股庄家已经在大量出货了，该股在一段时间内都不可能再有好的机会，对于这样的图形，只能是撤退、撤退再撤退！别无他法！

25. 剧涨并排红

剧涨并排红，是指在一段上升趋势中，跳空向上两个连续的并排红 K 线，意味着后市继续看涨。剧涨并排红也称为两阳线跳空平底，是处在上升趋势中，短线飙涨的信号。如图 3-42 所示。

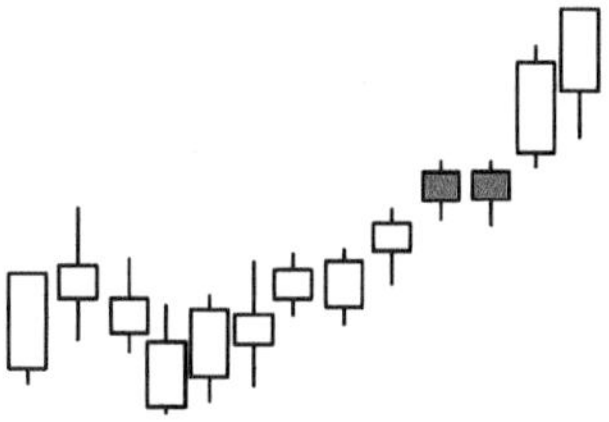

图 3-42　剧涨并排红

应用法则：剧涨并排红（并列阳线），也称为“并列阳线 K 线”、“两阳线跳空平底”。

本形态是由两根相邻的阳线组成的，它们具有相同的开市价。它们的实体也具有差不多相同的高度。在上升趋势中，如果出现了一组向上跳空的并列阳线，则构成一个看涨的持续形态。

投资者在分析该种 K 线的市场意义时，应注意以下三点：①股价处于上升趋势中，如有跳空缺口，后市上涨概率更大；②两根并排红 K 线相似度越高，形态成功率最大；③两根并排红 K 线对应的量能相对萎缩。

最佳买入点：①稳健型玩家，可于“剧涨并排红”形态完成后的次日开盘买入；②激进型玩家，可于“剧涨并排红”形态即将形成的当日预判买入。

26. 均价金叉

应用法则：均价金叉，后市看涨。

短期均线向上穿越长期均线，叫金叉；反之，短期均线向下穿越长期均线为死叉。但如果长期均线向下或变缓，同时短期均线向上穿越，就不能叫金叉，死叉也如此。如图 3-43 所示。以 5 日均线和 10 日均线为例，5 日均线主动向上穿过 10 日均线为金叉，5 日均线主动下穿 10 日均线为死叉。注意：这里主要强调一个主动的问题，因为还有被动性金叉和被动性死叉！何谓主动？5 日均线向上 10 日均线走平后，5 日均线继续上扬与 10 日均线形成交叉，这就叫主动性金叉。

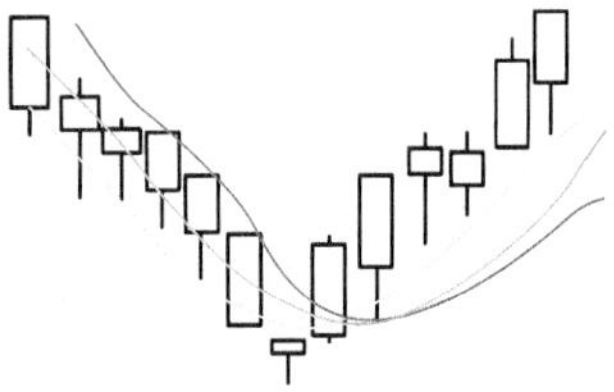

图 3-43　均价金叉

当短期线和长期线均在零轴下方时，可以认为市场上空方占据优势。这时，短期线从下向上突破长期线，是买入信号，称为“金叉”；如果短期线从上向下跌穿长期线，是卖出信号，称为“死叉”，则应该认为市场开始回落，投资者应该及时获利了结。

在实际使用时，各个指标的金叉、死叉应综合考虑。注意：零轴上方出现的金叉比下方出现的金叉更具反转意义，零轴下方出现的金叉多数情况下是反弹，少数情况预示反转。区分的方法是：①看短期线和长期线在形成金叉后，能否快速运行到 MACD 的上方，若成立，则说明此金叉有效；②看金叉的次数，这是技术指标的基本技巧，形成金叉的次数越多，金叉越有效。

传统的技术分析方法当中，金叉买入、死叉卖出几乎成了一条铁律，不少技术派人士的日常操作也均照此进行。笔者在最初设计技术分析时，也是不加分析地照搬。吃过一些亏之后，重新对其进行研判，发现有些时候在特定条件下运用上述方法，往往会买在高点而卖在低点。

投资者应根据现状判断：

第一，中期均价线与中长期均价线发生黄金交叉时，股价在交叉点上方附近应该买入。如果股价位于交叉点上方太远的位置，则不宜买入。这点与技术分析典型理论是相吻合的。

第二，超短期均价线与中期或中长期均价线形成黄金交叉时，有时往往不是买点而是卖点，特别是在重要的阻力位面前更是如此。

第三，用 4 日均价线与 20 日均价线、62 日均价线、133 日均价线、256 日均价线的金叉或死叉，能够准确找到相对高点与相对低点。具体使用方法是：当 4 日均价线以一个趋势方向运行，时间达到或超过一周时，如果发生金叉或死叉，投资者就应该考虑是否有卖点或买点出现，特别是短线或超短线投资者更要留意，因为用上述方法往往可以买到相对最低点，卖到相对最高点。

具体投资时应把握以下几个原则：

(1) 一般而言，D 线由下转上为买入信号，由上转下为卖出信号。

(2) KD 都在 0～100 的区间内波动，50 为多空均衡线。如果处在多方市场,50 是回档的支持线;如果处在空方市场,50 是反弹的压力线。

(3) K 线在低位上穿 D 线为买入信号,K 线在高位下穿 D 线为卖出信号。

(4) K 线进入 90 以上为超买区,10 以下为超卖区;D 线进入 80 以上为超买区,20 以下为超卖区。应注意把握买卖时机。

(5) 高档区 D 线的 M 形走向是常见的顶部形态,第二头部出现时及 K 线二次下穿 D 线时,是卖出信号。低档区 D 线的 W 形走向是常见的底部形态,第二底部出现时及 K 线二次上穿 D 线时,是买入信号。若与价格走向发生背离,分别称为“顶背离”和“底背离”,买卖信号可信度极高。

(6) J 值可以大于 100 或小于 0。J 指标值为依据 KD 买卖信号是否可以采取行动提供可信判断。通常,当 J 值大于 100 或小于 10 时,被视为采取买卖行动的时机。

(7) KDJ 本质上是一个随机性的波动指标,故计算式中的 N 值通常取值较小,以 5～14 为宜,可以根据市场或商品的特点选用。不过,将 KDJ 应用于周线图或月线图上,也可以作为中长期预测的工具。

将金叉与成交量结合进行分析时,我们应注意:当金叉形成的时候,向上突破的成交量很重要,最好突破放量(无量的突破有可能是技术骗线)。缩量回抽,这样的买进才有意义。当均线密集在一起的时候,股价的很小波动都会很容易改变均线组合,这样的金叉是没有技术意义的。当然,任何理论都需要结合实际情况分析,毕竟任何技术都可能被庄家利用。

27. 均价死叉

均线死叉是指短期均线向下穿越中长期均线,或者是中期均线向下穿越长期均线,如图 3-44 所示(常规均线系统所使用的参数值为:$MA_1=5$, $MA_2=10$, $MA_3=30$, $MA_4=60$, $MA_5=120$, $MA_6=250$)。

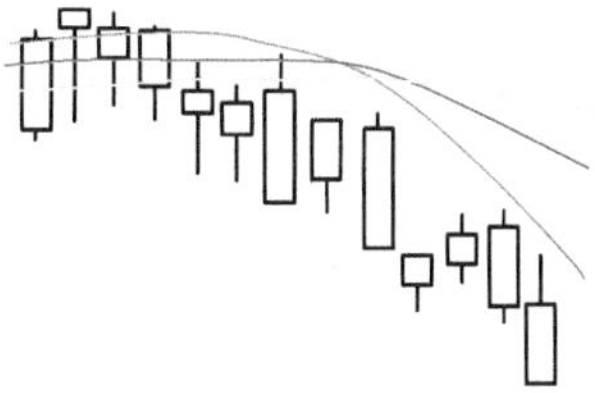

图 3-44　均价死叉

应用法则:表明后市看跌。短期均线死叉,而中长期均线依然向上,表示短期阶段上升行情的结束,洗盘调整行情已经开始;中期均线死叉,而长期均线依然向上,表示中期波段上升行情的结束,波段调整行情已经开始;长期均线死叉,短中期均线已经完全在长期均线以下,表示大级别上升行情的结束,弱势或极弱势行情已经开始。

28. 看跌提腰带线

看跌提腰带线形态是一根长长的黑色蜡烛线,它的开市价位于当日的最高点,然后市场一路下跌,在市场处于高价区的条件下,看跌提腰带线形态的出现,构成了顶部反转信号。看跌提腰带线有时也称为开盘秃顶线,如图 3-45

所示。

应用法则:①看跌提腰带线又名“尖兵线”或“试盘线”,预示行情看跌。②在上升趋势中的看跌提腰带线,表明行情将停滞或反转。③在盘档中的看跌提腰带线,以试盘线居多,多头尖兵线的出现意味着行情向上突破,盘整失败,抛压太重,趋势以继续横盘居多。④在下降趋势中的看跌提腰带线,表明多头反弹微弱,空头抛压力量强大,行情将继续下跌。

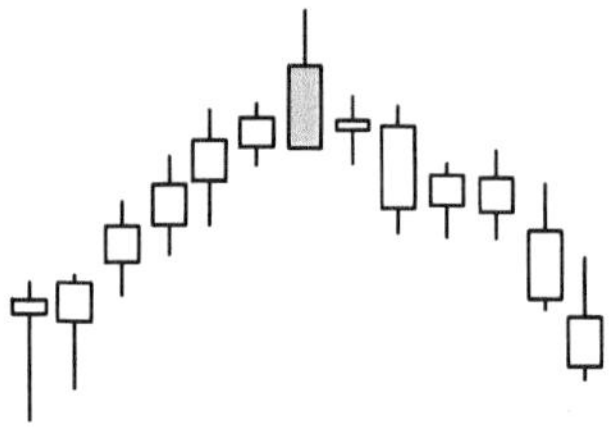

图 3-45　看跌提腰带线

提腰带的 K 线的长度愈长,则该形态的技术意义越重大。另外,如果提腰带线是在市场趋势已经发展了较长时间之后才出现的,那么,它的意义也更加重要。提腰带形态是由单独一根蜡烛线构成的,可能具有看涨的意义,也可能具有看跌的意义。

29. 看跌吞没线

股价本来处于下降趋势中,但后来出现了一根坚挺的实体,这根实体将它前面的那根实体“抱进怀里”或者说把它吞没了,故称看跌吞没形态。如图 3-46 所示。

图 3-46　看跌吞没线

应用法则:①看跌吞没形态出现在一轮明显的上升趋势中,如果吞没形态具有下面所列出的这样一些参考性要素和特征,那么,它们构成重要反转信号的可能性将大大增强。②在看跌吞没形态中,第一天的实体非常小,而第二天的实体非常大。这种情况可能说明原有趋势的驱动力正在消退,而新趋势的潜在力量正在壮大。③看跌吞没形态出现在超长期的或非常急剧的市场运动之后。如果存在超长期的上升趋势,则增加了以下这种可能性:潜在的买家已经入市买进,持有多头。在这种情况下,市场可能缺少足够的、新的多头头寸的供应,无力继续推动市场上升。如果存在非常急剧的市场运动,则市场可能已经朝一个方向走得太远,容易遭受获利盘空头的抛盘打击。④在看跌吞没形态中,第二个实体伴有超额的交易量。这种情形可能属于巨量出货暴跌现象。⑤在看跌吞没形态中,第二天的实体中向前吞没的实体不止一个。

关于看跌吞没线的判断,其标准有三条:①在此形态出现之前,市场必须处在清晰可辨的上升趋势中。②此形态必须由两根蜡烛线组成,其中第二根蜡烛线的实体必须覆盖第一根蜡烛线的实体。③此形态须由两根蜡烛线组成,第二根蜡烛线为阴烛,第一根蜡烛线为阳烛,颜色相反。

看跌吞没形态能够在众多的投资领域单独或与其他技术分析方法共用，大致是因为其在本质上反映了当时的市场心理。看跌吞没形态的出现，说明在长期的或急剧的市场运动之后，潜在的买家已经入市买进，持有多头，在这种情况下，市场可能缺少足够的、新的多头头寸的供应，原有上涨趋势的动力正在消退，无力使市场继续上升，同时因为长期的上涨，多头累积起巨大的获利空间，平仓的意愿强烈，修长的阴烛实体，表达了新趋势的潜在力量正在壮大，市场的心理发生了重要变化，市场的犹豫心理很快就被卖方坚定的信心打消了，这与《易经》六十四卦象无穷变化反映的物极必反的本质思想惊人一致。

根据看跌吞没形态在各品种的长期表现，看跌吞没形态出现后，行情有发生根本性反转的情况，暂时回调的比例也很高，决定反转还是回调，视品种的基本情况和此形态实体的长度而定，一般情况下，阴烛实体的长度越长，行情调整的幅度越大。具有乌云盖顶性质的看跌吞没，其杀伤力是很强的。

30. 看涨提腰带线

看涨提腰带线形态是一根坚挺的白色蜡烛线，其开市价位于当日的最低点，然后市场一路上扬。看涨提腰带线又称为开盘秃脚线，如果市场处于低价区域，出现了一根长长的看涨提腰带线，预示着上冲行情的到来。如图 3-47 所示。

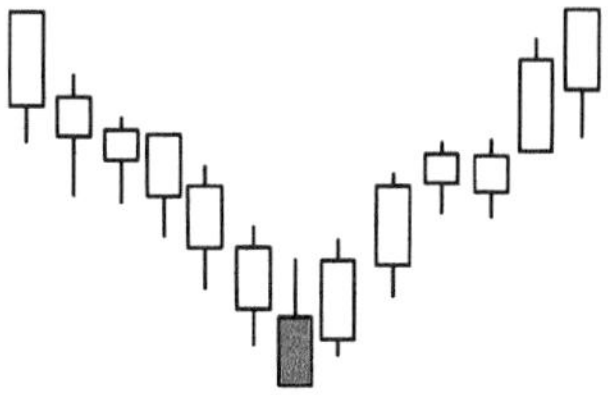

图 3-47 看涨提腰带线

应用法则：①看涨提腰带线，又名“尖兵线”或“试盘线”，预示行情看涨。②在上升趋势中的看涨提腰带线，表明行情将继续上涨。③在盘档中的看涨提腰带线，以试盘线居多，多头尖兵线的出现将意味着行情向上突破盘整上涨。④在下降趋势中的看涨提腰带线，极易构成一根当日反转 K 线，但趋势的反转有待于下一根 K 线的收盘价高于看涨提腰带线的最高价的验证。

31. 看涨吞没形态

看涨吞没形态反映出股价本来处于下降趋势之中，但是后来出现了一根坚挺的实体，这根实体将它前面的那根实体“抱进怀里了”或者说把它吞没了。这种情形说明市场上买进的力道已经压倒了卖出的力道。如图 3-48 所示。

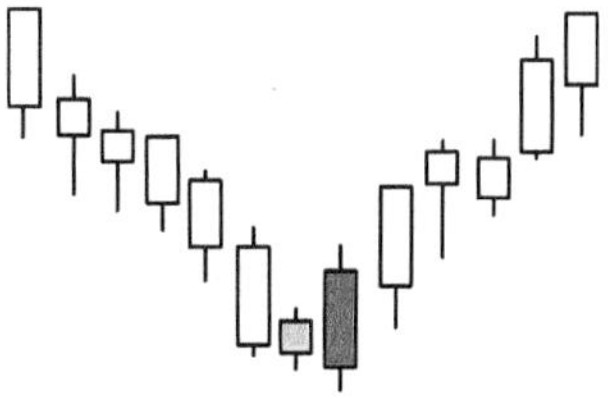

图 3-48 看涨吞没形态

应用法则：看涨吞没形态出现在一轮明显的下跌趋势中，如果吞没形态具有下面所列出的这样一些参考性要素和特征，那么，它们构成重要反转信号的可能性将大大增强：①在看涨吞没形态中，第一天的实体非常小，而第二天的实体非常大。这种情况可能说明原有趋势的驱动力正在消退，而新趋势的潜在力量正在壮大。②看涨吞没形态出现在超长期的或非常急剧的市场运动之后。如果存在超长期的下降趋势，则增加了以下这种可能性：最后的空头已接近抛出，股价无力下行，只要有多头入市买进，这种情况下，市场可能缺少足够的、新的空头头寸的供应，无力继续打压股价下行。如果存在非常急剧的市场运动，则市场可能已经朝一个方向走得太远，容易遭受抄底多头将股价迅速拉抬推高。③在看涨吞没形态中，第二个实体伴有超额的交易量。这种情形可能属于巨量买入暴涨现象。④在看涨吞没形态中，第二天的实体中向前吞没的实体不止一个。

32. 空方炮

空方炮指的是两阴夹一阳的K线形态，两阴夹一阳的K线组合形态由两根较长的阴线和一根较短的阳线组成，阳线夹在阴线之中。如图3-49所示。走势强劲的两阴夹一阳特征是：三根K线呈下跌趋势，阴线的顶部尽量低，阳线的实体尽量短。

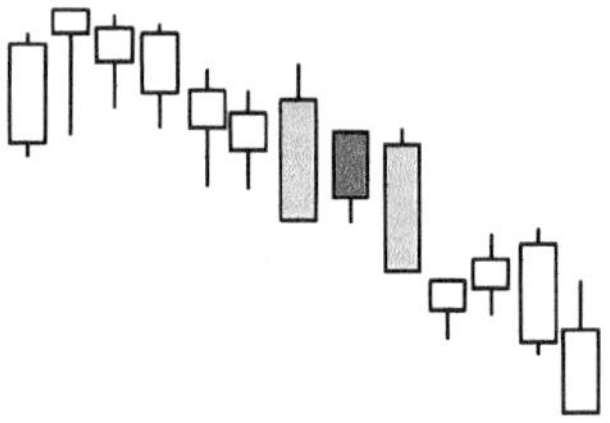

图3-49 空方炮

应用法则：空方炮后一般是空方力量爆发式地出现，短期下跌的可能性极大，又称空方开炮。

此形态的市场意义是：在多空双方的力量对比中，空方取得支配地位，多方虽有反抗，但力量微弱，明显不敌空方，后市看跌。两阴夹一阳的K线组合图形既可以出现在涨势中，也可出现在跌势中。在涨势中出现，是见顶信号；在跌势中出现，继续看跌。

在涨势已持续很长时间或股价有了很大涨幅后出现两阴夹一阳，是头部信号。第一天阴线可能是庄家大量出货，将股价压低，由于长期的上涨使人们逢低即买，第二天买入盘涌入收阳线，第三天庄家见高价再次大量出货，再收阴线。这样，股价会在大量抛售的情况下继续往下跌。两阴夹一阳出现在跌势中，继续看跌。此时，多方的力量已经十分微弱，下跌途中虽有反抗，但却改变不了下跌的大局。

投资者利用此种形态操作时，应注意以下两点：

(1) 股价在高位区域出现两阴夹一阳K线组合形态时，应立即卖出手中持股，以回避头部风险。

(2) 两阴夹一阳K线组合形态中的阳线也可以是“十”字小阳线。有时出现两根大阴线夹数根小阳线，且第二根阴线把前几根小阳线全收复的K线组合形态时，同样具有看空意义，应卖出手中股票。

33. 两阳夹一阴

此K线组合为一种强势组合，是两阳夹一阴的多方炮K线组合的一种变形形式。一般第一根K线是阳线，第二根是小阴线，阴实体是在前阳线实体的三分之二位置，最好是在阳实体的二分之一内，否则可靠性大大降低。第三根

K线是一根中长阳线，阳线开盘应该在阴线实体二分之一以上，最好是光脚，阳线收盘价应该高于前面两根K线，形成突破之势。如图3-50所示。

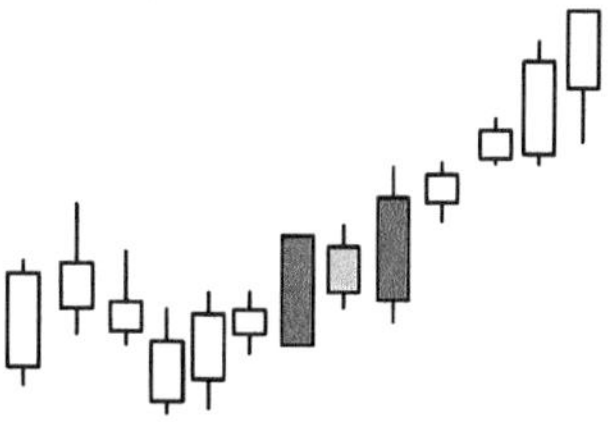

图3-50 两阳夹一阴

应用法则：意义同多方炮，短线看涨。

34. 两阴夹一阳

应用法则：意义如同空方炮，后市看空。如图3-51所示。

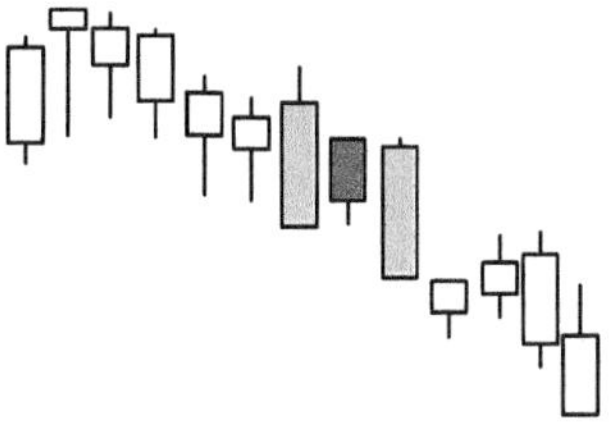

图3-51 两阴夹一阳

两阴夹一阳的图形特征：

（1）第一天股价下跌收阴线，第二天上升收阳线，第三天再度下跌收阴线，这是股价横向震荡的走势。

（2）标准的两阴夹一阳，其三根K线的三个顶端是水平的，三个底端也是水平的。

（3）走势强劲的两阴夹一阳特征是：三根K线呈下跌趋势，阴线的顶部尽量低，阳线的实体尽量短。

（4）特别强调的是，两阴夹一阳K线组合如出现在价压之下，形成压下空方炮，这是典型的股价头部图形。

投资者在分析这种形态的市场意义时应注意两点：①在股价头部区间，第一天收阴线可能是庄家大力出货，将股价压低。由于长期的上涨使人们逢低即买，第二天买入盘涌入收阳线，第三天庄家见高价筹码再次大力出货，再收阴线。②两阴夹一阳的图形又称空方炮，这种典型的K线组合如果出现在价压之下，其顶部特征更加明显。

具体操作时可采用如下两种方法：①在两阴夹一阳图形的当天收盘前及时卖出；②在两阴夹一阳图形的第二天开盘后不久趁反弹卖出。

35. 末路红三兵

红三兵是指三根阳线依次出现，预示将迎来一段涨势。末路红三兵也是三根阳线依次出现，但是在K线力度上，按大阳、中阳、小阳这样的顺序排列。也就是说，上涨幅度越来越小，是一种股价每运行一步越来越谨慎的表现，比如快接近敏感位置时。如图3-52所示。

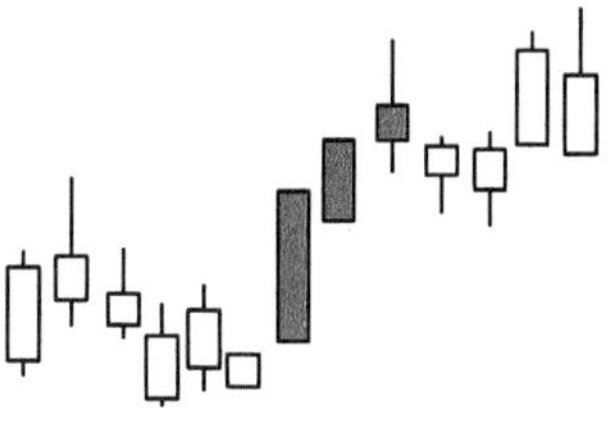

图3-52 末路红三兵

应用法则：虽然末路红三兵形态在一般情况下不属于顶部反转形态，但有时候，它也能引出不容忽视的下跌行情。特别是若末路红三兵形态出现在一段上升行情的后期，当紧接着出现一根巨大的阴线时，很容易构成乌云盖顶K线形态，或黄昏之星形态，从而变成了典型的反转看跌的K线组合形态。故当末路红三兵形态出现时，应谨慎从事，静观其变，不应贸然追高。

36. 平底(镊子线)

镊子线是指三根K线的最高价或最低价几乎处在同一位置，在上涨或下跌趋势中都有可能出现。含义暗示上涨时出现，为头部信号；下跌时出现，为底部信号。如图3-53所示。

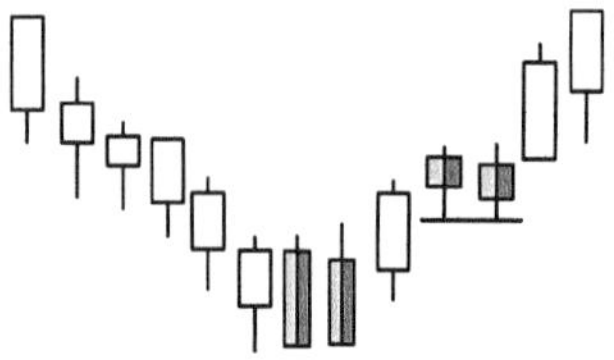

图3-53 平底(镊子线)

镊子线是因为图形的形状像有人拿着镊子，小心翼翼地夹着一块小东西，生怕它掉下去的样子，故名为镊子线。即为两根长K线(可以是两阳线，也可以是先为阴线后为阳线，或先为阳线后为阴线，或两阴线)夹着一根小K线。镊子线出现在上涨趋势中，尤其是有了一段较大涨幅后，往往预示着股价将会见顶回落；镊子线出现在下跌趋势中，尤其是在有了一段较大跌幅后，往往预示着股价会见底回升。根据这个道理，投资者在涨势中看到镊子线就不能再盲目看多，而要进行减仓操作，若发现股价掉头向下，则要果断地抛空离场；投资者在跌势中看到镊子线就不能再盲目看空，待股价企稳时，可适量买进一些股票。

平底镊子线是由两根最低价位相同的K线形成。如图3-53所示。当平底镊子线出现在走势的底部时，行情将会转变为牛市。平底镊子线一般第一天为长阴，第二天多头集聚，使得行情一度上扬，但终究不敌空头的势力，行情仍旧下滑但并未能突破第一天最低点。第三天市场出现转机，收出长阳，市场由做空渐渐转为做多，其他技术指标也显示了买进信号。

应用法则：①平底形态出现于一轮短暂的下降趋势中，两根K线有相同的最低价，意味着行情探低见底，股价行将反转上升。②平底形态反转上升的力度较小。

37. 平顶(镊子线)

平顶镊子线是由两根最高价位相同的K线形成，如图3-54所示。通常会出现在上升走势的市场中，显示行情转为熊市。第一天K线大阳线，但第二天K线虽然阳线收盘，却无法突破第一日大阳线的最高价位，形成双顶，第三天，一根大阴线确认转熊成立。

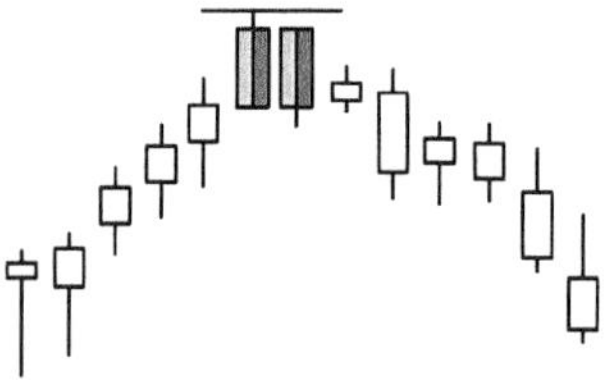

图3-54 平顶(镊子线)

应用法则：①平顶形态出现于一轮短暂的上升趋势中，两根K线有相同的最高价，意味着行情摸高见顶，股价行将反转。②平顶形态反转下跌的力度较小。

投资者在使用这两种镊子线形态的K线时，应注意以下六个方面：

(1) 上涨行情初期，出现"镊子线"时，股价位于高度密集的底峰之上，是投资者择机建仓的时机。如该峰区廉价筹码值在30%左右，可试探性买入。随着反复的震荡，上峰锐减，斩仓明显，股价以下有可能在短期内的筹码峰值快速提高，方可加码买进。如有幸遇到80%左右的密集底峰，届时可一次性重仓杀入，坚定看好后市。

(2) 上涨趋势中的循环高点出现携量的"镊子线"，距底峰垂直高度不过15%，且获利区筹码锁定良好，无须清仓，可继续看好后市。在变易的"尽头线"之后拉出长阴，形成典型的"镊子线"，低峰筹码固守其位，已给我们提供了可靠的持股资讯。趁着过大的乖离率，主力乘机打压股价，供出珍贵持筹，往往在短暂回调之后改变原有姿态，高歌猛进。故此，在实战中应在循环低点增仓介入，切不可因为标准"镊子线"而自作聪明。

(3) 上升途中的循环低点，在底峰筹码尚未出击的情况下，打出"镊子线"时距该峰(主力成本区)非常接近。经验丰富者可在放量阳线超越前一日大阴的二分之一时及时跟进，坚决守仓，享获拉升空间。

(4) 大幅上涨行情末端，"镊子线"形成过程是在大阳线之开盘价附近。隔日，多空双方小心接触，上攻乏力或停滞不前，报收以极小的K线实体，且不超越阳线开盘价位(也可当作"尽头线"对待)，末一根大阳线吞没掉前一根大阳线时，K线学派才能断定"镊子线"的完整组合。值得追究的是，在三根大小不同的K线中均有低位筹码上移的动作，相应的操作策略应为谨慎减磅。较高点位，庄家心存不善、带头散筹。末一根阴线形成过程中，可见盘口有持续大抛单出现，量能随之放大，获利区筹码锐减，上移汇聚明显。故在阴线覆盖前一根大阳线的二分之一时果断出局，即便底峰剩有一部分残余兵力，也不必想入非非，应坚决看淡后市，别指望诡计多端的庄家可以在次高位散筹。在盘头的反复震荡中仍可调兵遣将，加速出逃的脚步(散筹)。

(5) 大幅下跌行情末端出现"镊子线"，不能因为方显见底过早，而急于介入抢反弹。由于长期下跌，上档位置重兵被困，死守空城。即使有5%～10%的获利筹码，也不足以发起强劲的反攻行情，故应视其量能的变化谨慎策略。触底反弹是需要相当条件的，比如，股价急挫至下档密集峰位时，有放量长阳拉出等，另当别论。

(6) 长期缩量牛皮盘整格局中，如果上档被套筹码坚持锁仓，出现"镊子线"时，其参考价值不大，说明该股尚不具备发动一轮大级别的上涨行情，必须期待廉价筹码的充分沉淀(积聚)。

38. 前进红三兵

前进红三兵形态出现在一段上升的行情中，经过盘档区域整理后，行情将脱离盘档区域，在大成交量的配合下，走出一段新的持续上升的行情。如图 3-55 所示。

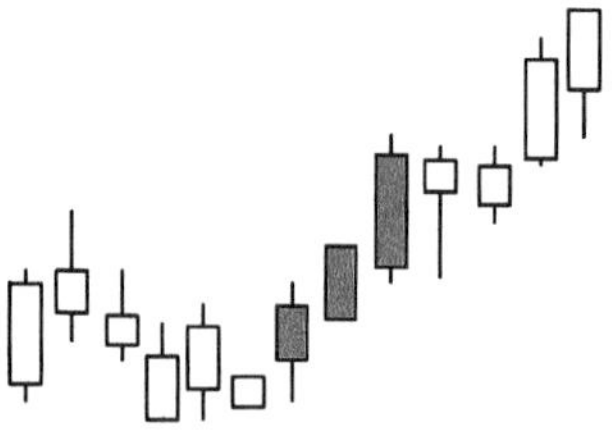

图 3-55　前进红三兵

应用法则：①上升持续形态的前进红三兵形态出现在长期盘整形态的后期，且处于一段时间行情的相对低价区域，则行情将脱离盘档区域，在量的配合下，走出一段持续上升的行情。②前进红三兵形态出现在一段上升行情的后期，即处于一段时间行情的相对高价区域（如：曾出现过突破缺口、中继缺口、竭尽缺口等特征），则该形态不再具有持续上升走高的趋势。

39. 三十字线

三十字线是连续三个十字线的 K 线组合，如图 3-56 所示。

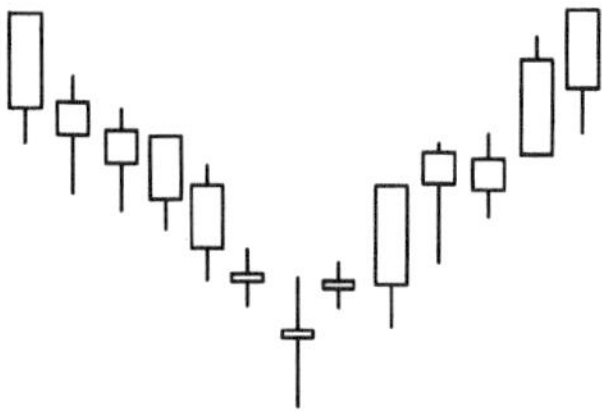

图 3-56　三十字线

应用法则：短期变盘在即，或原来的趋势将停止。

40. 三只乌鸦

三只乌鸦指股价在运行时突然出现连续三根阴线的 K 线组合，是一种下跌的信号，如图 3-57 所示。

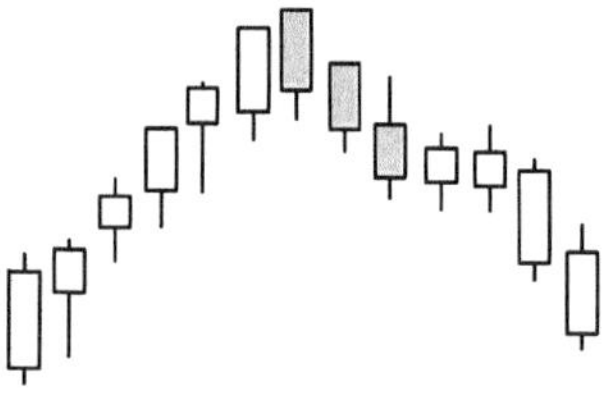

图 3-57　三只乌鸦

三只乌鸦也叫“暴跌三杰”，意思是三根向下的阴线持续下跌，后市看淡。中国的传统观念认为，乌鸦是不吉之物，意喻不祥，所以，三只乌鸦后市看跌的意味深重。三只乌鸦出现在下跌趋势启动之初，空头取得优势并开始发力，务必注意这种 K 线成立的前提是发生在下跌趋势成立的初期。

三只乌鸦的技术特征：连续出现三根阴线，每日收盘价都向下跌，收盘价接近每日的最低价位，每日的开盘价都在上一根 K 线的实体部分之内，第一根阴线的实体部分最好低于上日的最高价位。从图形上看，恰似三只乌鸦坐在将要枯萎的大树之上，即三只乌鸦挂树梢，后市向淡明显。三只乌鸦挂树梢出现后，可先获利了结或止损出局，其较好的获利点与止损点为三只乌鸦的第三根阴线形成的临收盘前，或出现之后一两天之内的小阴小阳时。

应用法则：在扬升的走势中，第一根大阳线显示多头上攻力量强大，然而，第二、第三、第四日连续的阴线与前日形成三只乌鸦形态，表示行情开始疲软，并且将更趋加速下降。如果出现在顶部和下降途中，而且三日的收盘价都向下跌，表示卖盘很重，需要及时卖出。如果在上升趋势的中后期，表示股价已处于相对较高的水平,也应及时卖出。

41. 上升三法

股价持续上涨中,某日出现一根大阳线,隔日后连续出现三根小阴线,被视为另一波上涨的信号。如图 3-58 所示。

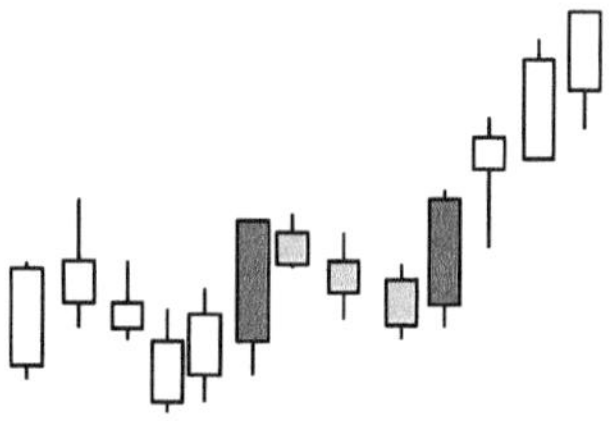

图 3-58　上升三法

"三法"是最常见的阴阳线连续形态之一,根据所处位置不同,它可分为多头上升三法与空头下降三法。它表示价格趋势的暂时中断,但其力量太弱还不足以造成趋势反转。"三法"是通常趋势延续过程中的喘息时间,就像上山或下山中的平缓地带,这种情况一般不会改变原有的运行趋势,因此,投资者可以积极追加投资仓位。

"三法"形态可视为暂停交易或休整期间,通常将这种情况称为盘整期。这种走势的心理背景是市场对于趋势的持续力产生怀疑。当市场出现窄幅波动的盘整走势时,怀疑会递增。然而,一旦多头或空头察觉价格无法创新低或新高,多头或空头就会恢复原来的气势,价格也迅速创新高或新低。

上升三法:在上升趋势中,出现一根长阳线,在此长阳之后,出现一群实体短小的阴阳线,显示先前趋势所面临的一些压力。一般而言,这些盘整的线形大多为黑线,但最重要的一点是,这些线形的实体必须处在第一天长阳线的高、低价范围内,包括影线在内。最后一根阴阳线(通常为第五天)的开盘价位于前一天收盘价之上,并且收盘价创出新高。

应用法则:

(1) 我们可以作这样的理解:由于这群较小的 K 线均处于第一天的价格范围之内,它们与最前面的长阳线一道,构成了一种类似于三日孕线形态的价格形态(在本形态中,所谓处于最前面的 K 线的价格范围之内,指的是这群小 K 线均处于该 K 线的上下影线的范围之内;而在真正的孕线形态中,仅仅是小 K 线的实体包含在前面那根线的实体之内)。小 K 线既可以是白色的,也可以是黑色的,不过,黑色 K 线最常见。连续数根阴线都无法将股价推到第一根 K 线的开盘价之下,而后的一根大阳线与前数根小 K 线形成抱线,意味着行情的涨势开始。

(2) 在三法形态中,下面这项因素可能加强其预测意义:如果头、尾两根白色 K 线的交易量超过了中间那群小 K 线的交易量,那么,该形态的分量就更重了。

42. 跳空缺口

跳空缺口是指股票的开盘价高于昨天的最高价或低于昨天的最低价,使 K

线图出现空档的现象，如图 3-59 所示。假定昨天收盘点位 1000 点，今天开盘 1020 点，全天始终在 1020 点上方运行，就是一个完整的 20 点跳空缺口；如果当天最低点低于 1000 点，只能叫跳高开盘，缺口已经弥补；如果最低在 1000～1020，就是部分弥补。

图 3-59　跳空缺口

一般而言，如果没有极特殊的情况，股指或股价的变动都应该是连续进行的。但在实际操作过程中，投资者却经常遇到相邻的两根 K 线之间出现了没有交易的空白区，这就是我们常提到的跳空缺口。从技术分析的角度来看，跳空缺口一般是一种比较明显的趋势信号。如果股价向上跳空，则表示上涨趋势可能来临；若股价出现向下跳空，则可能预示调整或下跌。抛开股票每年分红派息、配股或增发等导致的对股价重新计算而形成的除权缺口外，我们所遇到的跳空缺口一般可分为四种类型，即普通缺口、突破缺口、持续缺口和衰竭缺口。

对于普通缺口而言，经常出现在波动范围不大的整理形态中，当股价暂时出现跳空缺口后，一般都不会导致股价当时形态和趋势的明显改变，短时间内的走势仍是继续维持盘整的格局。从统计数据来看，这种缺口在三个交易日内都会被回补，但其余三种类型的缺口，则各有不同的特点。

突破缺口一般出现在股价打破盘局的初期，当突破缺口出现后，股价会迅速脱离整理状态或当时的成交密集区，一般情况下，突破缺口在三个交易日内，甚至在较长时间内都不会被轻易回补。在股指或股价有明显的趋势特征后，常常在趋势的中途出现跳空现象而形成持续缺口。

持续缺口的重要特征是经常出现在行情的加速过程中，同时较少有密集成交形态相伴随。由于持续缺口对行情有助长助跌的作用，因此也一样不会被轻易回补。投资者应该注意的是如果此前已有突破型缺口出现，在极端的情况下有时会产生两个以上的持续缺口。

当趋势行情即将接近尾声时，由于有多方力量的集中消耗性释放或空方的恐慌性抛售，因而会出现衰竭型缺口。但衰竭型缺口与上述的突破缺口和持续缺口不同，一般很快会在短时间内被回补，同时也常伴随原有市场趋势的结束和一个新的整理形态的开始。

出现的涨势中，根据出现的时间不同而分为三种：

(1) 向上突破缺口。股价突破阻力开始上升时出现的跳空高开缺口，形成时都伴有较大的成交量，而且成交量越大，说明以后股价涨升的潜力越大。

(2) 向上持续缺口。股价上升时出现的第两个缺口，表明多方力量十分强大，持续上涨的空间至少与到第一个缺口起点等长，所以又叫量度性缺口。向上持续缺口可以有多个。

(3) 向上竭尽缺口。股价上升时的最后一个缺口,这是多方的最后一次冲刺,常跳得比前面的缺口更高,表明推动股价上升的力量发挥将尽,市势即将逆转。

当某日股价跳空高开,在昨天的最高价上方留下了没有成交的价格区域,一直到收盘时,这个没有成交的价格区域仍然保留着,或部分保留着,缺口就这样诞生了。在技术分析中,缺口占有相当重要的地位。由于向上的跳空缺口发生在不同阶段,因此它的技术含义也完全不一样。在股价突破阻力位开始上升时出现的缺口,对日后股价上升具有决定性的影响,因此人们把它形象地称为"突破缺口"。突破即势如破竹,足见多方发动的攻势之强大。一般而言,形成突破缺口时都伴有圈套的成交量,这时成交量越大,说明日后股价上升的潜力越大。向上突破缺口形成后,如几天内不被封闭,说明多方抢占上升时出现的第二个缺口是"向上持续缺口",顾名思义,股价仍然会沿着上涨势头持续下去。

向上持续缺口的出现,表明多方力量十分强大,这种缺口可以帮助估计未来市势发展的潜力。在股价上升时出现的第三个缺口是"向上竭尽缺口"。竭尽缺口听上去就不太妙,人们对它的前景已经猜到十之八九。向上竭尽缺口是如何形成的呢?股价在急速上升后,市场多方力量到了最后冲刺阶段,这时再一次出现跳空高开,于是就形成了第三个向上跳空缺口,也即向上竭尽缺口。

向上竭尽缺口的出现意味着原有推动股价上升的力量发挥将尽,市势即将逆转,这种缺口短期内就会封闭。一旦向上竭尽缺口被封闭,就会引发一轮跌势。当我们了解了"向上跳空缺口""向上持续缺口""向上竭尽缺口"的各自特征和技术含义后,我们就知道应该怎样操作了。当"向上跳空缺口"出现,并伴有较大的成交量时,应毫不犹豫地买进;当"向上持续缺口"出现时,就继续做多,持股待涨;当"向上竭尽缺口"出现时,应谨慎持股,特别是"向上竭尽缺口"出现时伴随成交量的急剧放大,更要保持高度警惕。空仓的投资者此时不可追涨,持筹的投资者为安全起见可先派发一些筹码,如发现股价开始掉头向下,应立即将股票抛空离场。

需要提醒投资者的是,虽然"向上跳空缺口"对股价的上升起着支持作用,但它不能被封闭,一旦被封闭,它对股价上升的支持作用就完全消失,反而会对股价下滑起着助跌作用。因此,不管是哪种类型的向上跳空缺口被封闭后,就不能再继续看多,而要适时做空,规避一下短期风险。在特别强大的多头市场或强庄股中,有时向上跳空缺口不止 3 个,而是 4 个甚至更多,这时,最后一个缺口才能称为竭尽缺口,而这之前的缺口,除第一个缺口外,都是持续缺口。同时,缺口空档越大,信号就越强。

43. 上涨分离线

上涨分离线指一阴一阳相反方向的形态，如图 3-60 所示。

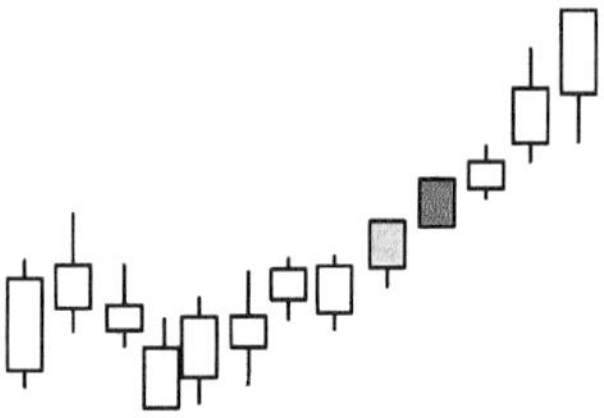

图 3-60 上涨分离线

应用法则：上涨分离线形态暗示市场的当前上升趋势仍将继续。第一根实体的阴线说明了牛方目前处于持续状态。第二根 K 线是阳线的，但最低开市价只收到昨日的开市价，表明强势未改。分离线形态出现前必须有一段明显的上升趋势，无论这段上升趋势是长或是短，在此之后出现该形态才较为有效。分离线形态如果出现在前期的形态支撑位附近，则其企稳或反转的可能性将产生。如果分离线形态的 K 线越长，则处于持续状态的可靠性进一步增强，对行情的研判更具意义。

44. 上涨会合线

上涨会合线指第一根为阳线，第二根为阴线，第一根的开盘价与第二根的最低价处于同一水平线，且两根 K 线的实体部分大致相同的 K 线形态。如图 3-61 所示。

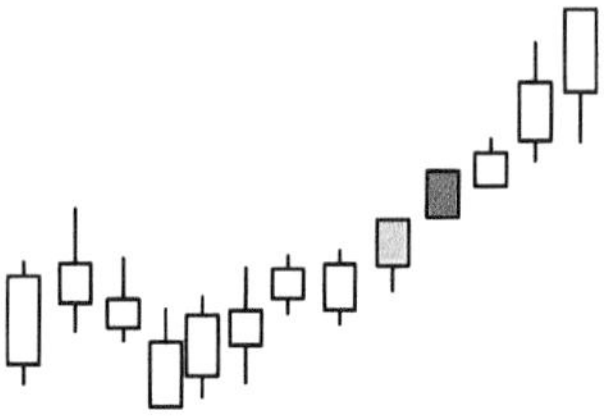

图 3-61 上涨会合线

应用法则：上涨会合线形态表示市场的当前上升趋势仍将继续，第一根实体的阳线说明了多方目前处于持续状态。第二根 K 线是阴线，但最低价只收到昨日的收盘价，表明强势未改。上涨会合线形态出现前必须有一段明显的上升趋势，无论这段上升趋势是长或是短，在此之后出现该形态才较为有效。上涨会合线形态如果出现在前期的形态支撑位附近，则其上升的可能性将加强；如果上涨会合线形态的 K 线越长，则处于持续状态的可靠性进一步增强，对行情的研判更具意义。回合线出现后还要观察下一日走势，如果能保持强势，方可介入。

45. 射击之星(流星)

射击之星的技术形态是一根带长长上影线的 K 线，其位置主要出现在某只个股的顶部，是一种十分明显的见顶信号。如图 3-62 所示。从出现射击之星技术形态的个股的连续 K 线形态可以看到，当这类个股的股价一直向上攀升，达到一个相对高的位置时，主力往往会在顶部做一次加速向上的突破拉升，但收盘时，股价会回落至原位，这时的 K 线形态在顶部出现了一根带长上影线的 K 线。这根 K 线的实体可以是一根阳

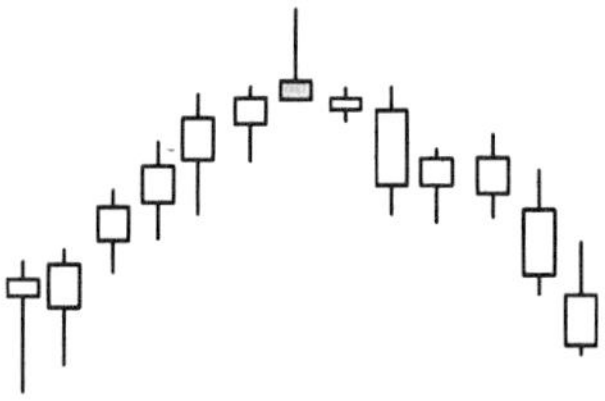

图 3-62 射击之星(流星)

线，也可以是一根阴线。

射击之星的形态反映逆转的烛台图表的价格模式，该模式形成一个锤头形状的烛台。之前股价处于高位，烛身很大。发生射击之星现象的当天，开盘价（通常情况下）将高于前一天的收盘价，之后股价攀升到高点，但最后以低于开盘价的价格收盘。

此种形态主要表现为三个特征：①此前存在一个明显的上升趋势。②在股价上升过程中，出现一根带上影线的小实体并向上跳空高开。③上影线的长度至少是实体长度的两倍，下影线短到可以认为不存在。射击之星形态如果在高位出现，行情下跌的可能性较大。

应用法则：①射击之星形态出现在短期的上升趋势，它发出警告信号，表明市场顶部就在眼前。本形态的技术意义不如黄昏星形态强，通常不构成主要反转信号，但常和其他K线组合构成更有研判意义的形态。②如果在射击之星形态出现时，带有巨大成交量，则因短期多头资金短缺，空头将大量筹码抛出，股价先扬后抑，完成了一个由多转空的心理过程，故行情可能短期见顶而走疲。

46. 十字星

在K线中，开盘价到收盘价之间的价格段称为实体，价格波动超出实体之外的部分称为影线，实体上下都有较实体长的影线就叫十字星。如图3-63所示。

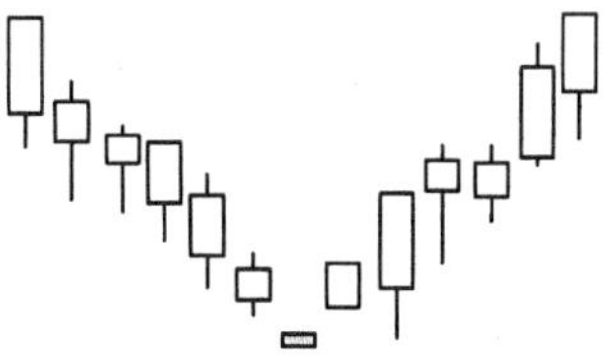

图3-63　十字星

十字星是一种只有上下影线、没有实体的K线图。开盘价即是收盘价，表示在交易中，股价出现高于或低于开盘价成交，但收盘价与开盘价相等。其中，上影线越长，表示卖压越重；下影线越长，表示买盘旺盛。通常在股价高位或低位出现十字线，可称为转机线，意味着出现反转。

应用法则：①十字线可能构成重要的警告信号，原趋势停顿或反转。②只有在一个市场不经常出现十字线的条件下，十字线才具有重要意义。

投资者在分析此种K线形态时，应把握四点：

(1) 从量能方面分析。出现十字星走势后，大盘能否上涨并演变成真正具有一定动力的强势行情，成交量是一个决定性因素。形成十字星前后，量能始终保持和放大的，十字星将会演化成阶段性底部形态；如果形成十字星走势时成交量不能持续放量的，显示增量资金多处于疑虑观望状态中，则将容易形成下降中继形态。

(2) 从成交密集区进行分析。成交密集区是行情走向的重要参照，以此可以判断出十字星所处的高低位置。所形成的十字星距离上档成交密集区的核心地带越近，越容易形成下降中继形态；所形成的十字星距离上档成交密集区的核心地带越远，则越容易形成阶段性底部形态。

(3) 从行情热点分析。如果热点趋于集中并保持一定的持续性和号召力，将会使热点板块有效形成聚焦化特征，就会使增量资金的介入具有方向感，从而有利于聚拢市场人气和资金，使后市行情得以健康发展，则十字星必然会向阶段性底部形态的方向发展。如果行情热点不集中且持续性不强，热点呈现多方出击态势，则说明热点缺乏号召力和资金凝聚力，不能有效地激发和稳定市场人气，此时，热点将逐渐趋于大面积扩散，容易导致有限的做多能量迅速衰竭，从而使所出现的十字星最终演化为下降中继形态。

(4) 从市场走势方面分析。如果股指处于反复震荡筑底的走势中出现的十字星，大多属于阶段性底部形态，投资者可以适当参与；如果股指处于下降通道中形成的十字星，大多属于下降中继形态，投资者不能轻易买入。

47. 十字孕线

孕线形态与吞没形态相比，两根 K 线的顺序正好颠倒过来。在吞没形态中，后面是一根长长的实体，将它前面的小实体覆盖进去；而孕线形态的后一根 K 线实体较小，并且被前一根较长的实体包容进去。该形态名字的由来，也是缘于“怀孕”的意思。长的 K 线为“母”线，小的 K 线为“子”线，或是“胎”线，以示其包容含义。有一类特别的孕线形态，称为十字孕线形态，也就是其第二天的小实体，为一根十字线。一般的孕线，不属于主要反转形态，但十字孕线形态的反转意义更为强烈。如图 3-64 所示。

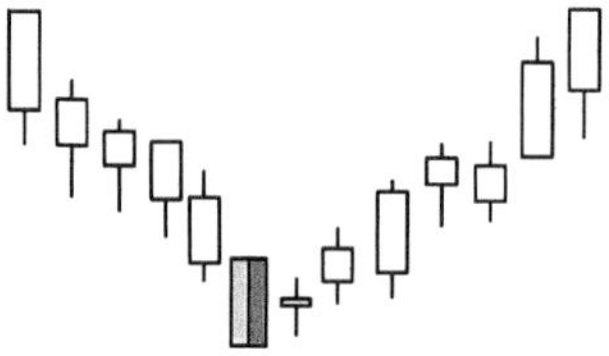

图 3-64　十字孕线

应用法则：十字孕线形态所蕴含的技术意义，比普通的孕线形态重要得多。一般的孕线形态并不属于主要反转形态，但是，十字孕线形态恰恰是一种主要反转形态。十字孕线形态常可能引发底部过程，不过，当这类形态出现在市场顶部时，比在底部更有效力。

十字孕线的形态特征：

(1) 秉承前期走势，第一根 K 线为一个长长的实体，它将第二天的小实体完全包容起来。

(2) 在孕线形态中，两根 K 线的实体颜色应该互不相同，但这一点不是一项必要条件。其中，第二根 K 线实体的颜色并不重要。

(3) 孕线形态中，两个实体的相对大小是至关重要的，上下影线的大小无关紧要。

(4) 孕线形态中，第二天的 K 线实体越小，整个形态的反转力量就越大。

(5) 十字孕线，即第二天的 K 线为十字线。这类形态出现在市场顶部时，反转意愿更为强烈。

在孕线形态中，第二根蜡烛线的颜色是无所谓的。这种形态的决定性特征是，第二个时间单位的实体相对于第一个时间单位的实体是非常小的，并且这个小实体居于大实体内部。无论在一般的孕线形态中，还是在十字孕线形态中，上下影线的大小通常是无关紧要的。

孕线形态揭示了市场在其前后“健康状况”的明显反差。在牛市行情中，孕线形态的前一个长长的白色实体表明，市场本来充满了活力，但是，后一个小小的实体却反映出市场犹疑不定。这说明牛方向上的推动力正在衰退，由此看来，有可能发生趋势反转。在熊市行情中，孕线形态的前一根长长的黑色蜡烛线反映了沉重的抛售压力，但是，随后的小实体却表明市场踌躇不前。第二天的小实体是个警告信号，说明熊方的力量正在减弱，因此，本形态可能构成趋势反转信号。

48. 石塔线（墓碑线）

石塔线又称墓碑线，是无实体的一种。当没有下影线或下影线很短的时候，就会出现这种K线。如果上影线很长，墓碑线有强烈的下降含义。开盘后，股价全天在高位进行交易，但收盘又回到了开盘价，这也是当天的最低价格。这除了解释为反弹失败外，没有其他的解释。石塔线如图3-65所示。

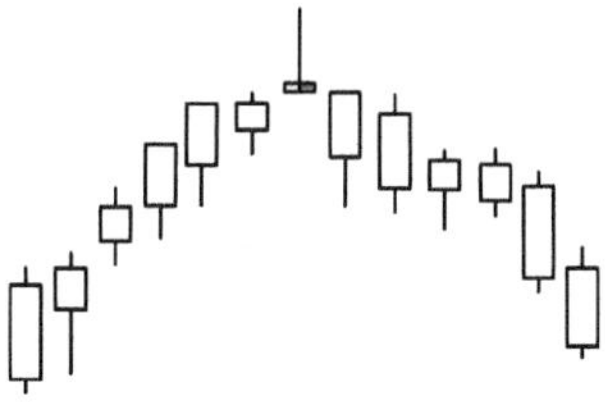

图3-65　石塔线（墓碑线）

应用法则：①墓碑线最突出的长处在于昭示市场顶部，即在市场顶部的墓碑线比在市场底部的墓碑线的意义更重要。②位于上涨行情之后的墓碑线具有疲软的意义：当日股价剧烈地向上攻击，表明多头力量强大；然而好景不长，空头立即还以颜色，当日就把股价在收盘时打回到今天的开盘价为止，多空双方不再拉升或抛售，暂时处于一种平衡和休战状态。

墓碑线表示当天股价曾经大幅走高，但遭到空头的当头一击，股价迅速下挫，且跌过开盘价。这说明空头已经完全占据了优势，多头只能节节败退，股价走势明显由涨转跌，后市很可能继续下跌。投资者往往见此信号便出逃，应该说也符合股价的走势特征。

投资者实际操作时应注意三点：首先是看股价的整体位置。如果股价已经大幅拉高，墓碑线则很可能是主力开始大肆出逃的标志，后市继续下跌是大概率事件；如果股价已经大幅下跌，墓碑线则可能是黎明前的黑暗，后市可能很快反转向上。在上升途中出现墓碑线，则可能是洗盘，需要关注的是洗盘结束的信号。

其次要看成交量。高位放量的墓碑线是主力出逃的表现，投资者应及时跟随出局。但是下跌也不一定放量，我们同样不能放松警惕，更重要的是要关注股价位置。低位缩量的墓碑线有可能是刻意的诱空行为,一旦股价很快反转,投资者可积极跟进。

最后还是后市确认。高位的墓碑线后继续下跌,则基本可确立跌势形成,投资者应果断清仓。低位的墓碑线后如果股价随即反转,则更确认是主力的洗盘行为,投资者可积极介入。

49. 曙光初现(反击线)

曙光初现是由两支不同颜色的阴阳烛组成,意味着市况由淡转好,通常在一个下跌市况后出现。第一支烛为处于跌势的大阴烛,显示当日沽盘相当强劲。第二支烛为大阳烛,其开市价必须低于第一支烛的最低价,而收市价则必须高于第一支烛的一半烛身。事实上,若投资者将第一支烛的开市价及第二支烛的收市价混合起来分析,同样代表利好后市,便会出现一个头形态。如图 3-66 所示。

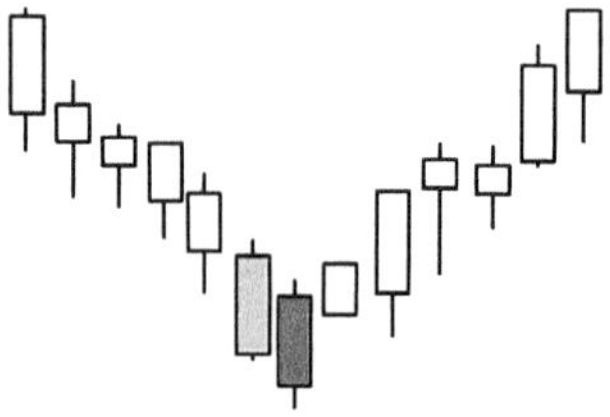

图 3-66　曙光初现

应用法则:①反击线形态出现于一轮由缓跌到急跌的下降趋势中,行情将演化为 V 形反转或止跌横盘趋势。②反击线形态根据其后一个阳线切入阴线实体的深入程度不同而决定其反击力度的大小。即阳线切入阴线实体的深度越大,则行情将演化为反转或止跌横盘趋势的可能性越高。

“曙光初现”K 线组合在熊市中应用时,要加上一个附加条件,那就是“曙光初现”第二根阳线的最低价必须是 13 个交易日以来的最低价,这主要是用于避免投资者在熊市中贸然追高,防止增大操作风险。但是,如果市场趋势向好,股市运行在牛市行情中时,投资者则不必过于拘泥这条规则。因为,牛市中股价涨多跌少,如果强调买入 13 天以来的最低价,就会错失良机。

此种形态的 K 线主要从以下三个方面来理解:

(1) 其基本原理与“乌云盖顶”相同,但以相反方向分析和操作。

(2) 第二根阳烛的实体部分愈长,表示力度越大。

(3) 阳烛的实体部分应超越阴烛的实体部分一半以上才有意义。

投资者利用此种 K 线操作时,应注意以下事项:

一是量能的变化情况。伴随 K 线组合形态同时出现缩量,表明股价已经筑底成功。

二是股价所处的环境位置很重要,如果个股涨幅过大时,出现“曙光初现”K 线组合形态,则有骗线的可能性。

三是出现“曙光初现”K 线组合形态后,如果股价立即展开上升行情,则力度往往并不大。相反,出现“曙光初现”后,股价有一个短暂的蓄势整理过程的,往往会爆发强劲的个股行情。

50. 双飞乌鸦

双飞乌鸦又称“树上二鸦”，是由一根大阳线和两条向上跳空开盘且呈抱线形态的阴线组成的图形。第一根大阳线表示价格大幅上升，随后空头斩仓，尽管推动价格仍然上升，但以最低价报收，未能进一步攀高，第三天再收阴线，表明股价会进一步下跌，后市看淡。如图 3-67 所示。

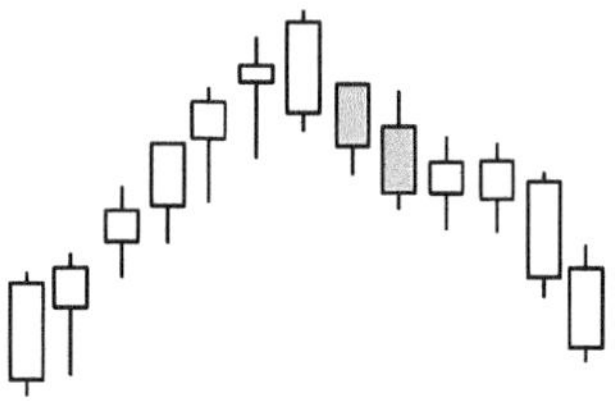

图 3-67 双飞乌鸦

应用法则：在扬升的走势中，第一根大阳线显示多头全力攀升模样，第二根小阴线虽跳空高开，但上涨乏力，反而以小阴线收盘，第三日重复此种走势，强化并证实说明：行情仍居高不下，表明多头竭尽全力奋战，渴望行情再度呈现多头天下的意愿，而此阴线与前日形成两只乌鸦形态，是行情开始疲软的象征。

双飞乌鸦的形态特征：

(1) 大阳线后的两根小阴线，一是要呈现向上跳空的走势，二是两根小阴线要形成抱线形态。不符合这两个特征的图线，只能算是非标准形态的树上二鸦。

(2) 标准形态的树上二鸦，出现频率也相当低，因此有效性特高，应对这一形态多加关注。树上二鸦是典型的见顶信号，第二根阴线出现时，应毫不犹豫地卖出股票。

投资者应用此种 K 线时的交易策略：

第一，树上二鸦一般达不到标准形态的要求，在观盘时，只要发现是处在高位，且是在阳线后出现的两根阴线，不管它符不符合要求，就应卖出，这是逃顶最省事的办法。

第二，树上二鸦形态有时类似黄昏星的走势，在分不清它们的形态特征时，同样不管三七二十一，卖掉就是了。

第三，树上二鸦形态的最佳卖出时间是该形态形成的当天，如当天因故没来得及卖出，也应在第二天出手，出货时，丝毫不能手软，手一软就要吃大亏。

51. 思量红三兵

红三兵是三根阳线依次上升，形成红三兵形态。它是一种很常见的 K 线组合，这种 K 线组合出现时，后市看涨的情况居多。具体的 K 线显示情况如下：红三兵形态是市场逐步见底、多方持续加大力度进攻的态势，是一种趋势温和逆转的形式。红三兵如果发生在下降趋势中，一般是市场的强烈反转信号；如果股价在较长时间的横盘后出现红三兵的走势形态，并且伴随着成交量的逐渐放大，则是股票启动的前奏，可重点关注。如图 3-68 所示。

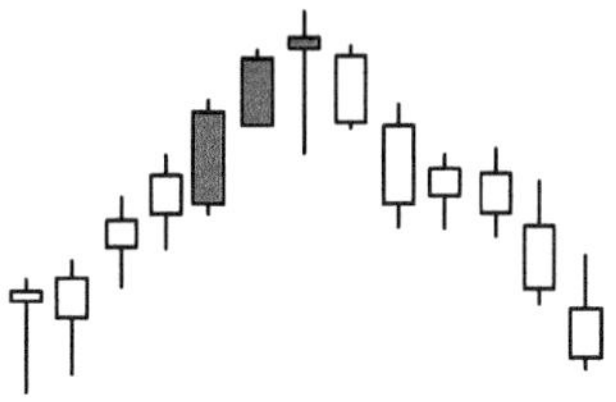

图 3-68 思量红三兵

应用法则:①虽然思量红三兵形态在一般情况下不属于顶部反转形态,但是有时候,它也能引出不容忽视的下跌行情。特别是若思量红三兵形态出现在一段上升行情的后期,当紧接着出现一根巨大的阴线时,很容易构成乌云盖顶K线形态或黄昏之星形态,从而变成了典型的反转看跌的K线组合形态。故当思量红三兵形态出现时,应谨慎从事,静观其变,不应贸然追高。②请记住,在通常情况下,思量红三兵形态并不是一个趋势反转信号,这种形态的出现,常常意味着市场需要一段深思熟虑的时间,以便决定下一步的方向。

通常情况下,思量红三兵不是一个趋势转势信号,如果星期一是"黑色星期一",它的K线组合的性质完全变脸,这种"思量红三兵"形态的出现,常常意味着市场需要一段反复过程,以便选择下一步的方向,投资者应谨慎参与交易,等待观察走势变化,这种行情是不宜贸然追高的。无量上涨的行情往往是不扎实的行情,预测行情走势只是对自己的操作提个醒,真正的行情走势是让股市告诉投资者会走到何处,散户投资者只是对股市的走势做出反应而已,做空做多跟着趋势感觉而行动。

52. 死蜘蛛

应用法则:长、中、短线均线死叉,表明近期走势看淡,下跌的可能性居多。死蜘蛛的图形特征如图3-69所示。

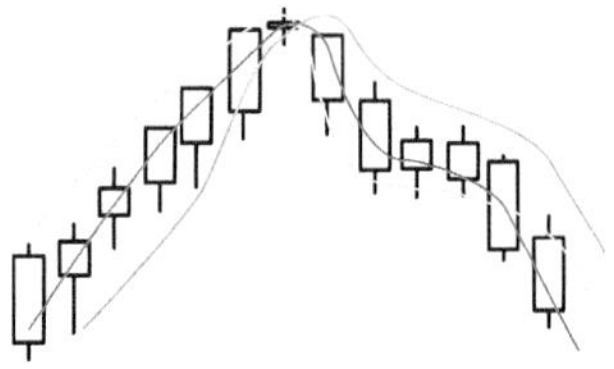

图3-69 死蜘蛛

(1) 由三条价格平均线自下而上,并扭转向下时所形成的结点,该结点朝未来水平方向形成辐射带,对未来股价有阻碍作用。

(2) 该结点朝未来水平方向有辐射带,表示为一串方向向下的小箭头,对未来股价有压迫作用。

(3) 点辐射的时间长度相当于结点前价格盘整时间的长度。

(4) 点辐射的空间高度相当于一条水平线。

此种K线的市场意义表现为三方面:

第一,当三条平均线自下而上筑顶并扭转向下时,如果同时交叉在某一个价位或某一个价位附近,说明这个价位是最近三条平均线共同的买入成本。

第二,当最新成交价格在最近三条平均线共同的买入成本之下时,说明近期买入的人都有亏损。

第三,当这种亏损示范被传播后,会引导更多的人出市,并使股价继续下跌。

死蜘蛛使均线系统发生向下的共振,本来多头排列的均线系统一天之后变成了空头排列,共振的杀伤力不容小视,如果死蜘蛛之前形成了量压,那么一旦股价走在死蜘蛛之下,短期内就不可能再上扬了,建议投资者加速卖出。

53. 向上跳空并列阳线

向上跳空并列阳线又被称为看涨并列阳线形态，如图3-70所示。第二根和第三根阳线与第一根阳线之间有一个向上跳空的缺口，且这两根阳线的长短类似。不仅如此，这两天的开盘价也十分接近。

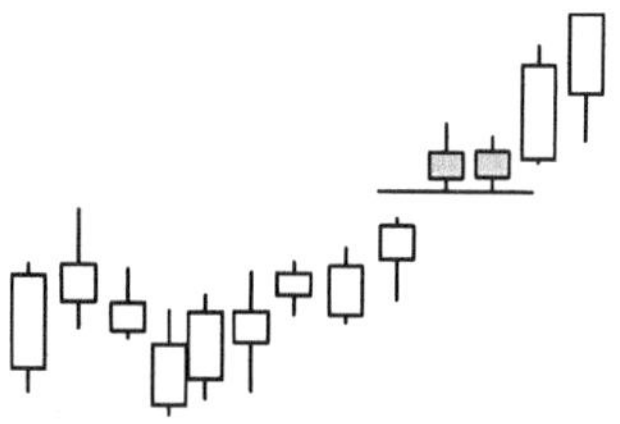

图3-70 向上跳空并列阳线

应用法则：①向上跳空并列阳线形态出现在一个较为清晰的上升趋势之中，快速上升产生向上跳空的白色K线。②如果市场收市在并列白色K线的最高点之上，则意味着下一波上涨行情即将展开。

54. 向上跳空并列阴阳线

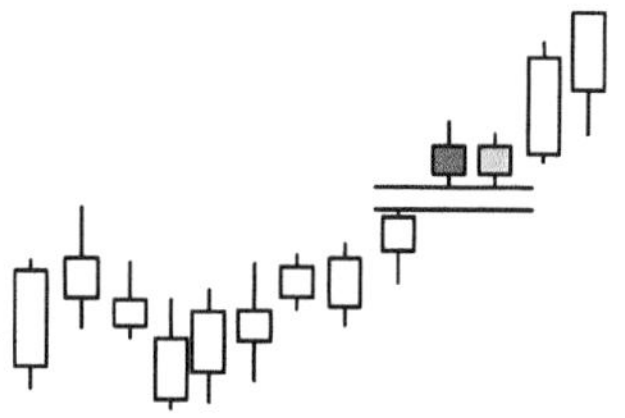

图3-71 向上跳空并列阴阳线

应用法则：①向上跳空并列阴阳线形态出现在一个较为清晰的上升趋势之中，快速上升产生向上跳空的白色K线。②如果上升趋势途中产生了一个向上跳空缺口，但第二天低开收阴线将跳空缺口回补，说明多头在低位承接；空头惜售未发生后续抛售，回补缺口后，原上升趋势将持续。如图3-71所示。

55. 跳空上涨卷袖线

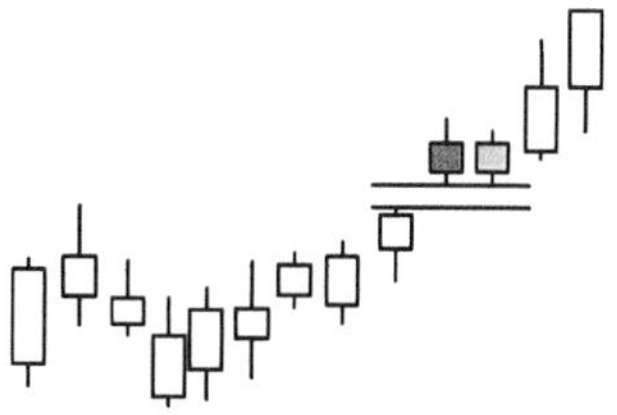

图3-72 跳空上涨卷袖线

股价受利多或利空影响后，出现较大幅度上下跳动的现象。当股价受利多影响上涨时，交易所内当天的开盘价或最低价高于前一天收盘价两个申报单位以上。当股价下跌时，当天的开盘价或最高价低于前一天收盘价两个申报单位以上；或在一天的交易中，上涨或下跌超过一个申报单位。以上这种股价大幅度跳动现象，称之为跳空。

应用法则：跳空上涨卷袖线表明如果上升趋势途中，产生了一个向上跳空缺口，次日缺口回补，原上升趋势将持续。如图3-72所示。

56. 跳空下跌并列阳线

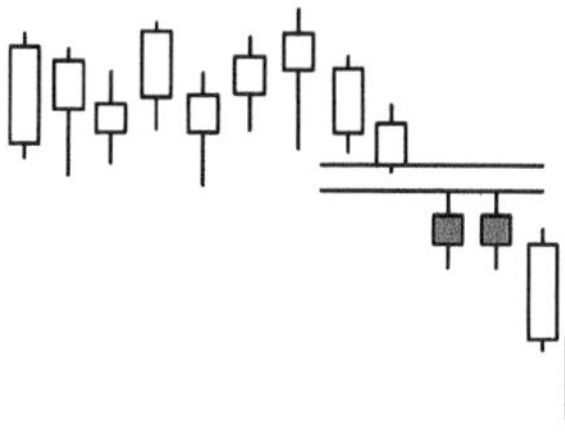

图3-73 跳空下跌并列阳线

向下跳空并列阳线形态可以简化为一根大阴线，这根大阴线带有较长的下影线，如图3-73所示。由于下影线的存在，这根简化后的大阴线并不能完全证明市场的看跌意味，所以，要对向下跳空并列阳线形态进行进一步确认。如图 3-73 所示。

应用法则:①向下跳空并列阳线形态出现在一个较为清晰的下降趋势之中,快速下降产生向下跳空的白色 K 线。②如果市场收市在并列白色 K 线的最低点之下,则意味着下一波下跌行情即将展开。

57. 跳空下跌并列阴阳线

跳空下跌并列阴阳线也是三根 K 线的组合。它通常出现于价格的下降趋势当中,在原有做空的基础上拉出一根“大阴线”,第二天又收出一根向下跳空的“小阴线”,第三天股价略微高开,“开盘价”仍在“小阴线”的“实体”范围之内,“收盘价”涨到了前两根“阴线”的缺口之内,但并没有完全填补掉缺口。如图 3-74 所示。

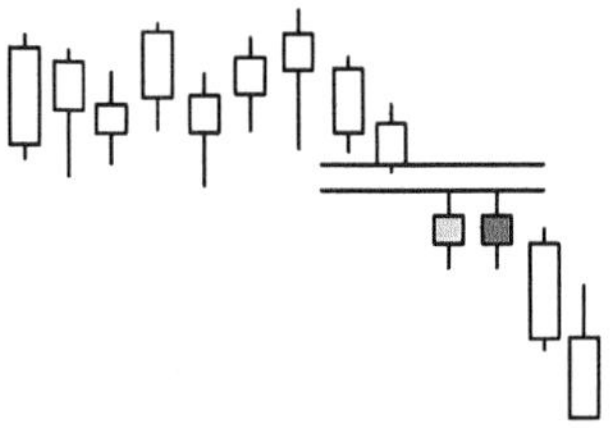

图 3-74 跳空下跌并列阴阳线

应用法则:①跳空下跌并列阴阳线形态出现在一个较为清晰的下降趋势之中,快速下降产生向下跳空的阴线。②如果下降趋势途中,产生了一个向下跳空缺口,但第二天低开高收阳线将跳空缺口回补,说明多头在低位承接,却在缺口处受阻,无力继续上攻,回补缺口后,原下降趋势将持续。

58. 跳空下跌卷袖线

跳空下跌卷袖线跟跳空下跌并列阴阳线的主要区别在于两根阴阳线是否有上下影线,跳空下跌卷袖线是在盘整之后出现跳空下跌的两根带有上下影线的阴线或阳线。如图 3-75 所示。

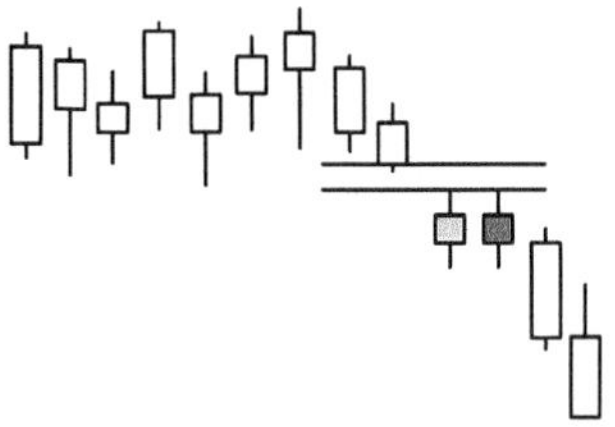

图 3-75 跳空下跌卷袖线

应用法则:一旦向下跳空并列黑白 K 线形态出现,则原下降趋势将持续。故在反抽确认缺口回补时,此时是多头抽身而退,抛出筹码逃命的好时机。

59. 铁锤线

铁锤线(又称锤头线)是一种 K 线形态,K 线实体的上方或下方带有影线,如汉字“甲”或“由”,如图 3-76 所示。

图 3-76 铁锤线

应用法则:①如果锤头线出现在下降趋势之后,则构成一个看涨的 K 线图形态。②在分析锤头线时,有一点非常重要:当锤头线出现后,必须等待下一个时间单位的看涨信号对它加以验证。锤头线的验证信号可能采取下面这样的形式:锤头线次日的开市价向上跳空,超过了锤头线的实体。向上跳空的距离越大,验证信号就越强烈。

60. 乌云笼罩

乌云笼罩在此形态之前，市场应有清晰的上升或下降走势。此形态由两根K线组成，第二根K线的实体段穿过第一根K线实体的一半，即50%，且颜色相反；穿入程度越深，反转意味越浓。如图3-77所示。

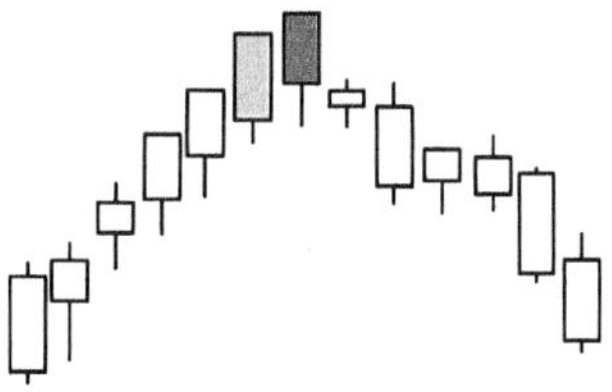

图3-77 乌云笼罩

应用法则：①乌云盖顶形态中，黑色实体的收市价向下穿入前一个白色实体的程度越深，该形态构成市场顶部的机会越大。②乌云盖顶形态发生在一个超长期的上升趋势中，它的第一天是一根坚挺的白色实体，其开市价就是最低价（就是说，是秃脚的），而且其收市价就是最高价（就是说，是秃头的）；它的第二天是一根长长的黑色实体，其开市价位于最高价，而且收市价位于最低价（这是一个秃头秃脚黑色K线）。③在乌云盖顶形态中，如果第二个实体（即黑色的实体）的开市价高于某个重要的阻挡水平，但是市场未能成功地坚守住，那么可能证明多方已经无力控制市场了。④如果在第二天开市的时候，市场的交易量非常大，那么这里就可能发生胀爆现象。

61. 下跌分离线

下跌分离线如图3-78所示。此种K线出现在不同的行情中具有不同的市场意义，因此，不能确定其为反转型K线组合或者是整理型K线组合，而要根据具体情况进行研判分析。

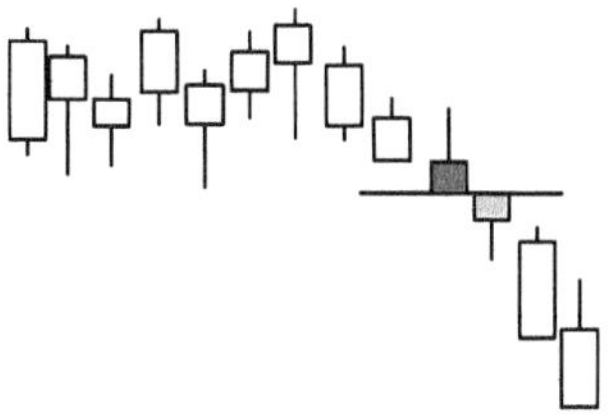

图3-78 下跌分离线

下跌分离线与上涨分离线的关系表现为：

(1) 相同之处：两根邻近的K线的开盘价是相等的。

(2) 不同之处：这两根邻近的K线的走势却是一阳一阴，其中前一天是阳线，后一天是阴线，虽然仅仅是前后顺序的颠倒，但是实际研判意义是完全不同的。

应用法则：①如果下跌分离线形态出现在上升趋势中，说明这是股价见顶的一种征兆，个股行情有可能在演绎最后的疯狂。②如果下跌分离线形态出现前有一段明显的下降趋势，无论这段下降趋势是长或短，在此之后出现该形态说明市场的当前下降趋势仍将继续。第一根阳线说明了跌市目前处于反弹状态。第二根K线是阴线的，但开市价就是昨日的开市价，表明市场弱势未改。③如果下跌分离线形态出现在前期的形态阻力位附近，则其见顶回落的可能性更加明显。④如果下跌分离线形态的第二根阴线实体越长，则说明股价越有可能出现破位下跌行情。

62. 下跌会合线

应用法则:①下跌会合线形态表示市场当前下跌的趋势仍将继续,第一根阴线实体的颜色说明了空方目前处于持续状态。第二根K线是阳线,但最高价只收到昨日的收盘价,表明弱势未改。②下跌会合线形态出现前,必须有一段明显的下跌趋势,无论这段下跌趋势是长或短,在此之后出现该形态才较为有效。③如果下跌会合线形态出现在前期的形态支撑位破位后3%市价的附近,则其下跌的可能性将加强。④如果下跌会合线形态的K线越长,则处于持续状态的可靠性进一步增强,对行情的研判更具意义。如图3-79所示。

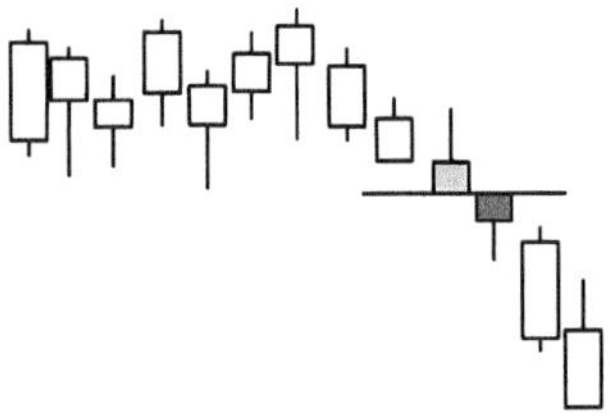

图3-79 下跌会合线

63. 下降三法

在股价持续下跌的过程中,某日出现一根大阴线,隔日连续出现三根小阳线,但第四天若出现一根大阴线,表示股价筑底尚未完成,股价会继续下滑。这种形态被称为下降三法,如图3-80所示。

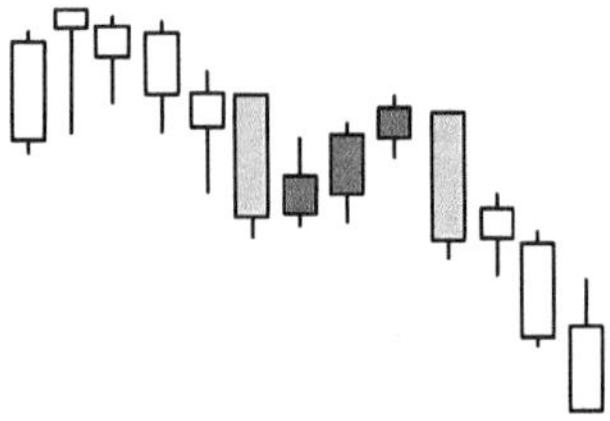

图3-80 下降三法

三法是最常见的阴阳线连续形态之一,根据所处位置不同,它可分为多头上升三法与空头下降三法。它表示价格趋势的暂时中断,但其力量太弱还不足以造成趋势反转。三法是通常趋势延续过程中的喘息时间,就像上山或下山途中的平缓地带,这种情况一般不会改变原有运行趋势,因此,投资者可以积极追加投资仓位。

三法形态可视为暂停交易或休整期间。我们通常将这种情况称为盘整期。这种走势的心理背景是市场对于趋势的持续力产生怀疑,当市场出现窄幅波动的盘整走势时,怀疑会递增。然而,一旦多头或空头察觉价格无法创新低或新高,多头或空头就会恢复原来的气势,价格也迅速创新高或新低。

下降三法为上升三法的对应形态。市场处于下降趋势时,一根长黑线的出现使其跌势得到加强。随后三天则为实体短小的线形,其走势与既定趋势相反。如果这些盘整线形的实体为白色,则情况最佳。必须注意,这些短小的实体全部位于第一根长黑线的高、低价范围内。最后一天的开盘价应该在前一天的收盘价附近,收盘则创出新低,宣告市场休息时间结束。

应用法则:三法形态均属于持续形态。在下降趋势中的三法形态中,下面这项因素可能加强其预测意义:如果头、尾两根阴线的K线的交易量超过了中间那群小K线的交易量,那么,该形态的分量就更重了。

在本形态中,主要应注意两点:

一是形态中间的三根小阳线。如果下降三法中的三根小阳线击穿了第一根长阴线的最高价，形态即宣告失败。

二是第五根阴阳线的长度。原则上第五根阴阳线越长越有效，收盘价最好是能创出新低。如果第五根阴阳线的收盘价不能突破第一根阴线的收盘价，则形态难以成立。

64. 功能性缺口

缺口是K线形态中一种特殊的形态，它是指开盘价和收盘价或收盘价和开盘价之间产生向上或向下的跳空，并留有一定的空间，在这个空间没有任何交易。缺口共分两类：普通性缺口和功能性缺口。功能性缺口如图3-81所示，主要包括突破性缺口、中途缺口、竭尽缺口。

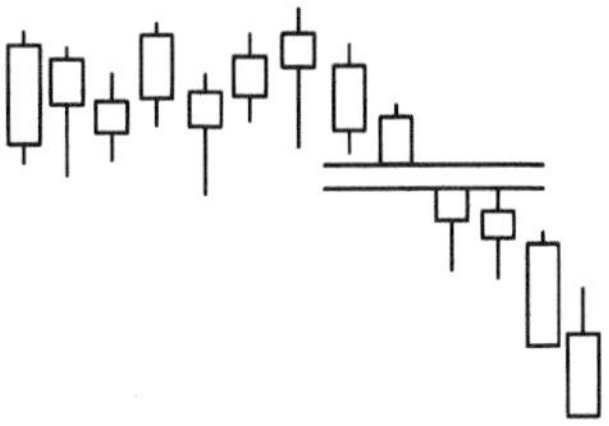

图3-81 功能性缺口

突破性缺口通常是在底部向上突破和头部向下突破时出现。这类缺口的出现，如有成交量的配合，将预示着股指和股价将走出大的反转行情。向上突破性缺口应有长时间的大幅下跌和调整，并有扎实的底部作前提，突破时还要有大成交量的支持。在政策面上，常会伴随巨大的利好政策出台。这种缺口有可能连续几年长时间不能封闭。

中途缺口出现在一轮上涨行情或一轮下跌行情的中途，它的出现预示着股指或股价将继续上涨或下跌的行情。由于该缺口是在中途出现，只要根据缺口的位置就可以预测未来股价可能上涨或下跌的距离。所以，中途缺口又被称为“度量缺口”。

竭尽缺口（又称消耗性缺口）出现在上涨和下跌行情的末端，预示着多头或空头行情已进入后期，是股价在上涨过程中的最后冲刺，能量消耗极大，已无后继力。出现竭尽缺口后，股价在短期内将发生反转行情。当股价向下经过较长时间的下跌，这时空方能量消耗极大，此时如出现消息面利空，将产生恐慌性抛盘，空方一致做空，产生向下跳空缺口，随后该卖的都卖了，再也没有卖盘出现，这就是向下竭尽缺口。向下竭尽缺口的出现预示着股市在短期内结束下跌行情。

65. 仙人指路

股价处在大调整阶段的中期底部、拉升阶段初期或者拉升波段中期，当天股价盘中高开高走放量攻击，但股价冲高之后，主力却在盘中实施回头波打压震荡盘跌，全天量比1倍以上，换手率在5%以内，振幅在7%以上。股价在盘中反复盘跌后，最终以带长上影小阳线K线报收。收盘时，股价当天仍然保持在1%～3%的涨跌幅。当这种K线结构出现在拉升阶段初期、上升波段中期或者大调整阶段的中期底部时，就是典型的仙人指路特征。如图 3-82 所示。

应用法则：上冲回档洗盘，后期看涨，并且有望创近期新高。

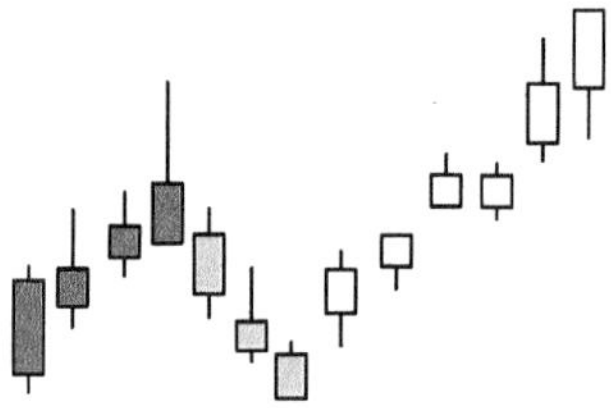

图 3-82　仙人指路

仙人指路出现在阶段性的中期底部，是主力展开向上攻击性试盘的动作，意在测试盘面筹码的稳定度，同时发出进一步加大建仓力度的操盘信号指令。如果当天反复盘跌的即时图形中，出现典型的冲击波型结构，则是主力打压建仓的重要特征。

仙人指路出现在拉升阶段的初期，是主力展开向上攻击性试盘的动作，主要目的是测试盘面筹码的稳定度和上档阻力，同时暗中发出进一步攻击的指令。股价在经过短期调整后，再度展开总攻的时间已经十分逼近了。因此，在当天反复盘跌的过程中，主力通过打压洗盘，为即将到来的正式拉升做好充分的蓄势准备。

仙人指路出现在拉升波段的中期，则是主力在盘中展开强势洗盘的操盘动作。股价当天攻击接近涨停时，随即主力利用大单在卖一至五档位置阻止股价上涨，并展开回头波方式打压股价。这种 K 线结构是主力拉高洗盘的重要操盘手法，属于极强势的操盘特征。洗盘完成后，通常还会出现更大、更猛烈的涨幅。

66. 小阳线

小阳线是指阳线实体较短，带有短上下影线的 K 线，上下影线可以有不同的变化。如图 3-83 所示。

应用法则：①小阳线在上升行情中出现，则意味着行情小幅地向上攀升。②大阳线在下跌行情中出现，则意味着行情小幅地向上反弹。

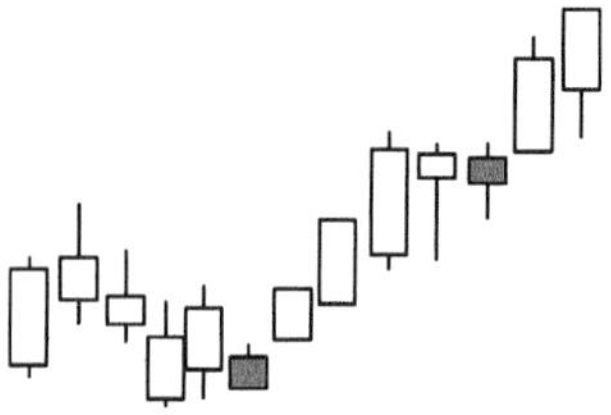

图 3-83　小阳线

小阳线若上长下短或上短下长，其出现表示多空双方的小型对抗，消化获利盘和解套盘，趋势一般仍会持续，当连续出现或次日出现成交量放大的阳线，即可以跟进买入股票，股价必将有一段上涨行情。

在 K 线图上，根据它的上下影线的长短，小阳线可以分为三种类别，不同类别的实战意义略有不同，投资者在进行技术分析时，需要认真把握这些细微的区别。

（1）上下影线都比较短的小阳线。这种小阳线的上下影线比较短，或者有时候没有上影线，或者有时候没有下影线。这三种情形的实战意义略有不同，略带上下影线的小阳线，表示此时虽然空方具有一定的抛压，但是多方的支撑也不示弱，双方在寻找一种动态的平衡。

(2) 上影线比较长的小阳线。上影线比较长的小阳线，则表示此时空方的抛压依旧沉重，但是多方的支撑力度也不可忽视，需要密切关注双方力量的变化情形。需要特别指出的是，有时候，长长的上影线并不一定是真实的抛压，主力炒家为了制造某种气氛，或者为了掩饰自己的某种企图，往往会刻意地控制股价的走势，给投资者制造出一种假象来。

(3) 下影线比较长的小阳线。下影线比较长的小阳线，则表示此时多方的支撑是十分明显的，虽然实体并不长，但是，长长的下影线已经表明，多方此时正在想做点什么！具体的内涵需要结合整个走势来加以分辨。千万记住，出现这样的小阳线时，主力炒家的意图已经昭然若揭了。

67. 小阴线

应用法则：①小阴线在上升行情中出现，则意味着行情强势回档。②小阴线在下跌行情中出现，则意味着行情向下滑跌。如图 3-84 所示。

图 3-84 小阴线

68. 星线

星线(又称星 K 线)的实体较小，并且在它的实体与它前面的较大的 K 线的实体之间形成了价格跳空。只要星线的实体与前一个实体没有任何重叠，那么，这个星 K 线就是成立的。星线本身的颜色并不重要。星线既可能出现在市场的顶部，也可能出现在市场的底部。如图 3-85 所示。

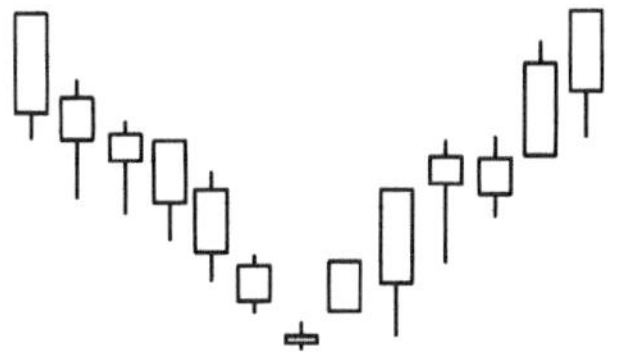

图 3-85 星线

应用法则：星线实体越小，表明价格波动较小，市场交投一般也不活跃，处于一种无趋势状态。

当星线出现时，就是一个警告信号，表明当前的趋势或许好景不长了。星线的较小实体显示，熊方和牛方的较量已转入僵持状态。在强劲的上升趋势中，牛方一直占据主导地位。如果在一根长长的白色 K 线之后出现了一根星线，则构成了警告信号，因为市场原来受买方控制，现在转变为买方与卖方势均力敌的僵持状态。这一僵局的发生，既可能是由于买方力量的衰减所造成的，也可能是由于卖方力量的增长所造成的。但不论出于哪一种原因，星线都能告诉我们，当前上升趋势的驱动力已经瓦解，市场容易遭到卖方的攻击而向下回落。

如果在下降趋势中出现了星线，也是同样的道理，只是方向与上述相反。具体来说，在下降趋势中，如果在一根长长的黑色 K 线之后出现了星线，就反映出市场氛围的改变。

69. 阳后双阴阳

阳后双阴阳，就是出现一根阳线，然后连续出现两根或三根阴线，接着又出现一根阳线，这后一根阳线要超过最近的这根阴线的最高点，或是接近这个最高点。因此，阳后双阴阳实际上就是：阳线—阴线—阴线—阳线，如图 3-86 所示。

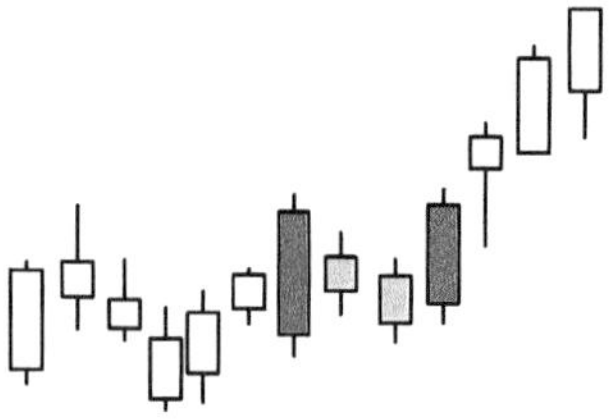

图 3-86　阳后双阴阳

应用法则：神光特色 K 线组合，后市看涨。

一根阳线说明有人在做，是个强势股，然后出现双阴，说明有人在打压、在出货。如果是主力主动出货，那随后的阳线一定不会接近前一根阴线的最高点。如果这根阳线接近或是超过了前一个最高点，说明有新资金在继续做，或者即将向上突破。

从历史情况看，出现这种图形以后，上涨的概率比较大。但是为了保险起见，再加几个限制条件：①出现最后这根阳线的这一天，这根阳线收盘必须在 5 日和 10 日均线之上，最起码要在 5 日均线之上，而且 5 日均线要往上走。这就告诉你，如果阳后双阴阳是在下跌的途中，则股票是不能买的。②KD 指标中的 K 不能超过 85，如果超过 85，说明位置太高，这种情况下最好别买，尽管此时有个别股票可能会涨起来，而且还会涨得很猛，但是为了保险起见，最好别买。③再加上一些其他的分析方法来综合判断。

应用法则：出现阳后双阴阳，则最起码表明该股已经具备了向上可以做的基础，但具体是否参与，要结合当时的大环境和该股的小环境，尤其重要的是看该股的最后一根阳线是刻意做的还是全天自然上去的。如果是自然的走势，并且全天本来就在高处走，则机会还是很大的；如果是利用收盘前最后几分钟做上去的，则应该无效。其次是看成交量，一些冷门股出现这种技术图形，意义也不大。

70. 阴后双阳阴

阴后双阳阴，就是出现一根阴线，然后连续出现两根或三根阳线，然后又出现一根阴线，这后一根阴线要低于最近的这根阳线的最低点，或是接近这个最低点。因此，阴后双阳阴实际上就是：阴线—阳线—阳线—阴线，如图 3-87 所示。

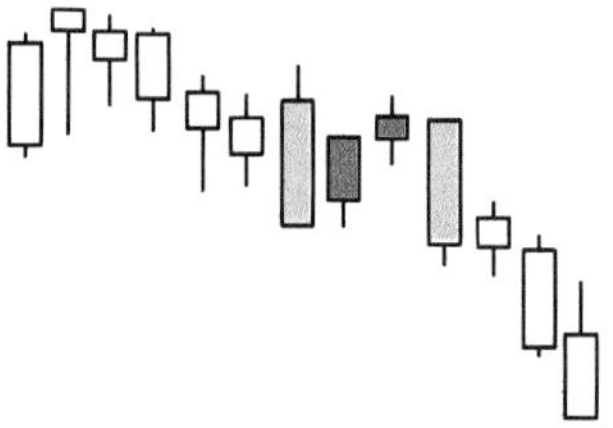

图 3-87　阴后双阳阴

应用法则：一根阴线后出现反弹的两根阳线，但被一根更大的阴线吃掉，表明空头仍然强大。

71. 孕线

孕线也是由两条图线组合成的图形。组合形态与抱线相反，第一条图线是长线，第二条图线为短线，第二条图线的最高价和最低价均不能超过前一图线

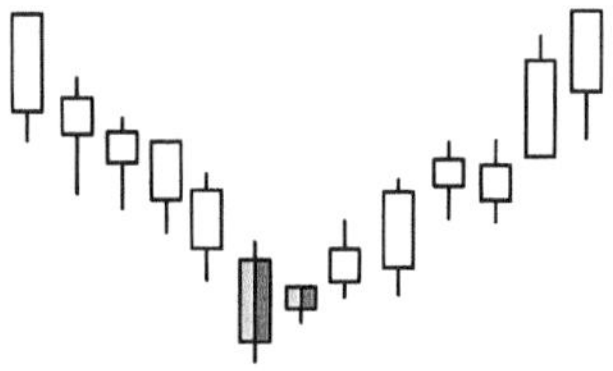

图 3-88 孕线

的最高价和最低价。孕线又叫母子线，如图 3-88 所示。

应用法则：在 K 线理论中，孕线形态的出现，预示着市场将同先前的趋势分道扬镳，行情将可能演化为反转或止跌横盘的趋势，且横盘的可能性大于反转的可能性。

投资者在实际运用孕线的过程中，一定要注意以下几点：

(1) 左边的 K 线可以是阳线也可以是阴线，可以带有上下影线，但如果是光头光脚的中阳线或大阳线并伴随着成交量放出，可信度会比较高。

(2) 右边的 K 线实体必须与左侧的 K 线实体颜色相反，但是绝对不可以超过左边阴阳线的 K 线实体。右边的 K 线也可以带有上下影线，但是影线越短越可信。

(3) 高位中的阴孕阳孕线，多为天顶信号，该孕线出现后，股价至少要出现一波中级以上的下跌行情，投资者要注意及时卖出。

(4) 低位出现的阳孕阴孕线，多为大底信号，该孕线过后，会出现一波中级以上的上涨行情，投资者应多加关注此处的孕线形态，一旦确认，就应该果断进场，以免错失进货良机。

72. 早晨之星

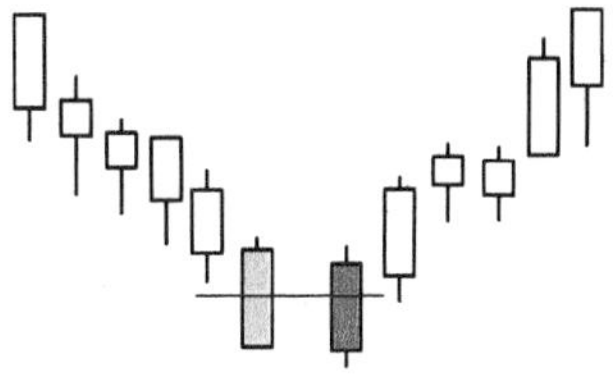

图 3-89 早晨之星

早晨之星，顾名思义就是在太阳尚未升起的时候，黎明前最黑暗的时刻，一颗明亮的启明星在天边指引着那些走向光明的夜行人，前途当然看好。如图 3-89 所示。

应用法则：三根 K 线在心理上构成一个完整的转化过程：看跌心理—多空平衡—看涨心理，故此组合形态转向和止跌横盘的有效性较高。

早晨之星的形态特征具体表现为三点：

(1) 在下降趋势中，某一天出现一根抛压强劲的长阴实体，显示短期走势可能会仍然向下，跌势可能会继续。

(2) 第二天出现一根向下跳空低开的十字形或锤形，且最高价可能低于第一天的最低价，与第一天的阴线之间产生一个缺口，显示跌幅及波幅已略有收缩，可能带来转好的信号。具体的第二根 K 线的位置有时会不同，需要灵活把握。

(3) 第三天出现一根长阳实体，买盘强劲，显示市况已转好，逐步收复失地。

73. 中阳线

中阳线是指开盘价低于收盘价，一般认为3%～6%涨幅的阳线为中阳线。如图3-90所示。大盘上的中阳线一般是指大盘涨幅在1%～3%的情况，且是大盘没有高开的情况。如大盘高开，则根据大盘阳线的实体大小判断。

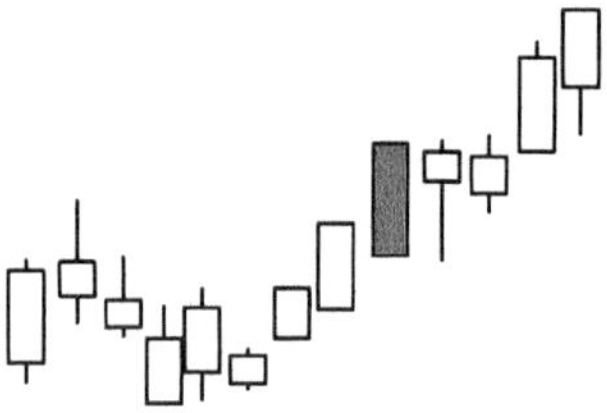

图3-90 中阳线

一般认为，阳线和阴线对于大盘有着整体影响，所以，中阴线代表后市看跌，相对的中阳线则代表后市看涨。很多时候，中阳线和中阴线往往成为股市的转折点。不过，这往往也只是对于股市的市场看法，并不能完全作为股市的晴雨表。

应用法则：①中阳线在上升行情中出现，意味着行情向上攀升。②中阳线在下跌行情中出现，则意味着行情向上反弹。

中阳线的出现说明多空双方经过一天的战斗之后，多方把价格推高的幅度不如长阳线，多方占据的优势也不如长阳线那样大，只能说多方占据明显优势。中阳线的波动范围在1.6%～3.5%。

中阳线经常出现在盘整末期和股价开始上扬初期的交汇点附近，或股价的上涨过程中以及股价大幅下跌后的强势反弹中。它表现为买方占据了优势，并且对卖方给予了强大的反击，卖方在这种情况下受到的挫折很大。这种K线一般出现在强势中，但如果在股价大幅下跌过程中出现此种K线，也只是暂时性的止跌，股价并不会立即出现反转迹象。

74. 中阴线

中阴线是指全天股票价格波动范围明显增大，卖方占据一定上风，表明行情发展正朝着有利于卖方的方向发展。中阴线的波动范围在1.6%～3.5%。如图3-91所示。

图3-91 中阴线

应用法则：①中阴线在上升行情中出现，意味着行情向下回档。②中阴线在下跌行情中出现，则意味着行情向下深跌。

中阴线一般出现在三个时期：一是顶部确立后的下跌，二是上升途中有力度的洗盘，三是中期调整的尾声杀跌。

对于顶部与洗盘有个认识，就是："洗盘做得越来越像顶部，顶部做得越来越像洗盘。"要正确区分需要一定的技术功底，自己认为炒股的高技能体现在能应对洗盘和逃离顶部上；否则，不是赔钱就是纸上富贵一场。

对于顶部的中阴线相对容易避免，而洗盘的中阴线比较难判断，它多是在人们一致看好时出其不意地出现。其实对于中阴线来讲，能不能回避洗盘的中阴线不是很重要，只要在顶部及时出来，获利照样不少。能回避洗盘的中阴线多是高手，一般散户是难以回避的。

对于顶部长阴线或中阴线的出现，在《股海论道》中有一篇文章专门阐述，就是"捕捉长阴前的四个暗影"，盘中出现什么现象就控制仓位，就是想回避洗盘的中阴线。在大盘连续上涨六天以上，用两点回避洗盘中阴线：一是个股几天急拉25%左右出局，这是控制欲望的方式，几天能赚25%已经很不错了，当然越多越好，但是一不小心就坐了电梯，会"竹篮打水一场空"。即使你没有赚到25%，个股短期上涨到这个幅度，回调的概率已经很大。二是当日在5日均线之下时间较长，日KDJ死叉。

75. 骤跌并排红

应用法则：本形态是由两根相邻的阳K线组成的，它们具有相同的开市价，并且，它们的实体也具有差不多相同的高度。如图3-92所示。如果出现了一组向下跳空的并列阳线，两阳线跳空平底，则后市看跌。

图3-92　骤跌并排红

无论是一根K线，还是两根、三根K线，以至多根K线，都是对多空双方争斗做出的一个描述，由它们的组合得到的结论都是相对的，不是绝对的。对具体进行股票买卖的投资者而言，结论只是起一种建议作用，并不是命令，也不是说今后要涨就一定涨，而是指今后要涨的概率比较大。

有时候在应用时，会发现运用不同种类的组合得到了不同的结论。有时应用一种组合得到明天会下跌的结论，但是实际没有下跌，而是与事实相反的结果。这个时候的一个重要原则是尽量使用根数多的K线组合的结论，将新的K线加进来重新进行分析判断。一般来说，多根K线组合得到的结果不大容易与事实相反。

【实训报告】

根据实训内容填写实训报告。

报告内容：

1. 谈谈对K线理论的认识；

2. 运用K线理论制订投资策略，要求对股票价格指数和不少于5只个股进行分析。

实训 4

移动平均线(MA)原理与分析

移动平均线(MA)是以道·琼斯的“平均成本概念”为理论基础，采用统计学中“移动平均”的原理，将一段时期内的股票价格平均值连成曲线，用来显示股价的历史波动情况，进而反映股价指数未来发展趋势的技术分析方法。本项目主要设计了任务“MA 组合及实际应用”。

移动平均线常用线有 5 天、10 天、30 天、60 天、120 天和 240 天的指标。其中，5 天和 10 天的短期移动平均线是短线操作的参照指标，称作日均线指标；30 天和 60 天的是中期均线指标，称作季均线指标；120 天、240 天的是长期均线指标，称作年均线指标。对移动平均线的考查使用，主要从这几个方面进行。

【实训目的】

了解移动平均线的应用法则，能通过移动平均线(MA)原理预测股票的未来走势并判断最佳的买卖时机。

【实训要求】

1. 移动平均线(MA)理论的含义与本质；
2. 移动平均线(MA)的分类；
3. 移动平均线(MA)理论的使用方法；
4. 移动平均线(MA)理论的拓展运用。

【实训内容】

一、移动平均线(MA)的原理与计算

道·琼斯理论被认为是股票市场技术分析的基石。道氏理论的核心是把市场趋势分为长期、中期、短期三种波动，但道氏理论未能把这些波动加以量化，移动平均线(MA)则可以弥补这一遗憾，把长、中、短期趋势形象地描绘出

来，表现趋势的走向。MA 即是 Moving Average 的缩写。

股票市场的波动有时是非常剧烈的，短期的震荡使价格差异很大，对研究趋势的走向有干扰作用。为消除这种影响，可以把某个时间段的价格综合起来找一个平均价，则得到一个较为有规律的价格。以日线为例：

如果要计算 5 天的平均价，则取连续 5 个交易日的收盘价（或收盘指数），计算它们的和，再除以 5，得到 5 天的平均价，公式是：

$$5\text{ 日平均价} = (C_1 + C_2 + C_3 + C_4 + C_5)/5$$

上式中，C_1、C_2、C_3、C_4、C_5 分别代表第一天到第五天的收盘价。

$$\text{第六天的 5 日平均价} = (C_2 + C_3 + C_4 + C_5 + C_6)/5$$

即把第一天的价格去掉，换为第六天的价格，其他计算方法不变。同理，要计算第七天的五日平均价，则把第二天的价格换为第七天的价格即可。把计算出的平均价标在每天的股价图上再进行平滑连接，就得到 5 日移动平均线（MA5）。移动平均线一般标在以时间为横轴、股价为纵轴的 K 线图上，一并分析。

同样道理，10 日移动平均线 MA_{10} 的计算公式是：

$$MA_{10} = (C_1 + C_2 + C_3 + C_4 + C_5 + C_6 + C_7 + C_8 + C_9 + C_{10})/10$$

推广到一般情况，计算 n 日移动平均线的公式是：

$$MA_n = (C_1 + C_2 + C_3 + \cdots + C_n)/n$$

以上是计算移动平均线的最常用的基本方法，即算术移动平均线（SMA）。从计算公式可知，在 n 日移动平均线中，每一天的价格对平均线的影响均是 n 分之一，这不太符合市场实际情况。以 30 日移动平均线来说，当日价格对未来行情的影响远比 30 天以前的价格对未来的影响重要得多。为使移动平均线能够更确切地反映未来的趋势，有必要加大最近交易日在移动平均线中的比例，体现其重要性，这就是加权移动平均线（WMA）。其计算公式如下：

$$WMA_n = (C_1 \times 1 + C_2 \times 2 + C_3 \times 3 + \cdots + C_n \times n)/(1 + 2 + 3 + \cdots + n)$$

还有指数平滑移动平均线（EMA）。先计算出第一个移动平均线（或使用起算日的收盘价也可）作为基数，确定移动平均线日数，如 5 日移动平均线，把基数乘以一个系数，如对 MA_5 是 4/5，对 MA_{10} 是 9/10，对 MA_n 是 $(n-1)/n$ 等等，再加上计算日的收盘价乘以一个系数，MA_5 的系数就是 1/5，MA_{10} 的系数是 1/10，MA_n 的系数是 $1/n$。计算从基期起第 t 天的 n 日指数平滑移动平均线的一般公式是：

$$EMA_t = C_t \times 1/n + EMA_{(t-1)} \times (n-1)/n$$

这里，使用了基期(即初值)的概念，在此基础上进行连续计算，使计算日有 1/n 的比例。这种计算在离基期较近的日期误差较大，选择不同的基期也会有不同数值，只有长期持续计算之后，不同基期的影响才会逐渐消失。

移动平均线不仅可用于日 K 线，也可用于周 K 线、月 K 线等。图 4-1 是移动平均线应用图。

根据计算期的长短，移动平均线又可分为短期移动平均线、中期移动平均线和长期移动平均线。短期移动平均线代表短期趋势，中期移动平均线代表中期趋势，长期移动平均线代表长期趋势。长期移动平均线方向向上，则代表长期趋势上升，可以确定是牛市或叫多头市场；长期移动平均线方向向下，则代表长期趋势下降，可以确定是熊市或叫空头市场。

对于短期移动平均线、中期移动平均线、长期移动平均线的具体划分没有确定的说法。以下列举几种分类法：

(1) 短期 MA：0～10 天，中期 MA：10～30 天，长期 MA：30 天以上；

(2) 短期 MA：0～15 天，中期 MA：15～60 天，长期 MA：60 天以上；

(3) 短期 MA：0～25 天，中期 MA：25～120 天，长期 MA：120 天以上。

经过实践证明，短期移动平均线应在 15 天以下，中期移动平均线在 15～60 天，60 天以上为长期移动平均线。西方投资机构非常看重 200 天移动平均线，并以此作为长期投资的依据：若行情价格在 200 天均线以下，属空头市场；反之，则为多头市场。

根据短期线变化快、长期线变化慢的特点，可以进行多方面的比较分析，在其他指标中也经常使用短期与长期的比较，所有的短期线都可称为快速线，长期线都可称为慢速线，不局限于移动平均线。

二、移动平均线的特点

MA 的基本思想是消除股价随机波动的影响，寻求股价波动的趋势。它有以下几个特点：

(1) 追踪趋势。MA 能够表示股价的趋势方向，并追踪这个趋势。如果能从股价的图表中找出上升或下降趋势，那么，MA 将与趋势方向保持一致。原始数据的股价图表不具备这个追踪趋势的特性。

(2) 滞后性。在股价原有趋势发生反转时，由于 MA 追踪趋势的特征，使其行动往往过于迟缓，调头速度落后于大趋势。这是 MA 一个极大的弱点。

(3) 稳定性。根据移动平均线的计算方法，要想较大地改变移动平均线的数值，当天的股价必须有很大的变化，因为 MA 是股价几天变动的平均值。这个特点也决定了移动平均线对股价反应的滞后性。这种稳定性有优点，也有缺点，在应用时应多加注意，掌握好分寸。

（4）助涨助跌性。当股价突破移动平均线时，无论是向上还是向下突破，股价都有继续向突破方向发展的愿望。

（5）支撑线和压力线的特性。由于 MA 的上述四个特性，使得它在股价走势中起支撑线和压力线的作用。MA 被突破，实际上是支撑线和压力线被突破，从这个意义上就很容易理解后面将介绍的葛氏法则。MA 的参数作用实际上就是调整 MA 上述几方面的特性。参数选择得越大，上述的特性就越大。比如，突破 5 日线和突破 10 日线的助涨助跌的力度完全不同，10 日线比 5 日线的力度大。

三、移动平均线的应用法则——葛兰威尔(Granvile)法则

了解了移动平均线的概念之后，如何利用这一系统进行市场操作呢？美国分析师葛兰威尔(Granvile)提出移动平均线八条法则：

（1）当移动平均线由下跌开始走平，将要转为上涨时，股价线从移动平均线下方向上突破移动平均线，是买入信号。

（2）股价线向下跌破移动平均线而处于移动平均线下方，移动平均线仍然继续上涨，是买入信号。

（3）股价线在移动平均线上方，当股价线开始下跌但并未跌破移动平均线时又转向上涨，是买入信号。

（4）股价线处于移动平均线下方并且出现暴跌，导致股价线距离移动平均线过远时，是买入信号。

（5）当移动平均线由上涨开始走平，将要转为下跌时，股价线从移动平均线上方向下跌破移动平均线，是卖出信号。

（6）股价线向上突破移动平均线而处于移动平均线上方，移动平均线仍然继续下跌，是卖出信号。

（7）股价线在移动平均线下方，当股价线开始上涨但并未突破移动平均线时又转向下跌，是卖出信号。

（8）股价线在移动平均线上方并且出现暴涨，导致股价线距离移动平均线过远时，是卖出信号。

葛兰威尔移动平均线八法则共有四个买入信号和四个卖出信号，其中的买卖信号基本是两两对应的，其中第 1 条对应第 5 条，第 2 条对应第 6 条，第 3 条对应第 7 条，第 4 条对应第 8 条。用图形表示八法则可以更清楚地看到这种对应关系。

将八法则再进行概括，1、5 两条是指股价和移动平均线同方向运行时则趋势确立，MA 上涨则买(第 1 条)、MA 下跌则卖(第 5 条)；当股价和移动平均

线反方向运行而股价在移动平均线位置受到支撑则买(第 2 条)、受到阻力则卖(第 6 条);当股价和移动平均线反方向运行而移动平均线不受股价影响保持原方向时,应以移动平均线的方向为依据,MA 上涨则买(第 3 条)、MA 下跌则卖(第 7 条);当股价和移动平均线之间在短时间内出现拉开距离过远时,股价应向移动平均线回归,靠向移动平均线,向上靠则买(第 4 条)、向下靠则卖(第 8 条)。

据此可以把葛兰威尔移动平均线八法则归纳为三句话:“同向顺势而为,异向均线为主,太远必回归。”

总之,葛兰威尔移动平均线法则是针对股价和移动平均线的位置关系决定操作方向的,这是依据移动平均线原理进行操作的基础。

四、MA 的组合应用

(1) “黄金交叉”与“死亡交叉”。一般情况下,投资者可利用短期和长期两种移动平均线的交叉情况来决定买进和卖出的时机。当现在价位站稳在长期与短期 MA 之上,短期 MA 又向上突破长期 MA 时,为买进信号,此种交叉称为“黄金交叉”;反之,若现在行情价位于长期与短期 MA 之下,短期 MA 又向下突破长期 MA 时,则为卖出信号,此种交叉称为“死亡交叉”。

黄金交叉和死亡交叉,实际上就是向上突破压力线或向下突破支撑线,所以,只要掌握了支撑和压力的思想,就不难理解了。

(2) 长、中、短期移动平均线的组合使用。在实际应用中,常将长期 MA(250 日)、中期 MA(50 日)、短期 MA(10 日)结合起来使用,分析它们的相互关系,判断股市趋势。三种移动平均线的移动方向有时趋于一致,有时不一致,可从两个方面来分析、研判:

方向一致的情况。在空头市场中,经过长时间的下跌,股价与 10 日平均线、50 日平均线、250 日平均线的排列关系,从下到上依次为股价、10 日均线、50 日均线和 250 日均线。若股市出现转机,股价开始回升,反应最敏感的是 10 日平均线,最先跟着股价从下跌转为上升;随着股价继续攀升,50 日平均线才开始转为向上方移动。至于 250 日平均线的方向改变,则意味着股市的基本趋势的转变、多头市场的来临。若股市仅出现次级移动,股价上升数星期或两三个月,使得短期均线和中期均线向上移动;当次级移动结束后,股价再朝原始方向运动,平均线则从短期均线、中期均线依次向下移动。在多头市场中,情形则恰恰相反。

方向不一致的情况。当股价进入整理盘旋后,短期平均线、中期平均线很容易与股价缠绕在一起,不能正确地指明运动方向。有时短期均线在中期均线之上或之下,此种情形表示整个股市缺乏弹性,静待多方或空方打破僵局,使行情再度上升或下跌。

另一种不协调的现象是中期平均线向上移动，股价和短期平均线向下移动，这表明股市上升趋势并未改变，暂时出现回档调整现象。只有当股价和短期均线相继跌破中期均线，并且中期均线亦有向下反转之迹象，则上升趋势改变。或是中期平均线仍向下移动，股价与短期平均线却向上移动，表明下跌趋势并未改变，中间出现一段反弹情况而已。只有当股价和短期均线都回到均线之上，并且中期均线亦有向上反转，则趋势才改变。

移动平均线是实际中常用的一类技术指标，它的分析方法和思路对后面的指标有重要的影响。但该指标也存在一些盲点，特别是在盘整阶段或趋势形成后的中途休整阶段，以及局部反弹或回落阶段，MA 极易发出错误的信号，这是使用 MA 时最应该注意的。另外，MA 只是作为支撑线和压力线，站在某线之上，当然有利于上涨，但并不是说就一定会涨，支撑线有被击穿的时候。如图 4-1 所示。

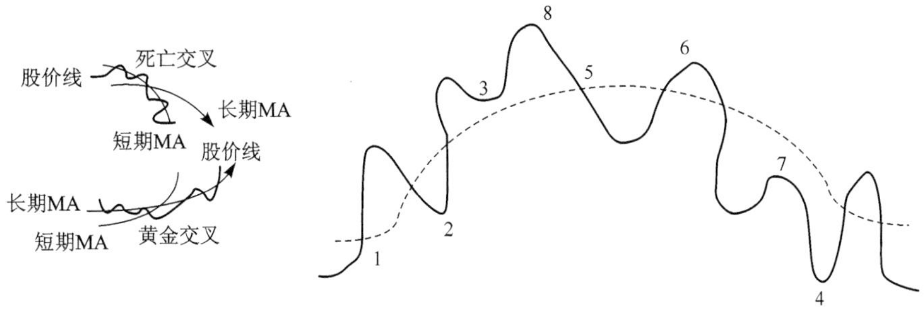

图 4-1　移动平均线应用图

五、实际运用

1. 股价向上突破 10 日均线是重要买入时机

股谚道："跌势不言底"，就是说在下跌趋势中，股价能跌到多少、大盘指数会跌到多少点、能跌多长时间，或者说底在哪里，谁也不能准确地作出预测，而只能顺势而为。那么，怎样才能做到顺势而为呢？10 日移动平均线无疑为我们提供了非常重要的参考标准，即当股价在 10 日均线之上运行时，我们就认为股价的趋势向上，股价还会上涨；而当股价在 10 日均线之下运行时，我们就认为股价的趋势向下，股价还会下跌。因此，10 日移动平均线是指导我们分析、判断趋势的一个非常重要的客观标准。

在下跌趋势中，股价不断创出新低，高点不断下移，10 日均线在股价的上方以一定的速度向右下方下行，表明最近 10 个交易日买进股票的投资者都被套牢，或者说最近 10 个交易日卖出股票的投资者都是正确的。而且，10 日均线还是股价反弹的强阻力之一，只要下跌趋势尚未结束，股价就较难站上 10 日均线，即使偶尔站上，也很快会回到其下面继续下跌。最后，股价下跌速度明显减缓，甚至止跌上涨，10 日均线的下降趋缓有走平并抬头上行的迹象，而股价从下向上突破并站上 10 日均线时，说明下降趋势结束，上涨行情开始，是投资者非常重要的买入时机。

分析与操作要领：

(1) 10 日均线是多空双方力量强弱或强弱市场的分界线。当多方力量强于空方力量时，市场属于强势，股价就在 10 日均线之上运行，说明有更多的人愿意以高于最近 10 日平均成本的价格买进股票，股价自然会上涨；相反，当空方力量强于多方力量时，市场属于弱势，股价就在 10 日均线之下运行，表明有更多的人愿意以低于最近 10 日平均成本的价格卖出股票，股价自然会下跌。

(2) 股价站上 10 日均线再买入。虽然离底部或与最低价相差一定价位，但此时上升趋势已明确，涨势刚刚开始，仍是买入的良机。

(3) 股价向上突破 10 日均线应有量的配合，否则可能仅仅是下跌中途的反弹，很快又会跌回 10 日均线之下，此时就应止损出局，再行观望。特别是在 10 日线下降走平再上行而后又归下行时，更应止损，说明跌势尚未结束。

(4) 股价站上 10 日均线才买进股票，最大的优点是在上升行情的初期即可跟进而不会踏空，即使被套，也有 10 日均线作为明确的止损点，损失也不会大。

(5) 10 日均线特别适用于追踪强势个股的波段操作和对大盘趋势的分析。即当股价站上 10 日均线时，就坚决买入，当大盘指数站上 10 日均线时，就看多、看涨，成功的概率较高。但是，在上升行情中，对于走势弱于大盘而没有庄家照顾的有些个股，时而跌破 10 日均线，时而站上 10 日均线，形成震荡走高的态势，较难以运用 10 日均线把握。

(6) 在持续较长时间的下跌趋势中，股价在下跌的中途产生反弹时站上了 10 日均线，但又很快跌破 10 日均线继续下跌，待第二次甚至第三次股价站上 10 日均线才真正上涨，这种情况经常出现。因此，在下跌趋势末期，当股价第二次或第三次站上 10 日均线时，往往是最佳的买入时机。

(7) 10 日均线适用于中短线结合的操作方式，因此经常与 5 日均线和 30 日均线配合使用。

(8) 10 日均线操作法用于趋势明确的单边上升和单边下跌行情中非常有效、可靠，而用于盘局效果差些。

2. 上升趋势中股价回档不破 10 日均线是买入时机

在上升趋势中，股价经过先期的快速上扬之后，由于短期获利盘太大，获利回吐必然出现而令股价调整，但只要股价不跌破 10 日均线且 10 日均线仍继续上行，说明是正常的短线强势调整，上升行情尚未结束，此时是逢低买入的再一次良机，特别是股价在10日均线获得支撑后又继续上涨时，说明调整结束，新的上升浪展开，更是追涨买入的时机。

分析与操作要领：

(1) 10日均线是波段操作的重要参考指标。在下跌行情中它是重要的阻力线，而在上升趋势中却是强有力的支撑线，只要股价回调不破10日均线，说明强势特征明显，任何一次的回调都是买入时机，涨势还会继续。

(2) 在上升趋势中，股价回档至10日均线附近时，成交量应明显萎缩，而再度上涨时成交量应放大，这样后市上升的空间才会更大。

(3) 如要股价回调至10日均线附近买入，其后又很快跌破了10日均线，还是应坚持止损原则，再等到调整结束股价重回10日均线之上时再买入。

3. 上升趋势股价跌破10日均线很快重回时机

在上升趋势中，10日均线虽然是强支撑线，但有的庄家在洗盘时却有意将股价砸破10日均线，将短线客洗出局，然后再很快拉回10日均线上方并继续大幅上涨。为回避风险或保存利润，在股价跌破10日均线时卖出后，如股价在短期内又回升至10日均线上方且10日均线仍继续上行，应再次买入甚至要追涨买入，以防踏空，因为庄家洗盘的目的正是为了大幅拉升，涨势仍将继续。

分析与操作要领：

(1) 在上升趋势中，股价回调往往是买入的时机，但庄家有时出于种种目的，将一些重要的支撑位击穿，人为制造头部的假象，将短线客特别是根据技术操作者洗出局，然后再轧空上涨，以便让更多的投资者追涨抬轿。上升趋势中，股价先跌破10日均线很快又重回10日均线之上就是庄家典型的骗线之一，而防止骗线的唯一方法就是当股价重回10日均线之上时再次买入。

(2) 上升趋势中，只要上升行情未结束，股价跌破10日均线的时间往往很短且成交量明显缩小，一般最多不超过5个交易日，股价就会重回10日均线之上；否则，放量跌破10日均线又经历太长时间才回10日均线之上，上升的力度有限或是进入别的中途调整形态。

(3) 上升趋势中，股价跌破10日均线又很快重回10日均线之上是买入时机，在上升行情的初期和中段较为可靠；如果是在股价大幅上涨已久之后或第三次特别是行情末期出现时，还是要小心为妙，很可能是庄家制造的多头陷阱，当股价跌破10日均线时应坚决止损，特别是长阴线跌破10日均线时。

4. 下跌趋势中股价急跌或暴跌远离10日均线是买入时机

下跌趋势中，股价在10日均线之下运行，如股价连续出现急跌或暴跌并远离10日均线，致使10日负乖离率过大，应是买入抢反弹的时机，甚至是中期买入良机。

分析与操作要领：

(1) 沪、深股市大盘每年都会发生数次急跌或暴跌，而每次都是最佳的中短线买入时机，这在由形态判断买入时机中已有定性的详细介绍。这里我们再用10日乖离收盘达到10％～15％，次日再遇恐慌性抛盘而10日负乖离盘中达到15％～20％时是最佳的买入时机，报复性的反弹或上涨就在眼前，甚至是中期的最佳买入点。

(2) 在持续性下跌之后再出现暴跌，致使指数10日负乖离率达10％～15％后次日再跌，往往是中期底部，而中期以上头部出现以后不久出现的急跌或暴跌，大盘的10日负乖离率达10％～15％往往是短期强劲反弹的底部。

(3) 如果大盘没有急跌或暴跌，而个股由于涨幅太大，庄家获利非常丰厚而急于兑现，采用打压方式出货，致使股价持续大跌或暴跌而10日负乖离率达到10％～15％甚至大于20％，也不能轻易买入，除非10日负乖离率更大，否则止损出局在所难免。

(4) 急跌或暴跌致使10日负乖离率过大，之所以会产生反弹，其原因就在于空方力量在短期内就得以完全释放，以大幅下跌的空间换取了下跌的时间，而最近10个交易日卖出股票的投资者平均有10％～15％以上的亏损，存在摊低成本的需求。不过，人气的恢复需要一定时间，因此，急跌或暴跌后先是报复性反弹，再经过一定时间的整固，才会发生较大幅度的上涨。

5. 股价向上突破30日均线是中长线最佳买入时机

在下跌趋势中，5日、10日、30日均线往往都成空头排列，即股价的5日、10日、30日均线由下至上依次排列，并向右下方分别以不同的速率下行。可以说，在下跌趋势中，股价上方的一条条均线就是一层层的套牢盘，也就是股价上涨的一层层阻力，各条均线都成为股价反弹或上涨的阻力。当股价反弹站上10日线时，30日线又成为多方前时的障碍。一般来说，股价反弹站上5日和10日均线而在此30日均线受阻，往往仅是下跌中途的小反弹。如果股价再向上有效突破30日均线且30日均线下行速度减缓，有走平甚至上翘的迹象时，往往是中期下跌趋势结束、一轮中期上升行情开始的标志，而成为中长线最佳的买入时机。

分析与操作要领：

(1) 均线是沪、深股市大盘的中期生命线，每当一轮中期下跌行情结束，指数向上突破30日均线，往往会有一轮中期上升行情。对于个股来说，30日均线是判断有庄无庄、庄家出没出货以及其走势强弱的标准。这是因为30日均线有着非常强的趋势性，无论是上升趋势还是下跌趋势，一旦形成均很难改变。

(2) 股价的大涨和上升行情的产生都是在股价向上突破30日均线开始的，黑马股的产生往往也是由于30日均线的呵护而养肥的。30日均线之下的股票就像麻雀，不可能远走高飞；30 日均线之上的股票就像雄鹰，可能展翅高飞。

（3）股价向上突破 30 日均线时必须要有成交量放大的配合，否则可靠性降低。有时股价向上突破 30 日均线后又回抽确认，但不应再收盘在此 30 日均线之下，且成交量必须较突破时显著萎缩，此时是最佳买入时机。无论是在突破当日买入还是回抽时买入，万一不涨反跌，而股价重新跌破 30 日均线走势疲软，特别是股价创新低继续下跌时，应止损出局。因为，前期的上涨很可能是下跌途中的一次中级反弹，真正的跌势尚未结束。

（4）30 日均线是中长线投资者的保护神和回避风险的有力武器。对于短线投资者来说，30 日均线是选择强势股的标准。当然，投资者也可根据自己的习惯和需要，将 30 日均线变通为 20 日、25 日、35 日或 40 日均线等等，但不管用哪一条中期均线，都应坚持不懈地长期运用，切忌来回换。

（5）30 日均线与 5 日、10 日均线等配合使用效果更好。如股价突破 30 日均线时，5 日、10 日均线也上穿 30 日均线，形成黄金交叉甚至形成多头排列，可以互相印证。

6. 上升趋势中，股价回档不破 30 日均线是较佳买入时机

在上升行情中，由于股价的快速上涨，致使短线客获利丰厚，抛压自然出现，庄家也会借势洗盘，股价回落并相继跌破 5 日和 10 日均线，但却在 30 日均线附近获得支撑且成交量明显萎缩，30 日均线仍上行，说明是中期的强势调整，庄家并未出局，上升行情远未结束，是较佳的买入时机。特别是股价在 30 日均线附近获得支撑并调头上行时，更是明确的买入信号，这常常是新的上升浪的开始。

分析与操作要领：

（1）30 日均线是庄家的护盘线。当股价向上突破 30 日均线时，一般有庄家入场，一旦进入上升行情，只要股价回调不破 30 日均线，就说明庄家尚未出局，上升行情并未结束，庄家往往会在股价下跌时守护 30 日均线。当然，根据庄家操盘手法和习惯的不同，有的庄家守护 20 日或 40 日等不同的中期均线。

（2）股价由上升时的高点回落至 30 日均线的时间至少应在 1 周以上，有的是横向整理但股价并不出现大幅回落，而是等待 30 日均线上行靠近股价，有的是股价出现大幅回落主动接近 30 日均线。因此，对买入时机的把握应有耐心并关注 30 日均线的支撑。

（3）股价在回调至 30 日均线的过程中，成交量应明显地萎缩，而上升时成交量应放大。

（4）在股价回落至 30 日均线附近买入后，如股价不涨反跌，有效向下跌破 30 日均线特别是放量破位时，应坚决止损离场，哪怕等待股价重回 30 日均线之

上时再买入。

7. 上升趋势中，股价跌破30日均线后很快又重回30日均线上方是新的买入时机

30日均线本是上升趋势中股价深幅调整时的强有力支撑线，但有时本来上升行情并未结束，庄家也没出局，股价却跌破30日均线，没过几天股价又很快重回30日均线后又重新站上30日均线时，是新的一次买入时机，这对于始终跟踪一只股票做波段操作的投资者来说是相当重要的。

分析与操作要领：

(1) 股价总是按趋势方向运行，其趋势一旦形成就不会轻易改变，而30日均线是最佳的中期趋势判断标准之一。在上升趋势中，庄家有时就有意将股价击穿30日均线，让不坚定的投资者出局，然后再重拾升势。这是长线庄家常用的洗盘手法之一。

(2) 股价跌破30日均线时，成交量往往缩减，股价也不深跌，K线图常为小阴小阳线或有长下影线，且股价在30日均线之下停留的时间较短，然后股价干净利落地快速回升至30日均线之上，成交量也明显放大。如果在股价跌破30日均线时，30日均线仍呈上升趋势，则更为有效和可靠。

(3) 股价回升至30日均线之上时买入股票后，万一股价很快再次回落至30日均线之下特别在放量下跌时，应小心头部的出现，应止损出局。

8. 30日负乖离率过大是中短线买入时机

一般来说，股价在30日均线之上运行的股票属于强势股，在30日均线之下运行的股票是弱势股。对于多数投资者来说，都有极强的中短线投机心理，都希望买了股票就上涨或买入上升趋势中即在30日均线之上的强势股，而远离在30日均线转换的。强势股是由弱势股转变而来的，弱势股也是由于前期涨幅过大而下跌所形成的。因此，在下跌趋势中，股价在30日均线的反压下持续下跌，远离30日均线致使30日负乖离率过大时，必然会产生中级反弹而向30日均线靠近。一般来说，阴跌之后再急跌或暴跌，30日均线负乖离率达20%左右特别是25%以上时，是较佳的中短线买入时机。

分析与操作要领：

(1) 通常，股价在30日均线之下运行属于弱势，很难产生较大的行情，除非向上突破30日均线。股价远离30日均线一般只可能产生中级反弹，这是在实际操作中应注意的问题。

(2) 对于大盘来说，30日负乖离率达到15%左右即是较佳的买点，除非是重大利空会超过20%，更是最佳买点，而个股往往要高些甚至能达到25%以上。

(3) 30日负乖离率时常出现底背离，也就是说30日负乖离率创出新低后，

股价并不一定马上就上涨，甚至还会下跌一些再涨，但不管怎么说也是底部或底部区域。

(4) 对于弱势市场抢反弹或所谓的抄底，要注意止损位的设立，以回避风险。

9. 股价向上突破5日、10日、30日三条均线是最佳买入时机

在中期下跌趋势中，5日、10日、30日均线自下而上顺序一般呈空头排列，即股价、5日、10日、30日均线自下而上顺序排列且均以不同的速率下行，股价的反弹往往会受到5日、10日均线的阻力，较难站上30日均线。但是，在中期下跌趋势的末期，空方抛压减轻，先知先觉者逢低试探性买入，5日、10日均线先是走平，然后5日均线上穿10日均线形成黄金交叉。买盘逐步增强，成交量放大，股价继续上涨并向上突破30日均线，5日、10日均线先后上穿30日均线形成黄金交叉并呈多头排列，三条均线成为股价回调时的强有力支撑线，从而确认中期下跌行情结束，上涨行情正式启动。一般来说，当股价向上突破5日、10日、30日三条均线，特别是三条均线呈多头排列时，是最佳买入时机。

分析与操作要领：

(1) 5日、10日、30日三条均线组合，是投资者最为常用的组合之一，具有极强的实用性和可靠性。其中，5日、10日均线可用于判断短期的趋势，而30日均线则用于中期趋势的判断。当股价向上突破5日、10日均线时，说明该股短期趋势转强，再突破30日均线时，中期趋势转强且一般可确认庄家建仓完毕即拉升，而下方三条均线特别是三条均线的黄金交叉点更是股价回档时的强有力支撑。

(2) 股价在5日、10日、30日三条均线先后形成黄金交叉之后的上涨，成交量应逐步放大，回调成交量应明显萎缩，特别是在突破30日均线时应有量的配合，否则，其可靠性降低，至少其上涨幅度会有限。

(3) 一般来说，5日、10日、30日三条均线形成黄金交叉后都是在中期底部，后市应有中期上升行情，特别是底部反转形态，如双重低、头肩底待突破时伴随三条均线形成黄金交叉，可靠性更高。万一在下降趋势中途，三条均线形成黄金交叉后误认为是中期底部，买入后涨幅并不大，股价却很快跌破三条均线且三条均线再形成死亡交叉发散下行，说明前期仅是反弹而已，跌势尚未结束，在股价跌破30日均线时应止损出局。

10. 横向趋势中，5日、10日、30日均线由黏合状发散上行是最佳买入时机

股价运行的趋势有：上升趋势、下跌趋势和横向趋势，其中，上升趋势和下跌趋势由于方向明确，移动平均线呈现多头或空头排列，较易判断，而横向趋势由于移动平均线多呈黏合状，互相缠绕，则较难判断它以后的突破方向。再说，横向趋势既可出现在下跌趋势中途和底部，也可出现在上升趋势中途和顶部，

更增加了判断的难度。因此,应对横向趋势的最佳办法是在股价突破而趋势明确后才采取行动,从移动平均线的角度来说,就是当其由黏合缠绕状发散上行或下行时才买入或卖出。一般来说,下跌趋势中急跌后形成的横向趋势往往向下突破,而长期下跌之后形成的横向趋势应是底部。相反,上升趋势中急升之后形成的横向趋势往往向上突破且多是长庄股,如涨幅或上涨时间持续太久后的横向趋势形成顶部的可能性大,有时即使向上突破也是多头陷阱。因此,在上升趋势中途和长期下跌后的低价区形成的横向趋势一旦向上突破,而 5 日、10 日、30 日均线由黏合状发散上行时是明确的中短线买入时机。

分析与操作要领:

(1) 股价之所以形成横向趋势,要么是下跌趋势中股价已到相对的低价区,股价下跌动力不足,而多方又暂时找不到买进的理由,多空双方在较长时间里达成平衡,或者是低位有庄家在逢底耐心吸筹建仓;要么是上升趋势中,股价上涨太快,但庄家又无出货或打压的意图,股价在不大的空间内上下波动所形成。

(2) 横向趋势运行的时间往往较长,少则 1～2 个月,多则半年以上。因此,横向趋势需要投资者具有十足的耐心,且向上突破后的上升往往与横盘一样持久,上升空间是可观的。

(3) 横向趋势向上突破和 5 日、10 日、30 日均线发散上行应有成交量的配合,回调时成交量应明显缩小。

(4) 横向趋势向上突破后,发散上行的 5 日、10 日、30 日均线是股价回调的支撑线,而不应很快跌破 3 条均线回到横盘区域内;否则是假突破,仍应止损。

11. 股价向上突破 30 日、60 日、120 日均线是中长期最佳买入时机

在长期的空头市场中,股价往往大跌小涨,下跌中途的反弹虽能向上突破 5 日、10 日均线的阻力,甚至能突破 30 日均线,但却会受到上档 60 日、120 日等长期均线的阻力,股价的上涨幅度有限。这是因为 30 日、60 日、120 日中长期均线仍继续下行,呈空头排列,空方能量尚未释放完毕。在经过长期(半年以上,甚至 1 年以上)的下跌之后,股价跌无可跌,中长线投资者或者庄家入场买进建仓,股价在一定区域内横向波动构筑底部,30 日、60 日、120 日均线的下降速率趋缓甚至有走平的迹象,股价也逐渐向三条均线靠近。最终,股价在成交量放大的配合下,一举向上突破 30 日、60 日、120 日三条平均线,意味着长期下跌趋势的结束和中长期上升趋势的开始。当股价放量突破三条均线时或回档不破 30 日均线时,便是中长线最佳的买入时机。

分析与操作要领:

(1) 投资者大多喜欢用 5 日、10 日、30 日等中短期均线分析趋势和指导操

作。实际上，30 日、60 日、120 日等中长期均线的组合对于中长线投资者更具有指导意义，它可以使我们看到更长远的趋势。股谚道，“看大势者赚大钱，看小势者挣小钱，不看势者尽赔钱”，而 30 日、60 日、120 日均线的组合，正是对大的趋势的一种有效判断方法。

(2) 当股价向上突破 30 日、60 日、120 日均线时，意味着最近 30、60 和 120 个交易日买进该股的投资者都已解套或有盈利，多方占有绝对优势，后市上涨就是自然的事了，且肯定有庄家进场。

(3) 股价向上突破 30 日、60 日、120 日三条均线时，必须要有量的配合，而且量的大小将决定股价的上涨动力和上升空间。

(4) 本条买入时机特别适用于股价长期下跌，30 日、60 日、120 日均线呈典型空头排列而后股价向上放量突破的股票，对于股价按箱形规律运行的股票，股价来回围绕 30 日、60 日、120 日均线上下波动，倒不如运用 5 日、10 日、30 日均线组合波段操作更有效。

【实训报告】

根据实训内容填写实训报告。

报告内容：

1. 谈谈对移动平均线理论的认识。

2. 运用移动平均线理论制订投资策略，要求对股票价格指数和不少于 5 只个股进行分析，并写出有关投资策略的报告。

实训 5

股票基本分析

基本分析是股票分析的主流方法之一，对于研判大盘和个股是否具有投资价值及中长期价格走势很有帮助。依据基本分析层次与内容的不同，本项目共设计了三个任务，分别是“宏观经济分析”“行业分析”和“公司分析”。

在“宏观经济分析”任务中，读者可以按照指引，对宏观经济变量、宏观经济周期和宏观经济政策进行分析，借以研判大盘中的中长期走势，并根据分析与研判的结论，撰写大盘简评。

在“行业分析”任务中，读者可以对选定行业的市场竞争结构和生命周期进行分析，结合宏观经济走势，研判该行业的中长期走势，并根据分析与研判的结论撰写行业简评。

在“公司分析”任务中，读者可以对选定上市公司的基本面和财务情况进行分析，结合大盘和其所在行业走势，研判个股的中长期走势，并根据分析与研判的结论撰写个股简评。

【实训目的】

1. 能从宏观经济角度对大盘进行基本面的分析；对上市公司的行业归属、市场竞争结构等进行分析；对上市公司基本面和财务状况进行分析，研判大盘、行业、公司(股票价格)的中长期运动方向与幅度。

2. 能较准确地表达对宏观经济分析、行业分析、公司分析的研判结论，熟练地撰写大盘简评、行业简评和公司简评。

【实训要求】

1. 利用各种媒体，收集近三年来主要宏观经济变量值，并对其进行分析和研判；

2. 收集相关信息，对当前的宏观经济运行周期、财政政策、货币政策进行分析和研判；

3. 选定某一行业，收集相关信息，对其市场竞争结构与行业生命周期进行分析与研判；

4. 选定某只个股，收集相关信息，对其基本面与财务进行分析与研判。

【实训内容】

股票价格是股票在市场上出售的价格。它的具体价格及其波动受制于各种经济、政治等方面的因素，并受到投资心理和交易技术等的影响。概括起来说，影响股票价格及其波动的因素，主要可以分为两大类：一个是基本因素，另一个是技术因素。

所谓基本因素，是指来自股票市场以外的经济因素、政治因素以及其他因素，其波动和变化往往会对股票的市场价格趋势产生决定性影响。一般地说，基本因素主要包括经济性因素、政治性因素、人为操纵因素和其他因素等。

股票在市场上的买卖价格，是每一个投资者最关心的问题。自从有了股票市场，各种股票分析专家和资深的投资者便孜孜不倦地探求分析和预测股价的方法，有些人从市场供需关系入手，演变成股价技术分析方法，有些人从影响股价的因素关系分析入手，形成了股价基本分析方法。

所谓基本分析方法，也称为基本面分析方法，是指把对股票的分析研究重点放在它本身的内在价值上。股票价值在市场上所表现的价格，往往受到许多因素的影响而频繁变动。因此，一种股票的实际价值很难与市场上的价格完全一致。如果某一天，受一种非常规性因素的影响，股票的价格背离了价值，又加上某些投资者的恐慌心理的烘托，必然会造成股市混乱，甚至形成危机。如在股票市场上某只股票估价过高，股民必然竞相出手；如另一只股票估价过低，则肯定引起投资者的抢购。影响股票价值的因素很多，最重要的有三个方面：一是全国的经济环境是繁荣还是萧条。二是各经济部门，如农业、工业、商业、运输业、公用事业(行情论坛)、金融业等各行各业的状况如何。三是发行该股票的企业的经营状况如何，如果经营得当、盈利丰厚，则它的股票价值就高，股价相应地也高；反之，其价值就低，股价就贱。

基本分析法就是利用丰富的统计资料，运用多种多样的经济指标，采用比例、动态的分析方法，从研究宏观的经济大气候开始，逐步开始中观的行业兴衰分析，进而根据微观的企业经营、盈利的现状和前景，从中对企业所发行的股票作出接近现实的客观评价，并尽可能预测其未来的变化，作为投资者选购的依据。由于它具有比较系统的理论，受到学者们的追捧，因而成为股价分析的主流。

基本分析法是准备做长线交易的股民以及“业余”股民所应采取的最主要

也是最重要的分析方法。因为这种分析方法是从分析股票的内在价值入手的，而把对股票市场的大环境的分析结果摆在次位，看好一只股票时，看中的是它的内在潜力与长期发展的良好前景，所以，当我们采用这种分析法来进行预测分析并在适当的时机购入具体的股票后，就可不必耗费太多的时间与精力去关心股票价格的实时走势了。

投资者在进行股票投资分析时往往会受到资讯不足、分析工具不全、个人分析能力有限等问题的制约。因此，投资者除自行分析外，还应参考外界力量对股票投资所做的分析，做出正确的判断。由于股票投资分析是一个复杂的过程，考虑问题时我们应采取从宏观到微观、由远及近的步骤进行。

第一步：必须对整个国民经济的运作，包括生产、流通、服务等各个部门做出详细的分析，以便了解国民经济各部门、各地区所处的增长阶段与其发展趋势，从而了解成千上万家具体的企业在经济大环境下和所属行业的特色下所从事的具体经济活动。

第二步：对发行股票的企业进行分析。因为股票是由不同的企业发行的，每家企业各有其特点，要了解它，就应从股票发行企业的经济状况和财务状况入手，看其资本强弱、技术实力、获益多寡、偿债能力、成长潜力等等，从而对股票发行企业做出恰如其分的判断与评价。同时，结合分析股票本身的历史走势，看它在市场价格变动与企业财务状况相关联的特点及变化轨迹，股票交易量与股票价格变动、市场价格变动的对应关系，并运用各种分析的结果预测股票未来变化的特点及走势。

第三步：对股票市场状况进行分析。股票市场作为一个整体的表现，可能与基本分析的结果相一致，但也并不一定与之完全相同，某一只股票的市场行为常常与基本经济所表现的状况相反，一个股市的经济状况和国民经济现状可能都是好的，但这只股票的市场价格可能反而下降；相反，国民经济的基本状况可能并不好，但整个股票市场可能很兴旺。总体来说，股票市场作为一个整体，其行为可能与基本投资分析所期望的不一样。股票市场有自己的好恶，投资者和投机者往往偏爱某些行业中的某些股票，不愿意投资到另一些行业中的某些股票，这种情况可能会使市场趋势与整个国民经济背道而驰。但这种行为通常是短期现象，投资者不应忽视其中可能产生的得失。同时，股票市场的趋势可能领先于经济状况，它的周期性变动对可以看到也可能看不到的临时发生的技术上、心理上和投资者情绪上的事件引起反应，使有些股票的波动比市场大一些，有些比市场小一些。不过市场作为一个整体，对每种股票价格的变动负主要责任，产生决定性的影响。所以，有必要把个别股票的预测与整个股市的预测联系起来，互相对照，以提高个别股票价格预测的准确性。

一、宏观经济分析

宏观经济运行对证券市场的影响及影响的途径：公司经营效益、居民收入水平、投资者对股价的预期、资金成本。

宏观经济变动与证券市场波动的关系：GDP变动（持续、稳定、高速的GDP增长，高通胀下的GDP增长，宏观调控下的GDP减速增长，转折性的GDP变动，经济周期变动），通货变动（通货膨胀对证券市场的影响，通货紧缩对证券市场的影响）。

财政政策的手段及其对证券市场的影响：财政政策的手段包括国家预算、税收、国债、财政补贴、财政管理体制、转移支付。财政政策的种类与经济效应及其对证券市场的影响包括：减少税收、降低税率、扩大减免税范围、扩大财政支出、加大财政赤字、减少国债发行、增加财政补贴。

货币政策及其作用：货币政策工具包括法定存款准备金率、再贴现政策、公开市场业务、直接信用控制、间接信用指导、货币政策的运作。货币政策对证券市场的影响包括利率、中央银行的公开市场业务对证券价格的影响、调节货币供应量对证券市场的影响、选择性货币政策工具对证券市场的影响。

国际金融市场动荡通过人民币汇率预期影响证券市场，国际金融市场动荡通过宏观面和政策面间接影响我国证券市场。

以下分别从经济周期、政治因素、物价变动、通货膨胀、财政政策、利率、汇率七个方面对股市进行分析：

1. 经济周期对股市的影响

人们常说，股票市场是经济的晴雨表。也就是说，股价变动不仅随经济周期的变化而变化，同时也能预示经济周期的变化。实证研究显示，股价的波动超前于经济波动，往往在经济还没有走出谷底时，股价已经开始回升，这主要是由于投资者对经济周期的一致判断所引起的。我们通常称股市是虚拟经济，称与之相对的现实经济为实物经济，两者的关系可以说是“如影随形”，彼此都能对对方有所反映。

由于受资源约束、人们预期和外部因素的影响，经济运行不会是一直处于均衡状态。经常出现的情况是经济处于不均衡状态，相应地，股市也具有上下波动的特点。

当社会需求随着人口增加、消费增加等因素而不断上升的时候，产品价格、工人工资、资本所有者的投资冲动都会增加，连带出现的情况是投资需求增加，市场资金价格（即利率）上涨。工资的增加又使得个人消费再度增加。企业投资的增加和个人可支配收入的增加，使实物经济质量不断提高，企业效益不断上升，经济发展得到进一步刺激。当经济上升到一定程度时，社会消费增长速度开始放缓，产品供过于求，企业开始缩小生产规模，社会上对资金的需求减少，资金价格下落，经济进入低迷状态。

当实物经济按照上述周期在运行时，以证券市场表示的虚拟经济也处于周期运行之中，只是证券市场运行周期比实物经济周期更为提前。

2. 政治因素对股价的影响

政治因素泛指那些对股票价格具有一定影响力的国际政治活动、重大经济政策的发展计划，以及政府的法令、政治措施等。政治形势的变化，对股票价格也产生了越来越敏感的影响，其主要表现在：

(1) 国际形势的变化。如外交关系的改善会使有关跨国公司的股价上升。投资者应在外交关系改善时，不失时机地购进相关跨国公司的股票。

(2) 战争的影响。战争使各国的政治、经济不稳定，人心动荡，股价下跌，这是战争造成的广泛影响。但是，战争对不同行业的股票价格影响又不同，比如，战争使军需工业兴盛，那么，凡是与军需工业有关的公司的股票价格必然上涨。因此，投资者应适时购进军需及其相关工业的股票，售出容易在战争中受损的行业的股票。

(3) 国内重大政治事件，如政治风波等也会对股票产生影响。表现为先对股票投资者的心理产生影响，从而间接地影响股价。

(4) 国家的重大经济政策，如产业政策、税收政策、货币政策对股票价格有重大影响。国家重点扶持、发展的产业，其股票价格会被推高；而国家强制发展的产业，股票价格会受到不利影响。例如，国家对社会公用事业的产品和劳务实行限价，包括交通运输、煤气、水电等，这样就会直接影响公用事业的赢利水准，导致公用事业公司股价下跌；货币政策的改变，会引起市场利率发生变化，从而引起股价变化；税收政策方面，能够享受国家减税、免税优惠的股份公司，其股票价格会出现上升趋势，而调高个人所得税，则会使社会消费水准下跌，引起商品的滞销，从而对公司的生产规模造成影响，导致赢利下降，股价下跌。这些政策因素对股票市场本身产生的影响，即通过公司赢利和市场利率产生一定的影响，进而引起股票价格的变动。

3. 物价变动对股价的影响

普通商品价格变动对股票市场有重要影响。具体来说，物价上涨，股价上涨；物价下跌，股价也下跌。具体分析商品价格对股票市场价格的影响，主要表现在四个方面：

(1) 商品价格出现缓慢上涨，幅度不是太大，且物价上涨率大于借贷利率的上涨率时，导致公司库存商品的价格上升，由于产品价格上涨的幅度高于借贷成本的上涨幅度，于是，公司利润会上升，股票价格也会因此而上升。

(2) 商品价格上涨幅度过大，股价没有相应上升，反而可能下降。这是因为，物价上涨引起公司生产成本上升，而上升的成本又无法通过商品销售完全转嫁出去，从而使公司的利润降低，股价也随之降低。

(3) 物价上涨，商品市场的交易呈现繁荣兴旺时，有时正是股价陷于低迷的时候，人们热衷于即期消费，使股价下跌；当商品市场上涨回跌时，反而成了投资股票的最好时机，从而引起股价上涨。

(4) 物价持续上涨，引起股票投资者的资产保值意识增强，使投资者从股市中抽出资金，转而投向动产或不动产，如房地产、贵重金属等保值功能强的物品上，带来股票需求量降低，因而使股价下跌。

4. 通货膨胀对股价的影响

通货膨胀是影响股票市场价格的一个重要宏观经济因素。这一因素对股票市场趋势的影响比较复杂，它既有刺激股票市场的作用，又有压抑股票市场的作用。通货膨胀主要是由于过多地增加货币供应量造成的。货币供应量与股票价格一般成正比关系，即货币供给量增加使股票价格上升；反之，货币供给量减少则使股票价格下降。但在特殊情况下又有相反的趋势。

货币供给量对股票价格的正比关系，有三种表现：

(1) 货币供给量增加，一方面可以支持生产，扶持物价，阻止利润下降；另一方面，对股票的需求增加，又成为股价止跌回升的重要因素。

(2) 货币供给量增加引起社会商品的价格上涨，股份公司的销售相应增加，从而使得以货币数量表现的股利(即股票的名义收益)有一定幅度的上升，使股票需求增加，从而使股票价格也相应增加。

(3) 货币供给量的递增引起通货膨胀，通货膨胀带来的往往是虚假的市场繁荣，最终出现企业利润上升的假象，保值意识使人们倾向于将货币投向贵重金属、不动产和短期证券，股票需求量也会增加，从而使股票价格相应增加。

由上述可见，货币供给量的增减，是影响股价的重要原因之一。货币供给量增加，扩大的社会购买力就会投资于股票上，从而把股价抬高；反之，如果货币供给量减少，社会购买力降低，投资就会减少，失业率就会增加，因而股价也必定会受影响。这是问题的主要方面。

但是，通货膨胀到一定程度，甚至超过了两位数，将会推动利率上涨，从而使股价下跌，这又是其对股价作用的另一方面。

总之，当刺激作用大时，股票市场的趋势与通货膨胀的趋势一致；当压抑作用大时，股票市场的趋势与通货膨胀的趋势相反。

5. 财政政策对股价的影响

财政是国家为实现其职能的需要，对一部分社会产品进行的分配活动，它体现着国家与其有关各方面发生的经济关系。国家财政资金的来源，主要来自企业的纯收入，其多少取决于物质生产部门以及其他事业的发展状况、经济结构的优化、经济效益的高低以及财政政策的正确与否。财政支出主要用于经济建设、公共事业、教育、国防以及社会福利，国家合理的预算收支及措施会促使股价上扬。财政支出重点使用的方向也会影响到股价。财政规模和采取的财政方针对股市有着直接影响。假如财政规模扩大，只要国家采取积极的财政方针，股价就会上涨；相反，国家财政规模缩小，或者显示将要紧缩财政的预兆，则投资者会预测未来经济不景气而减少投资，因而股价就会下跌。虽然股价反应的程度会依当时的股价水准而有所不同，但投资者可根据财政规模的增减，作为辨认股价转变的根据之一。

财政投资的重点，对企业业绩的好坏也有很大影响。如果政府采取产业倾斜政策，重点向交通、能源、基础产业投资，则这类产业的股票价格就会受到影响。财政支出的增减，直接受到影响的是与财政有关的企业，比如，与电气、通信、房地产有关的产业。因此，每个投资者应了解财政实施的重点。股价发生变化的时点，通常在政府的预算原则和重点施政还未发表前，或者是在预算公布之后的初始阶段。因此，投资者对国家财政政策的变化，也必须给予密切的关注，关心财政政策变动的初始阶段，适时做出买入和卖出的决策。

6．利率变动对股价的影响

利率的升降与股价的变化呈反向运动的关系，这主要有三个原因：

（1）利率的上升，不仅会增加公司的借款成本，而且还会使公司难以获得必需的资金，这样，公司就不得不削减生产规模，而生产规模的缩小又势必会减少公司的未来利润。因此，股票价格就会下跌；反之，股票价格就会上涨。

（2）利率上升时，投资者评估股票价格所用的折现率也会上升，股票价值因此会下降，从而也会使股票价格相应下降；反之，利率下降，股票价格则会上升。

（3）利率上升时，一部分资金从股市抽离转向银行储蓄和购买债券，从而会减少市场上的股票需求，使股票价格出现下跌；反之，利率下降时，储蓄的获利能力降低，一部分资金又可能从银行和债券市场流向股市，从而增大了股票需求，使股票价格上升。

既然利率与股价运动呈反方向变化是一种一般情形，那么，投资者就应密切关注利率的升降，并对利率的走向进行必要的预测，以便在利率变动之前，抢先一步对股票买卖进行决策。

对利率的升降走向进行预测，在我国应侧重注意如下几个因素的变化情况：

一是贷款利率的变化情况。由于贷款的资金是由存款来供应的，因此，根据贷款利率的下调可以推测出存款利率必将出现下降。

二是市场的景气动向。如果市场兴旺，物价上涨，国家就有可能采取措施来提高利率水准，以吸引居民存款的方式来减轻市场压力；相反，如果市场疲软，国家就有可能用降低利率水准的方法来启动市场。

三是资金市场的松紧状况和国际金融市场的利率水准。国际金融市场的利率水准，往往也能影响国内利率水准的升降和股市行情的涨跌。在一个开放的市场体系中，金钱是没有国界的，如果海外利率水准低，一方面会对国内的利率水准产生影响，另一方面也会吸引海外资金进入国内股市，拉升股票价格上扬；反之，如果海外利率水准上升，则会发生与上述相反的情形。

7. 汇率变动对股价的影响

外汇行情与股票价格有着密切的联系。一般来说，如果一国的货币是实行升值的基本方针，股价便会上涨，一旦其货币贬值，股价即随之下跌。所以，外汇的行情会带给股市很大的影响。

在当代国际贸易迅速发展的潮流中，汇率对一国经济的影响越来越大。任何一国的经济都在不同程度上受汇率变动的影响，而且，汇率变动对一国经济的影响程度取决于该国的对外开放程度。随着各国开放度的不断提高，股市受汇率的影响也日益扩大，但最直接的是对进出口贸易的影响，本国货币升值受益的多半是进口业，亦即依赖海外供给原料的企业；相反，出口业由于竞争力降低而导致亏损。可是当本国货币贬值时，情形恰恰相反，但不论是升值或是贬值，对公司业绩以及经济局势的影响都各有利弊。所以，不能单凭汇率的升降而买入或卖出股票，这样做就会过于简单化。

利率变动对股价的影响，最直接的是那些从事进出口贸易的公司的股票。它通过对公司营业额及利润的影响，进而反映在股价上。其主要表现是：

(1) 若公司的产品相当部分销售海外市场，当汇率提高时，则产品在海外市场的竞争力受到削弱，公司盈利情况下降，股票价格下跌。

(2) 若公司的某些原料依赖进口，产品主要在国外销售，那么汇率提高，使公司进口原料成本降低，盈利上升，从而使公司的股价趋于上涨。

(3) 如果预测到某国汇率将要上涨，那么货币资金就会向汇率上升国家转移，而其中部分资金将进入股市，股票行情也可能因此而上涨。

因此，投资者可根据汇率变动对股价的上述影响，并参考其他因素的变化进行正确的投资选择。

二、行业分析

经济分析主要分析了社会经济的总体状况，但没有对社会经济的各组成部分进行具体分析。社会经济的发展水平和增长速度反映了各组成部分的平均水平和速度，但各部门的发展并非都和总体水平保持一致。在宏观经济运行态势良好、速度增长、效益提高的情况下，有些部门的增长与国民生产总值、国内生产总值同步增长，有些部门高于或是低于国民生产总值、国内生产总值的增长。因此，经济分析为证券投资提供了背景条件，但没有为投资者解决如何投资的问题。要对具体投资对象加以选择，还需要进行行业分析和公司分析。

1. 我国证券市场的行业划分

(1) 上证指数分类法。上海证券市场为编制新的沪市成分指数，将全部上市公司分为五类，即工业、商业、地产业、公用事业和综合类，并分别计算和公布各分类股价指数。

(2) 深证指数分类法。深圳证券市场也将在深市上市的全部公司分成六类，即工业、商业、金融业、地产业、公用事业和综合类，同时计算和公布各分类股价指数。

需要注意的是，我国的两个证券交易所为编制股价指数而对产业进行的分类显然是不完全的，这与我国证券市场的发展状况有关。我国上市公司数量少，不能涵盖所有行业，例如，农业方面的上市公司就较为少见。但为了编制股价指数，从目前的情况来看，这些分类是适当的。

行业划分的方法多样。除上述的划分方法外，还有其他划分方法。例如，按资源集约度来划分，可把行业分成资本集约型行业、劳动集约型行业和技术集约型行业等。

2. 行业的经济结构分析

行业的经济结构随该行业中企业的数量、产品的性质、价格的制订和其他一些因素的变化而变化。由于经济结构的不同，行业基本上可分为四种市场类型：完全竞争、不完全竞争和垄断竞争、寡头垄断、完全垄断。

3. 行业的经济周期分析

按照行业经济周期的不同，可将行业划分为增长型行业、周期型行业和防御型行业。

增长型行业的运动状态与经济活动总水平的周期及其振幅无关。这些行业收入增长的速率相对于经济周期的变动来说，并未出现同步影响，因为它们主要依靠技术的进步、新产品的推出及更优质的服务，从而使其经常呈现出增长态势。

在过去的几十年里，计算机和复印机行业表现出了这种形态。投资者对高增长的行业十分感兴趣，主要是因为这些行业对经济周期性波动来说，提供了一种财富“套期保值”的手段。然而，这种行业增长的态势却使得投资者难以把握精确的购买时机，因为这些行业的股票价格不会随着经济周期的变化而变化。

周期型行业的运动状态直接与经济周期相关。当经济处于上升时期，这些行业会紧随其扩张；当经济衰退时，这些行业也相应衰落。产生这种现象的原因是，当经济上升时，对这些行业相关产品的购买也相应增加。例如，消费品业、耐用品制造业及其他需求的收入弹性较高的行业，就属于典型的周期型行业。

还有一些行业被称为防御型行业。这些行业运动形态的存在，是因为其产业的产品需求相对稳定，并不受经济周期处于衰退阶段的影响。正是因为这个原因，对其投资便属于收入投资，而非资本利得投资。有时候，当经济衰退时，防御型行业或许会有实际增长。例如，食品业和公用事业属于防御型行业，因为需求的收入弹性较小，所以这些公司的收入相对稳定。

4\. 行业生命周期对股价的影响

任何一个行业一般都有其存在的寿命周期，由于行业寿命周期的存在，使行业内各公司的股票价格深受行业发展阶段的影响。行业寿命周期的阶段有：

（1）开创期。一个行业尚处于开创期，往往是技术革新时期，由于前景光明，吸引了多家公司进入该行业，投入到新技术、新产品的创新和改造的潮流中。经过一段时间的竞争结果，一些公司的产品为消费者所接受，逐渐占领和控制了市场，而更多的公司则在竞争过程中遭到淘汰。因此，此行业在成长期，技术进步非常迅速，利润极为可观，风险也最大，因此，股价往往会出现大起大落的现象。

（2）扩张期。这一时期，少数大公司已基本上控制了该行业，这几家大公司经过创业阶段的资本累积和技术上的不断改进，已经取得了雄厚的财力和较高的经济效益，技术更新在平缓地发展。公司利润的提高，主要取决于公司经济规模的扩大而平稳地增长，这一时期，公司的股票价格基本上处于稳定上升的态势，投资者如能在扩张期的适当价位入市，则其收益会随着公司效益的增长而提高。

（3）停滞期。由于市场开始趋向饱和，使行业的生产规模的扩张开始受阻，甚至出现了收缩和衰退，但这一时期该行业内部的各家公司并未放弃竞争，因而利润出现了下降的趋势。所以在停滞期，该行业的股票行情表现平淡或出现下跌，有些行业甚至因为产品过时而遭淘汰，投资者此时应不失时机地售出股票，并将其收益投向成长型的企业或公司。

5\. 人为操作对股价的影响

股票价格脱离实际经济因素的剧烈涨跌，除了受政治因素影响外，还可能存在某些人或机构在背后人为操纵价格的因素。那么，操纵的内涵是什么？怎样才能操纵？如何制止操纵？这些都是作为一个投资者所必须了解和防范的。

一般来说，在正常的股票市场上，能操纵股价的往往不是个人，而是一个大集团，如某些金融巨头运用手头的财势，在市场上兴风作浪，推波助澜，促使某些股票在市场上时而狂涨，时而暴跌，从而使他们在股票价格的剧烈波动中大发横财，却使某些中小股东在这场恶战中倾家荡产。

在股票市场上，操纵股价的方法是多种多样的，其中最常见、最普遍的方法，就是一些金融集团利用股市在疲软之时，低价大量买进，然后设法哄抬价格，以便低进高出。一般在哄抬股价的过程中，仍在不断买进，并散布各种似是而非的谣言，以引诱散户跟进，从而使股市形成一种“利多”气氛效应，待股价达到相当高位时，再不声不响地将低价购进的股票抛出，这样大进大出，就赚取了巨额暴利。相反，某些机构也可以在股价高峰不断卖出，并设法压低行情，造成一种股价下跌的气氛，等股价低到某一价位时，再把高价卖出的股票全部买回，以达到高出低进的目的，这一出一进就可使操纵者获取暴利。

这种方法，主要是通过哄抬股价或压低股价来达到目的。但不论是哄抬股价还是压低行情，都必须造成有利于诱惑散户盲目跟进的市场环境才行，其最终获利的是操纵者，而吃亏的是盲目跟进的中小股东。所以，每个投资者要善于观风向，提高识别多头、空头陷阱的能力，在股市交易场所中保持清醒的头脑和警惕性。

投资者对待人为操纵的最好方法是不要盲目跟进，认真地研判股市大势，做到任凭风浪起，稳坐钓鱼台。

三、公司分析

(一) 公司竞争地位分析

欲投资的公司在本行业中的竞争地位是公司基本素质分析的首要内容。市场经济的规律就是优胜劣汰，在本行业中，无竞争优势的企业，注定要随着时间的推移逐渐萎缩乃至消亡。只有确立了竞争优势，并且不断地通过技术更新和管理提高来保持这种竞争优势的企业，才有长期存在并发展壮大的机会；也只有这样的企业，才有长期的投资价值。

1. 技术水平

决定公司竞争地位的首要因素在于公司的技术水平。对公司技术水平高低的评价可以分为评价技术硬件部分和软件部分两类。

评价技术硬件部分，如机械设备，包括单机或成套设备；评价技术软件部分，如生产工艺技术、工业产权、专利设备制造技术和经营管理技术，具备了何等生产能力和达到什么样的生产规模，企业扩大再生产的能力如何，给企业创造多少经济效益等。另外，企业如拥有较多的掌握技术的高级工程师、专业技术人员等，那么，企业就能生产出质优价廉、适销对路的产品，企业就会有很强的竞争能力。

2. 市场开拓能力和市场占有率

公司的市场占有率是利润之源。效益好并能长期存在的市场占有率，也即市场份额，必然是长期稳定并呈增长趋势的。不断地开拓、进取、挖掘现有市场潜力并不断进军新的市场，是扩大市场占有份额和提高市场占有率的主要手段。

3. 资本与规模效益

有些行业，比如汽车、钢铁、造船是资本密集型行业，这些行业往往是以“高投入、大产出”为行业基本特征的。由资本的集中程度而决定的规模效益是决定公司收益、前景的基本因素。以中国的汽车工业为例，中国汽车工业三巨头(一汽、二汽、上海大众)迄今仍未达到国际上公认的规模经济产量。而截至1996年底，在深、沪两地交易所挂牌的其他汽车生产企业在规模上又逊一筹。另外，全国还有许多年产量不到千辆的汽车厂，其前景更是不容乐观。因而在进行长期投资时，这些身处资本密集型行业，但又无法形成规模效益的厂家，一般是不在考虑范围之内的。

4. 项目储备及新产品开发

在科学技术发展日新月异的今天，只有不断进行产品更新、技术改造的企业，才能长期立于不败之地。商海弄潮如逆水行舟，不进则退。一个企业在新产品开发上的停滞，相对于其他前进的企业，就是后退。多少“百年老字号”的倒闭都告诉人们这个道理。

(二) 公司的盈利能力及增长性分析

衡量公司现实的盈利能力，以及通过分析各种资料而对公司将来的盈利能力作出预测，是投资者要掌握的一项重要方法。衡量公司盈利能力的指标有资产利润率、销售利润率及每股收益率。

(三) 公司经营管理能力分析

1. 各层管理人员素质及能力分析

(1) 决策层。决策层是企业最高的权力机构，应有明确的生产经营战略和良好的经济素养，他们应具备较高的企业管理能力和丰富的工作经验，有清晰的思维头脑和综合判断能力。他们必须具备较强的法制观念，严格按照我国的法律、法规、政策行事，能根据法律规范制订自己的生产经营策略和方向，有严明的组织纪律性，知人善用，坚持正确的经营方向。

(2) 高级管理层。高级管理层人员应具有与该企业相关的技术知识，通晓现代化管理理论知识，有实际的管理经验，有较强的组织指挥能力，有扎实的廉政工作作风。

(3) 执行层，即企业的最基层。各部门的任务要由执行层人员动脑动手操作实施完成。对本层人员的基本要求是：了解本岗位工作范围，严格执行操作程序，操作技术娴熟，热爱本职工作，能保质保量完成和超额完成生产经营指标，能提出合理化建议，遵守企业规章制度，团结同志，品行端正。

2. 企业经营效率分析

企业产品的销售、生产原材料的供给、利润的获得，都靠精干的经济活动部门去实现。他们必须按时、按量、廉价采购回原材料或零部件，并把企业生产的产品及时地推销出去，打开国内外市场，争取广大的消费者，得到尽可能高的利润。这些需要经营人员及时地进行产品宣传，利用各种信息媒介，分析市场行情，了解消费者的需求和消费心理，将综合信息以最快的速度、最敏捷的方式反馈到决策层，使企业适时地调整经营方向，生产出适销对路的产品，从消费指导生产到生产引导消费，创造经营活动中的最佳业绩。

3. 内部调控机构效率分析

企业内部应当建立严格的管理制度，共同遵守办事程序和行为准则。人们对生产经营活动经验的总结，是对客观规律和自然规律的主观反映。人们在实践中逐渐认识了客观规律，把它条例化、文字化，通过一定的组织程序制订了各项办事规则和行为规范，这就形成了管理制度。对那些努力工作、忠于职守、表现突出、做出贡献的人，可按企业内部奖励条件予以表彰和提拔；对那些行为不端、表现较差、没有业绩的，特别是不遵守规章制度、损害集体利益、破坏企业形象的人，就应予以除名或调离工作岗位，降职降薪等，以调动广大员工的积极性，创出更多、更好的经济效益，从而使企业内部各部门之间、上下级之间、员工之间和睦相处，精诚合作，尽职尽责。

我们可根据企业的具体经济目标，看企业内部各项规章制度是否订立，是否切实可行，各员工是否遵守，各部门是否都有各自的办事程序，是否分工明确、职责清楚，权利是否享受，义务是否履行，是否都熟悉自己的业务，技术水平、文化素质是否高，操作是否娴熟，是否善于处理复杂问题，是否能适应多变的环境，等等。据此即可对该企业内部的调控机构做出总体评价。

4. 人事管理效率评估

人事管理是一门科学，它需要我们合理使用人才，挖掘人的智慧，发挥人的创造精神，做到用其所长、避其所短，同时还要积极教育培养各种专业和技术人才，提高职工个人和整个职工队伍的技术和文化素质。另外，还要合理地安排生产劳动力，最大限度地减少浪费人力的现象。要根据企业生产经营需要增减机构，做到因事设人。要合理地进行企业内部人才流动，任人唯贤，稳定企业内部的有用人才和职工队伍。要尽最大努力防止用人唯亲。

5. 生产调度效率分析

生产调度要根据目标要求制订各项生产计划，合理地安排生产任务，适时地调节规模、产品品种、质量、规格、数量和产出时间。要严格按生产计划进度表办事，提高生产设备的利用率，充分发挥对各类生产设备的协调作用，及时保养、维修，保证生产的顺利进行。同时，还要在保证质量的前提下增加产品的品种和产量，节约能源，降低单件成本，加强技术改造和技术更新，减少或杜绝残次产品，积极开发新产品，提高产品的市场竞争力。还可以充分利用闲散或多余的设备，生产市场上需要的零星产品，增加企业的边际收益等。另外，要加强产品质量检测，防止不合格产品出厂，以保证企业的信誉，减少经营纠纷，确保企业的最大效益。生产计划调度部门要有权威性，以确保对生产线和车间的指挥权与调度权，确保职工安全生产，实现企业的总体计划目标。

（四）财务分析

1. 重要性分析

在股票市场中，股票发行企业的经营状况是决定其股价的长期的、重要的因素；而上市公司的经营状况，则通过财务报表反映出来。因此，分析和研究财务统计报表，也就是通常所说的基本分析的部分，就显得尤为重要了。

进行股票投资的投资者在研究如何衡量股价以前，应先了解发行公司的财务报表。不论买卖股票的动机是从事投资或进行投机，也不论从事交易的方式为长线或短线，至少应知晓资产负债表及损益表上各项数字所代表的含义，如果能进一步进行简单的财务比率分析，那就更能了解发行公司的营运情况、财务情况及盈利情况了。

从传统股票投资学的定义看，股价即为发行公司“实质”的反映，而发行公司的实质，就是它的营运情况、财务情况及盈利情况，最直接、最方便的办法，便是从发行公司的财务分析着手。了解发行公司的财务状况和经营成效及其股票价格涨落的影响，是投资者进行决策的重要依据。

股票投资的财务分析，就是投资者通过对股份公司的财务报表进行分析和解释，来了解该公司的财务情况、经营效果，进而了解财务报告中的各项变动对股票价格的有利和不利影响，最终作出投资某一股票是否有利和安全的准确判断。因此，一般认为，财务分析是基本分析的一项重要组成部分。财务分析方法很多，常用的有差额分析法和财务比率分析法。

财务分析的对象是财务报表，财务报表主要包括资产负债表、财务状况变动表和利润及利润分配表。从这三种报表中应着重分析以下四项主要内容：

(1) 公司的获利能力。公司利润的高低、利润额的增长速度是其有无活力、管理效能优劣的标志。作为投资者，购买股票时，当然首先是考虑选择利润丰厚的公司进行投资。所以，分析财务报表，先要着重分析公司当期投入资本的收益性。

(2) 公司的偿还能力。目的在于确保投资的安全。具体从两个方面进行分析：一是分析其短期偿债能力，看其有无能力偿还到期债务。这一点须从分析、检查公司资金流动状况来作判断。二是分析其长期偿债能力的强弱。这一点是通过分析财务报表中不同权益项目之间的关系、权益与收益之间的关系，以及权益与资产之间的关系来进行检测的。

(3) 公司扩展经营的能力。即进行成长性分析，这是投资者选购股票进行长期投资最为关注的重要问题。

(4) 公司的经营效率。主要是分析财务报表中各项资金周转速度的快慢，以检测股票发行公司各项资金的利用效果和经营效率。

总之，分析财务报表的主要目的是分析公司的收益性、安全性、成长性和周转性四个方面的内容。

2. 资产负债表

资产负债表是公司最主要的综合财务报表之一，它是一张平衡表，分为“资产”和“负债＋股本”两部分。资产负债表的“资产”部分，反映企业的各类财产、物资、债权和权利，一般按变现先后顺序表示。负债部分包括负债和股东权益两项，其中，负债表示公司所应支付的所有债务，股东权益表示公司的净值，即在偿清各种债务之后，公司股东所拥有的资产价值。三者的关系用公式表示是：

$$资产 = 负债 + 股东权益$$

资产负债表的主要项目解释如下：

(1) 资产。资产主要包括流动资产、固定资产、长期投资和无形资产四种。流动资产主要包括现金、适销证券、应收账款、存货和预支款项，期限通常在一年以内。现金包括公司所有的钞票或银行里的活期存款。当公司现金过多而超过需要的持有量时，公司就把超额部分投资于短期的适销证券或商业票据。应收账款是由于赊销或分期付款引起的。存货包括原料、再加工产品和制成品。生产企业的存货通常包括原材料、再加工品和成品，而零售企业则只有成品库存。

(2) 负债。负债的两个主要成分是流动负债与长期债务。流动负债是指一年以内到期的债务，主要包括应付账款、应付票据、应付费用和应付税款。应付账款表示公司由于赊购而欠其他公司的款项。应付票据表示公司欠银行或其他贷款者的债务，它通常由公司的短期或季节性资金短缺所引起的。应付费用包括员工的工资和薪水、到期的利息和其他类似的费用，它表示公司在编制资产负债表时应付费用的情况。应付税款表示公司应缴纳税款的金额，它与企业所得税法有密切的联系。长期债务指一年以上到期的债务，它包括应付债务、抵押借款等项目。一般而言，公司通常借入短期资金来融通长短期资产，如存货和应收账款等。当存货售出或应收账款收回时，短期负债就被偿清。长期债务通常用来融通长期或固定资产，如厂房、设备等。短期负债利率通常比长期的要低，原因之一是短期贷款所涉及的风险较小。因此，当长期利率水平相对较高,并预计不久将会下降时,企业可能会先借入短期资金周转,等利率下降后再借入所需的长期资产,以便降低筹资的费用。

(3) 股东权益。它表示除去所有债务后公司的净值,反映了全体股东所拥有的资产净值的情况。股东权益分缴入资本和留存收益两部分。缴入资本包括以面值计算的股本项目。留存收益表示公司利润中没有作为股息支付而重新投资于公司的那部分收益,它反映了股东对公司资源权益的增加。留存收益通常并非以现金的形式存在。虽然留存收益可能包括部分现金,但其大部分都被投资于存货、厂房、机器设备之中,或用于偿还债务。留存收益增加了公司的收益资产,但其本身却不能再作为股息来分配。

3. 财务状况变动表

财务状况变动表,亦称资金来源和运用表,简称资金表,它是反映两张资产负债表编制日之间公司财务状况变动情况的表格。财务状况变动表是公司每年向其股东或证券管理委员会呈交的三种主要财务报表之一。为了向股东报告公司的财务状况,公司往往编制两个连续会计年度的资产负债表,以说明平衡表上所有资产、负债和股东权益项目的变动情况。财务状况变动表反映了公司资源(或资金)的所有流入和流出活动,它不仅包括公司内部的经营活动,而且还包括公司外部的融资与投资活动所引起的公司资源的出入情况。其目的是报告在本会计年度里,所有流进公司的资金来源以及这些资金被运用的具体情况。

财务状况变动表的主要作用是:向企业的股东、管理部门、投资者或贷款者,以及其他的报表使用者提供报告期内公司财务状况变动的全貌。财务状况变动表说明了企业资金的各种来源和运用情况,反映了资产负债表初期与末期各项目的增减情况及原因,体现了公司的经营和投资方针。同时,它还解答了一系列重大的财务问题,如购入新资产的资金来源是依靠企业积累,还是靠负债;营业所需的资金与负债资金的比例是否适当等。

财务状况变动表是沟通收益表和资产负债表这两种主要财务报表的桥梁。财务状况变动表是说明企业财务动态的财务报表,它是依据收益表和资产负债表及其有关注释中可得到的财务数据,经过分析加工之后编制而成的。财务状况变动表所提供的资料是经过提炼之后才有的,弥补了收益表和资产负债表的不足,使净收益和其他收益或损失同资产、负债和其他权益的变化相互结合起来。

财务状况变动表通过反映企业资金来源的运用的具体情况,可以体现出企业的经营方针和策略,发现公司是在扩展经营还是在缩减经营。财务状况变动表不能反映出公司对营业收入、股本或负债依赖性的强烈程度,也不能反映出公司的财务政策与过去年份或与同行业的其他公司相比的异同情况。

4. 损益表

收益表又称损益表，也是公司最主要的综合财务报表之一，是反映一家公司在一个财政年度里的盈利或亏损状况的表格。这种盈利或亏损是通过营业收入与营业费用的对比来体现的。收益表反映了两个资产负债表编制日之间公司财务盈利或亏损的变动情况。收益表主要由三个部分组成：第一部分是营业收入或销售额；第二部分是与营业收入有关的生产性费用和其他费用；第三部分是利润和利润在股息与留存收益之间的分配，其利润等于营业收入减去营业费用。

(1) 营业收入，指企业通过销售产品或对外提供劳务而获得的新的资产，其形式通常为现金或应收账款等项目。对一般公司来说，销售收入是公司最重要的营业收入来源。一般而言，公司的营业收入通常与它的营业活动有关，但也有一些公司其营业收入的某些部分与其自身的业务并无关系。因此，区分营业收入和其他来源的收入有重要意义。

(2) 营业费用，指企业为获得营业收入而使用各种财物或服务所发生的耗费。销货成本是一般公司最大的一笔费用，它包括原材料耗费、工资和一般费用。一般费用包括水电杂费、物料费和其他非直接加工费。与销货成本不同的销售和管理费用包括广告费、行政管理费、职员薪水、销售费和一般办公费用。利息费是指用以偿付债务的费用。上述费用都会导致公司现金开支的增加。折旧费的摊提费是非现金开支。折旧费的增加表示公司固定资产价值的下降，摊提费的增加则表示公司所拥有的资产或资源价值的减少。计算折旧费的方法通常有四种：直线折旧法、折旧年限积数法、余额递减法和成本加速补偿法。直线折旧法是一种使用最广泛也是最保守的折旧方法，这种折旧法在资产的有效使用年限里每年提取等量的折旧费。折旧年限积数法和余额递减法属于加速折旧的方法。加速折旧法在资产有效使用年限初期提取的折旧费较多，以后逐年减少，具有加速资产折旧、推迟初期税款缴纳的作用。直线折旧法与加速折旧法两者应缴纳的总税额相同，但缴纳的时间先后不同。成本加速补偿法的主要特点是，它放弃了有效使用期限的原始划分，人为地把各种资产进行分类，并规定各类资产的成本补偿期限，这种期限通常比资产的实际有效使用期限短。它可以折旧全部资产价值，不再计算残值；它规定了各类资产不同年份的折旧率。

(3) 利润。税前利润通常由营业收入与营业费用之差来决定。从税前净利润中减去税款，再给非常项目调整后，剩余的利润就是税后净利润。税后净利润又分为支付给股东的股息和公司的留存收益两项。公司若亏损，公司的留存收益就将减少，公司多半会因此而停止派发现金股息。若公司盈利，这些收益将首先用于支付优先股的股息，之后再由普通股取息分红。若公司收益不足以支付优先股时，则有两种情况出现：若优先股是累积优先股，则本年度的所有股息转入到期末付的债务项下，待有收益时再优先偿付；若优先股是非累积优先股，则优先股与普通股一样不能得到股息，每股收益等于普通股的收益除以已发售普通股的股数。每股收益的水平和增长情况是反映公司增长情况的最重要指标之一。

5. 差额分析法

差额分析法是股票投资者进行财力分析的具体方法之一，也叫绝对分析法，即以数字之间的差额大小予以分析。它通过分析财务报表中有关科目绝对数值大小差额，据以判断股票发行公司的财务状况和经营成果。

在财务分析中，主要是分析下列数值的大小：

净值＝账面价值＝股东权益＝资本总资产－总负债

营运资产＝流动资产－流动负债＝(长期负债＋资本)－固定资产

速动资产＝流动资产－(存货＋预付费用)

＝现金＋银行存款＋应收账款＋应收票据＋有价证券

发放股利＝(本年收益＋累积盈余)－(保留盈利＋已拨用的保留盈余)

普通股股利＝发放股利－优先股股利

销售毛利＝销售收入－销售成本

营业纯利＝销售毛利－营业费用＝销售收入－(销售成本＋营业费用)

税前盈利＝营业纯利＋营业外收入－营业外支出

税后盈利＝税前盈利－所得税＝本年净收益

通过对上述数值的差额分析，投资者便可以获得对一个公司财务状况和经营成果的初步认识。例如，营运资金又叫运转资金，乃是一个公司日常循环的资金，表示公司在短期内可运用的流动性资金的净额，即一年内可变现的流动资金减去一年内将到期的流动负债的差额。营运资金的大小，不仅关系到公司的经营活动能否正常运行，而且关系到公司的短期偿还能力。所得的数据大于流动负债，从而初步了解到该公司的短期清算能力是有保证的。然而，差额分析法有很大的局限性，它无法解释求出的数值大或小至什么程度，也无法说明数值以多大或多小为宜。而许多数值如营运资金和流动资产等，并不是越大越好，所以，不能仅仅满足于差额分析法，要结合其他分析方法，才能达到财务分析的目的。

6. 比率分析法

比率分析法，是以同一期财务报表上的若干重要项目间的相关数据进行互相比较，用一个数据除以另一个数据求出比率，据以分析和评估公司经营活动，以及公司目前和历史状况的一种方法。它是财务分析最基本的工具。

由于公司的经营活动是错综复杂且相互联系的，因而比率分析所用的比率种类很多，关键是选择有意义的、互相关联的项目数值来进行比较。同时，进行财务分析的除了股票投资者以外，还有其他债权人、公司管理当局、政府管理当局等，由于他们进行财务分析的目的、用途不尽相同，因而着眼点也不同。作为股票投资者，主要是掌握和运用以下两种比率来进行财务分析：

（1）反映公司获利能力的比率。主要有资产报酬率、资本报酬率、股价报酬率、股东权益报酬率、股利报酬率、每股账面价值、每股盈利、价格盈利比率、普通股的利润率、价格收益率、股利分配率、销售利润率、销售毛利、营业纯利润率、营业比率、税前利润与销售收入比率等。

（2）反映公司偿还能力的比率。可划分为四类：

① 反映公司短期偿债能力的比率。有流动性比率、速动比率、流动资产构成比率，等等。

② 反映公司长期偿债能力的比率。有股东权益对负债比率、负债比率、举债经营比率、产权比率、固定比率、固定资产对长期负债比率、利息保障倍数等。

③ 反映公司扩展经营能力的比率。主要通过再投资率来反映公司内部扩展经营的能力，通过举债经营比率、固定资产对长期负债比率来反映其扩展经营的能力。

④ 反映公司经营效率的比率。主要有应收账款周转率、存款周转率、固定资产周转率、资本周转率、总资产周转率等。

在财务分析中，比率分析用途最广，但也有局限性，突出表现在：比率分析属于静态分析，对于预测未来并非绝对合理可靠。比率分析所使用的数据为账面价值，难以反映物价水准的影响。可见，在运用比率分析时，一是要注意将各种比率有机地联系起来进行全面分析，不可单独地看某种或各种比率，否则便难以准确地判断公司的整体情况；二是要注意审查公司的性质和实际情况，而不光是着眼于财务报表；三是要注意结合差额分析，这样才能对公司的历史、现状和将来有一个详尽的分析、了解，达到财务分析的目的。

【实训报告】

根据实训内容填写实训报告。

报告内容：

1. 登录相关宏观经济研究频道，阅读 2～3 份宏观研究报告，收集与分析相关的宏观经济数据或资料，结合大盘走势，撰写日评和周评。

2. 登录相关宏观经济研究频道，阅读 2～3 份行业的研究报告，收集与分析相关行业的数据或资料，撰写行业日评和周评。

3. 登录相关宏观经济研究频道，阅读 2～3 份个股研究报告，收集与分析相关公司的数据或资料，撰写日评和周评。

实训 6

综合分析

收益与风险是投资者进行股票交易时最需关心的核心要素。采取适当的交易策略、技巧和风险防范措施，对于提高投资者收益和控制交易风险至关重要。基于这一考虑，本项目设计了“股票交易策略与技巧应用”任务和“股票交易风险防范”任务。

【实训目的】

通过综合分析，让读者掌握股票投资分析的整个流程，掌握基本的选择有价股票的方法，进而提高读者投资的判断力、时机的把握力和风险的承受力，对读者将来从事股票领域的真正交易有着重要的指导意义。

【实训要求】

1. 掌握股票投资分析的整个流程，包括宏观市场的分析、行业趋势分析、企业竞争优势分析、财务分析和技术分析。

2. 熟练对大盘基本面和技术面进行分析，并进行热点剖析。

3. 选择一个行业，对该行业中主要公司的股票进行分析，包括宏观经济对该行业的影响，该行业的市场结构，该行业内主要竞争对手的市场情况，行业内主要企业的赢利模式，各个公司在该行业中的竞争地位，各个公司的基本情况，包括总股本与流通股、每股净资产、每股收益、净资产收益率、主营业务收益和市盈率。

4. 对该行业中自己关注的股票进行技术分析，在大盘走势的背景下分析K线图、移动平均线、成交量及其他相关技术指标，进一步确定买卖的时机。

【实训内容】

一、对整个分析流程结构进行把握

在股票市场上，获取较好回报的关键是确定适当的股票和选择较好的入场时机和离场时机。因此，使用正确的分析流程是非常必要的。国际上普遍使用的是摩根士丹利(Morgan Stanley)的从上往下的分析方法，分析的流程如图6-1所示。

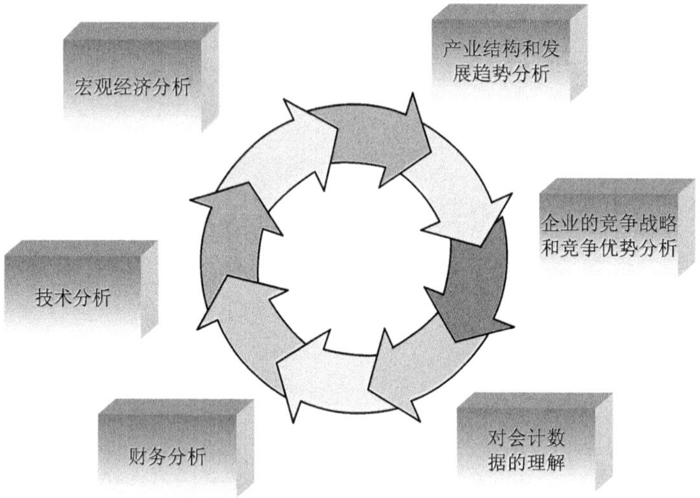

图6-1 股票分析流程

二、选择一个行业，对该行业中的主要公司股票进行筛选

1. 行业分类依据中国证券监督管理委员会公布的上市公司行业分类指引结构与代码进行。

A 农林牧渔业

B 采矿业

C 制造业

C0 食品饮料

C1 纺织服装皮毛

C2 木材家具

C3 造纸印刷

C4 石油化学塑胶塑料

C5 电子

C6 金属非金属

C7 机械设备仪表

C8 医药生物制品

C9 其他制造业

D 电力煤气及水的生产和供应业

E 建筑业
F 交通运输仓储业
G 信息技术业
H 批发和零售贸易
I 金融保险业
J 房地产业
K 社会服务业
L 传播与文化产业
M 综合类

2. 选择行业中主要的公司进行分析。考虑到行业特征与分析效率，一般选择行业内的3～10家公司进行分析。

三、股票交易策略与技巧应用

（一）关于补仓和止损

买股票一定要有好心态。投资者低位持有该股是好事，可是如果按照目前价位加仓的话，持仓成本就提高了，一旦股价回落，可能下跌几个点，股票就要被套，前面的赢利全部烟消云散，往往得不偿失。股票操作一定要学会控制资金的运用和科学的管理。买任何股票，首先要学会控制风险，其次再谈收益。散户在当今的股市里永远是慢半拍，因为和主力相比，永远处于信息不对称的弱势地位。因此要想在股市里能获得好的收益，投资者一定要让自己具备一套科学的资金管理思路和简单实用的操作理念，切莫忘记风险。

对于初学者，我们建议止损短线股设在5%，中线考虑的设在15%。如果股票进入下跌空间，一般都有续跌的空间，没有完全走稳是不可以补的；如果没有被套10%以上不要考虑补仓，补仓不是一个好办法。对于初始投资者来说，表面上看是摊低了成本，可是随着资金量的加大，风险也在增加。如果股票继续下跌，投资者的心态失衡，更容易亏损严重。所以，投资者一定要学会控制风险，这是最容易被忽视也是最重要的投资原则。

（二）股票基本面、技术面的相关分析

基本面分析和技术面分析往往都是结合在一起的，本文主要从以下几个方面来分析股票未来的走势：

（1）政策面：决定大市的走势很多时候来自政策。这往往是一段时期股市走好或走坏的基础。从国内股市十几年的走势来看，大牛市和大熊市都因政策面而起。所以，理性看政策面导向决定了未来大盘的运行格局。

（2）个股基本面：每股收益、成长性、市盈率。题材都属于基本面的信息，选择一只好股很重要。要选好股，光看股票软件里的个股信息是不够的，那些

信息其实知道用股票分析软件的投资者都会看，都是没有价值的。因为大家都知道，真正有价值的信息一定掌握在少数人手里。除了那些，报表分析和行业分析就更关键了，这些信息可以在网上该公司所处国家相关行业排名以及公司所在城市上缴利税的情况中了解到。选一只好的股票，选一个好的买点为未来股票投资打下一个好的基础。

（3）盘面：个股每天的成交量、换手率、一个时段的换手率、盘中大单出现的情况都是跟踪的信息。其实看盘，主要是看主力动向。每一个庄的性格都不一样，有些喜欢尾盘拉升，有些喜欢连续上拉，有些喜欢折磨散户，这些都可以在盘中分析出来，关键是自己要仔细分析。

（4）技术分析面：综合各种指标。所谓的均线、MACD、RSI、支撑位、压力位，这些辅助方法要综合运用。

（5）心理面：股票永远是散户和庄家的博弈，所以分析散户和庄家的心理也很重要。在一个相对的股价位置，要多从心理面去分析。例如涨多了，主力会不会出货，散户会不会追涨。还有就是一般在下跌时总是前期涨得多的股票跌得快，那是因为获利盘太多，一有风吹草动就会引发获利盘涌出。在大盘下跌时，抗跌的往往是主力很强的股票，因为散户跌时杀跌、涨时追涨是他们的共性。很多股票涨起来慢，跌起来快，那是典型的散户型股票，就不要碰。总之，你要尽可能揣摩主力心理，和他们站在一边，你才能与庄共舞。

（三）选股技巧

（1）紧抓热点选龙头，这基本属于短期思维。要力求踩准市场节奏，抓住热门热股，以便短期内获得最高收益。

（2）稳健仓位，基本把握低估股票。可以考虑15倍市盈率以下的，或者同板块股价最低的。按这些思路去选择股票，以便获得稳健收益。

（3）选择成长性股票。这类股票基本是中线仓位，主要研究公司的年业绩增长率、行业成长性、公司在该行业的竞争优势如何。应该说选择好成长性股票，基本是可能获得最好收益的途径。

以下是预测股价的一些参考指标：

一是看该股在行业中的具体地位如何。品牌公司和优势公司可以享受高估值，参考该公司在行业的竞争地位来衡量应该给公司怎样的具体定位，这其中市盈率参考很重要。

二是看主力成本。从最近半年的最低价、最高价，以及成交量堆积在什么价位，再结合目前股价、技术图形，来判断主力成本在哪里，然后结合主力未来可能在多少获利空间会出局。

三是从未来公司的成长性来判断目前股价定位的低估或高估。如果是成长性公司，可以以动态市盈率指标来衡量未来在某个成长阶段该给出的合理价格判断。

四是从公司具有的题材来判断应该给出的高溢价。很多股票之所以走高，部分是题材因素，考虑到炒作未来业绩，题材能给公司带来的想象空间，来判断应该给出什么价格。

五是从主力持股结构和股东人数考量主力实力是否雄厚。主力实力强的股票，股价会更强势，应该可以给出更高的预测价。

（四）选股方法

对于一家上市公司，检验它是否具备投资价值，主要从七个方面来选股，分别是业绩、市盈率、行业排名、股东人数、今年涨幅大小、行业成长性、技术图形（有关图形很多，但 MACD 指标很适合初学者）。如果一家上市公司的业绩不错（年报 0，40 以上），市盈率不高（20 倍左右），行业排名前五，股东人数减少，今年涨幅总体不大，行业具备一定成长性，技术图形 MACD 指标翻红，那其发行的股票就是一只好股票。

以上的简单分析只适合初入股市者，至少可以避免他们盲目地购买股票。除此之外，有些因素也要加进去，例如流通盘要尽量小、具备一定题材等。对于初涉股市者，不要强求太多，打好基本面比盲目学习技术派的内容可能收效更好。

（五）市盈率指标

首先市盈率是一个指标，它所衡量的是业绩和股价的关系。市盈率越低，风险越小；反之，风险越大。然而，不是所有的股票都用这个指标来衡量，它只是一种参考。市盈率在某个阶段是静态的，例如年报公布，假设每股收益 1 元，股价 10 元，那市盈率只有 10 倍。然而到了下一季度报表出来，上市公司会有业绩波动，那么市盈率就会变化，这个时候市盈率就是动态的。应该说现在的市盈率只代表过去，而未来是动态的，因而考虑这个指标就要考虑这种动态。炒股票其实是在炒未来，想象永远是无限的，这也是很多股票之所以现在亏损或者业绩一般，但是股价却很高的原因，因为只要未来具有业绩增长的动力，市盈率具有下降的预期，股价就有空间。一般而言，主力都是先知先觉，往往先将股价炒到高位，等业绩增长，股票也就众所周知了，那么股价已经高高在上了。如果此时再去接盘，可能就要被套。所以，股票都是提前炒作。以农产品为例，公司三季度亏损，因而市盈率对它没有意义，也不存在负数之说。然而仔细分析就会发现公司未来潜力很大，未来业绩将具有大幅增长的空间，那么，未来的市盈率预期下降，股价上涨是合理的。

（六）除权与分红送配操作方法

从年报公布到召开股东大会一般是一个月，股东大会通过送股方案后，一般送股在半个月进行，也有个别在一个月后才送，主要看公司的意愿。对于高送配股，可以这样来操作。

(1) 公布方案时，涨幅不大、市盈率不高的，可以果断介入。一般持有到除权前选高点卖出。

(2) 公布方案时股价高高在上，一般消息公布会出现利好兑现后回落，可以在回落时选低点介入，持有到送股前卖出。

(3) 部分股票送股前涨幅不大，将可能填权，可以一直持有到除权后。送股除权前涨幅大的，大部分送股后会贴权或者阴跌调整，这些都要在除权前卖出。

(4) 成长股往往送股后会强劲填权，这类股票可以一直耐心持有到除权后填权到一定价格，出现高位时暂时卖出。

(5) 绩差股的送配，股价也不低的，未来没有成长性的，以回避为主。

四、股票风险防范

简单来说，股票的风险不是来自股价的高低，而是股票的质地和投资者的操作策略及资金的控制。对于股票来说，其实真正的高手通常都是追涨杀跌的。这里的追涨杀跌，指的是追高买进强势股，特别是创新高的股票；杀跌指的是卖出弱势股，跌破止损位就卖出。而真正的散户心理总是想卖在最高，也总想自己买在最低。很多股票总是创新高后再创新高，强者恒强。那是因为创新高后，没有套牢盘，拉起来抛压轻，从技术图形上看，真突破就是好的买进机会，那样的短线受益来得快收益也高。另外，创新高的股票，其实大部分散户是不敢买的，那样庄家才好做上去。通常散户都不敢买的，主力就敢拉。另外，从股票本身来说，昨天的高价只代表过去，而昨天的业绩也代表过去。昨天的高价只要该股未来有业绩支撑，有高成长空间，那么，昨天的高点就是未来的低点。如果公司没有成长性，那么现在的低价可能就是未来的高点。所以，不要因为价高就害怕，要逆向而思，正向操作，突破自己以往的思维方式，只有突破自己的心理惯性和障碍，操作水平才能真正提高。

(一) 系统性风险

系统性风险，又称市场风险，也称不可分散风险。是指由于某种因素的影响和变化，导致股市上所有股票价格的下跌，从而给股票持有人带来损失的可能性。系统性风险主要是由政治、经济及社会环境等宏观因素造成，投资人无法通过多样化的投资组合来化解的风险。系统性风险主要有以下四类。

1. 政策风险

经济政策和管理措施可能会造成股票收益的损失，这在新兴股票市场中表现得尤为突出。如财税政策的变化，可以影响到公司的利润，股市交易政策的变化，也可以直接影响到股票的价格。此外，还有一些看似无关的政策，如房改政策，也可能会影响到股票市场的资金供求关系。

2. 利率风险

在股票市场上，股票的交易价格是按市场价格进行，而不是按其票面价值进行交易的。市场价格的变化也随时受市场利率水平的影响。当利率向上调整时，股票的相对投资价值将会下降，从而导致整个股价下滑。

3. 购买力风险

由物价的变化导致资金实际购买力的不确定性，称为购买力风险，或通货膨胀风险。一般理论认为，轻微通货膨胀会刺激投资需求的增长，从而带动股市的活跃；当通货膨胀超过一定比例时，由于未来的投资回报将大幅贬值，货币的购买力下降，也就是投资的实际收益下降，将可能给投资人带来损失。

4. 市场风险

市场风险是股票投资活动中最普通、最常见的风险，是由股票价格的涨落直接引起的。尤其在新兴市场上，造成股市波动的因素更为复杂，价格波动大，市场风险也大。

防范策略：系统性风险对股市影响面大，一般很难用市场行为来化解，但精明的投资人还是可以从公开的信息中，结合对国家宏观经济的理解，做到提前预测和防范，调整自己的投资策略。

（二）非系统性风险

非系统性风险一般是指对某一个股或某一类股票发生影响的不确定性因素。如上市公司的经营管理、财务状况、市场销售、重大投资等因素，它们的变化都会对公司的股价产生影响。此类风险主要影响某一类股票，与市场的其他股票没有直接联系。

非系统性风险主要有以下四类。

1. 经营风险

经营风险主要指上市公司经营不景气，甚至失败、倒闭，而给投资者带来损失。上市公司经营、生产和投资活动的变化，导致公司盈利的变动，从而造成投资者收益本金的减少或损失。例如，经济周期或商业营业周期的变化对上市公司收益的影响，竞争对手的变化对上市公司经营的影响，上市公司自身的管理和决策水平等都可能会导致经营风险，如投资者购买垃圾股或低价股(* ST)就可能承担上市公司退市的风险。

2. 财务风险

财务风险是指公司因筹措资金而产生的风险，即公司可能丧失偿债能力的风险。公司财务结构的不合理，往往会给公司造成财务风险。公司的财务风险主要表现为：无力偿还到期债务、利率变动、再筹资等。形成财务风险的主要因素有资本负债比率、资产与负债的期限、债务结构等。一般来说，公司的资本负债比率越高、债务结构越不合理，其财务风险越大。

3. 信用风险

信用风险也称违约风险，指不能按时向股票持有人支付本息而给投资者造成损失的可能性。此类风险主要针对债券投资品种，对于股票，只有在公司破产的情况下才会出现。造成违约风险的直接原因是公司财务状况不好，最严重的是公司破产。

4. 道德风险

道德风险主要指上市公司管理者的不道德行为给公司股东带来损失的可能性。上市公司的股东与管理者之间是一种委托代理关系，由于管理者与股东追求的目标不一定相同，尤其在双方信息不对称的情况下，管理者的行为可能会对股东的利益造成损害。

防范策略：对于非系统性风险，投资者应多学习证券知识，多了解、分析和研究宏观经济形势及上市公司经营状况，增强风险防范意识，掌握风险防范技巧，提高抵御风险的能力。

（三）交易过程风险

在实际投资活动中，投资者还应防范交易过程中的风险。交易过程中的风险又分为交易行为风险和交易系统风险。

1. 交易行为风险

随着证券市场的发展，证券交易越来越复杂，因普通投资者个人知识有限、时间有限，很难全面适应这种变化，经常发生一些不该发生的损失，比如，错过配股缴款、忘记行权，甚至选择了非法的交易网点和交易方式等。还有一些风险是由券商违规造成，损失却转嫁到了投资者身上，比如，保证金被挪用、股票账号被非法指定、股票被无理冻结等。

防范策略：

(1) 对开户的券商要有清晰的了解，选择一家信誉好的证券营业部，选择券商应考虑的标准主要包括：合法性、公司规模、信誉、服务质量、软硬件及配套设施、内部管理状况。比如，国信证券就是一家信誉卓著的知名券商。

(2) 妥善保管好自己的交易密码、资金账号、股东代码、身份证等个人身份资料，不要将交易密码随意告诉别人，即使是证券公司的人。

(3) 在开户时留下准确的联系方式，包括手机号码、电话号码、通信地址、电子邮箱地址等，联系方式变更时应及时通知所在券商，以便证券公司在上市公司发布重要公告或其他市场重大事件时能及时通知到位。

(4) 经常登录开户证券公司网站和网上交易系统，查询了解自己所拥有股票的公告信息、账户资金情况。

(5) 考虑聘请所在券商专业投资顾问，协助照看自己的股票账户。

2. 交易系统风险

为了方便投资者进行交易，证券公司往往会提供多种交易方式供客户使用，目前市场上存在的主要交易方式有网上交易、电话委托交易、营业网点现场柜台自助交易、手机交易等。这些委托方式都存在以下共同的风险：

(1) 由于技术设备原因造成交易委托功能不能使用或延误、转账功能不能使用或延误的风险。

(2) 由于交易人数过多，存在交易系统繁忙、网速慢需要等待而延误交易的风险。

(3) 由于交易密码、股东代码、资金账号等个人身份有关资料的泄露，发生违背投资者意愿委托的风险。

(4) 在以上各种交易委托过程中，因投资者错误或无效操作造成的损失。

(5) 由于不可预测和不可控制的因素，致使系统故障、设备故障、通信故障、停电及其他突发事故导致不能交易等风险。

另外，网上交易和手机交易还存在着一些比较特殊的风险，比如：

● 由于其他非证券交易使用人数过多而导致网络繁忙、传输速度减慢，因此，交易指令有可能会出现中断、停顿、延迟、数据错误等情况。

● 网上传输的数据有可能被某些个人、团体或机构通过某种非法渠道获得，使得投资者的资料被非法窃取而造成损失。

● 网上发布的证券行情信息及其他证券信息由于传输速度的原因可能滞后；或由于其他不可预测的因素，如黑客恶意攻击，可能出现错误、误导、延迟或被恶意修改，从而影响到投资者的投资行为而造成损失。

● 因手机交易实质上也是一种网上交易，具有网上交易所有的风险，但手机交易还需要通过中国移动公司的 GPRS 无线网络(中国联通公司的 CDMA 网络)传输客户交易指令，交易指令可能因运营商的网络因素而出现中断、停顿、延迟、数据错误等情况，给投资行为带来一些不确定性。

3. 防范策略

(1) 尽量开通多种交易方式并熟练掌握各种交易方式，在一种交易方式无法使用的情况下，可以备选其他交易方式。

(2) 妥善保管好自己的交易密码、资金账号、股东代码等个人身份资料，不要随意告诉别人。

(3) 尽量使用高安全级别的认证方式。如设置交易密码和认证口令时，不要使用相同的密码；避免使用生日、电话号码、身份证号等容易猜测的数字串作为密码；认证口令请不要只使用数字，使用字母的时候要注意大小写，提倡使用字母和数字的组合；定期修改交易密码和认证口令，等等。

(4) 不要在身边有陌生人关注的情况下进行交易和查询等。尽量避免在网吧等公共场所使用网上交易，网上交易、手机交易完毕及时退出操作界面。电话委托尽量少用有液晶显示的电话委托，如果使用的是这一类电话委托，使用完毕后按下电话键，再重新拿起来随便拨几个数字，使原来委托时的数字消失。

(5) 在交易委托下单操作时，应谨慎小心，做到“一慢、二看、三通过”，特别要注意防止下单方向的错误和下单数量的错误，以免带来操作上的风险。

(6) 如果由于某种原因无法通过正常交易通道进行交易委托，应及时与各证券网点服务热线联系，以寻求帮助。

(四) 特殊风险

投资者对以下一些特殊风险也应该有充分认识。

1. 不可抗力风险

因地震、台风、水灾、火灾、战争、罢工及其他不可抗力原因导致股票市场无法正常交易带来的风险。

2. 股灾

有一种特殊的风险形式叫股灾，它是指股市内在矛盾积累到一定程度时，由于受某个偶然因素的影响，突然发生股价暴跌，从而引起社会经济的巨大动荡，并造成巨大损失的异常经济现象。股灾不同于一般的股市波动，也有别于一般的股市风险，具有突发性、破坏性、联动性、不确定性的特点。股灾对金融市场的影响巨大，它的发生往往是经济衰退的开始。例如，1929 年 10 月 29 日的美国大股灾。过度投机形成的泡沫是股灾发生的直接原因。

1929 年 10 月 29 日，星期二，纽约证券交易所刚开市，猛烈的抛单就席卷而来，所有股票成了烫手的山芋，不计价格、不计成本，只要抛掉就好，随之而来的就是道·琼斯指数一泻千里，跌幅达 22%。这是纽约交易所 112 年历史上“最糟糕的一天”，以这个被称作“黑色星期二”的日子为发端，美国乃至全球进入了长达 10 年的经济大萧条时期。

证券市场中，使投资者蒙受损失的风险归纳起来不外乎两大类：一类是外部客观因素所带来的风险，另一类是由投资者本人的主观因素所造成的风险。

外部客观因素所带来的风险有：

(1) 利率风险，这是指利率变动，出现货币供给量变化，从而导致证券需求变化而引起证券价格变动的一种风险。利率下调，人们觉得存银行不合算，就会把钱拿出来买证券，从而造成买证券者增多、证券价格便随之上升；相反，利率上调，人们觉得存银行合算，买证券的人随之减少，价格也随之下跌。在西方发达国家，利率变动频繁，因利率下降引起股价上升或因利率上调引起股价下跌的利率风险也就较大；而在一些不发达国家，利率较少变动，因利率变化所引起的风险也相应较低，人们承担这种风险的意识和能力也较差。例如，1988 年

8—9 月，我国银行利率上调，对一些原来买债券的人来说，当初购买时就是因为看中债券比银行利率高，有的好不容易才通过各种关系购得，这时，债券利率反比银行利率下降了，而且还不能保值，故有不少债券投资者向银行、发行债券的企业以及新闻媒介呼吁，要求调高债券利率。实际上，这正是他们缺乏投资常识，不知道买债券还会遇上利率风险的一种反映。

(2) 物价风险，也称通货膨胀风险，指的是物价变动影响证券价格变动的一种风险。这里有两种情况：一种是一些重要物品(如电、煤、油等)价格的变动，从而影响大部分产品的成本和收益；另一种是物价指数的变动。一般来说，在物价指数上涨时，货币贬值，人们会觉得买债券吃亏了，而引起债券价格下降。1988 年抢购风时，100 元面值的国库券以七八十元的价格抛出，就是受此影响。但是，购买股票却是一种保值手段，因为它是拥有企业资产的象征，物价上涨时企业资产也会随之增值，因此，物价上涨也常常引起股价上涨。另一方面，物价上涨，特别是煤、电、油的价格上涨，使企业成本增加，这时，投资股票也不免会有风险。不过总的来说，物价上涨，债券价格下跌，股市则会兴旺。

(3) 市场风险，这是指证券市场本身因各种因素的影响而引起证券价格变动的风险。

证券市场瞬息万变，直接影响供求关系，包括政治局势动荡、货币供应紧缩、政府干预金融市场、投资大众心理波动以及大投机者兴风作浪等，都可以在证券市场掀起轩然大波。就拿上海股市来说，1991 年 6 月前疲跌不振，持股人看着自己手中的股票市值不但没有增加，反而跌进发行价以下，逐渐对股市不再感兴趣，泄气之至；资金拥有者面对行情持续低迷，也不愿贸然进场，造成成交量低迷，尽管上市股票市值不过区区几千万元，仍是供过于求。7 月以后，在外地投资者的影响下，加之浦东开发等重大项目的提振作用，上海股市大振，大众心理起了根本变化，几千万元股票变得大大供不应求。对这样畸冷畸热的股市，可以说出乎绝大多数人的意料，因为其中有许多无法预测的偶然因素。换言之，投资者若在 6 月投资股市，尽管价格很低，却会碰到许多难以意料的风险，正因为风险大，获利机会也高。6 月投资股市的人，到了 10 月，股价就翻了两番。

(4) 企业风险，指上市企业因为行业竞争、市场需求、原材料供给、成本费用的变化，以及管理等因素影响企业业绩所造成的风险。企业风险一般有三种情况：一是营业风险，这里有市场上某种产品饱和滞销的因素，也有政府产业政策的影响，使某一行业或产业受到限制。例如，为防治污染，有污染性的企业或因此关门，或者迁移，或者必须花极大费用去整治污染，从而造成企业利润大大下降甚至亏损。二是财务风险，指的是企业财务状况不良，包括财务管理不当、规划不善、扩充过失等，从而造成不应有的营业损失和资本损失。一个企业若发生营业性风险尚可调整方向，若遇财务风险，有时在其会计报告中会用不属实的财务数据来欺瞒股东，误导投资人。当财务报告中突然出现大额营业外收入或非常利益所得，看起来公司获利大为增加时，需特别引起注意，这很可能是一种假象，投资者一定要谨慎对待。

投资风险若按风险影响的范围来说，可分为社会公共风险和个别风险。上述利率风险、物价风险、市场风险均属公共风险，企业风险则是一种个别风险。同样，因投资者本人主观因素造成的风险，也属于个别风险之列，包括盲目跟风、不必要的恐慌、贪得无厌、错误估计形势、错过买卖时机、像赌徒一样迷恋股市等等。其中，盲目跟风和贪得无厌更是会将投资者置于绝境的两种常见风险。

盲目跟风常常与不必要的恐慌联系在一起，成为大投机者操纵股市的牺牲品。一些大投机者往往利用市场心理，把股市炒热，把股价抬高，使一般投资者误以为有利可图，紧跟入市，你追我涨，一直把股价炒上顶峰，这时投机者又把股价急剧拉下，一般投资者不明就里，在恐惧心理下，盲目跟随，不问情由，竞相抛售，从而使股价跌得更惨。这种因盲目跟风而助长起来的大起大落走势常常让投资者晕头转向，投机者则从中大获其利。

贪得无厌则跟赌博心理联系在一起。这种人在股市中获利后，多半会被胜利冲昏头脑，像赌棍一样频频加注，直到输个精光为止。反过来，假如在股市中失利，他们常不惜背水一战，把资金全部投在股票上，孤注一掷。毫无疑问，这种人多半落得个倾家荡产的下场。

【实训报告】

根据实训内容填写实训报告。

报告内容：

1. 谈谈对股票综合分析的认识；
2. 运用各种分析手段制订投资策略，并写出有关投资策略的报告。

参考文献

[1] 吴晓求. 中国资本市场研究报告[M]. 北京:北京大学出版社,2013.
[2] 中国证券业协会. 证券市场基础知识[M]. 北京:中国金融出版社,2012.
[3] 中国证券业协会. 证券交易[M]. 北京:中国金融出版社,2012.
[4] 中国证券业协会. 证券投资分析[M]. 北京:中国金融出版社,2012.
[5] 中国证券业协会. 证券投资基金[M]. 北京:中国金融出版社,2012.
[6] 刘平. 证券投资实训——证券模拟实战对抗[M]. 北京:清华大学出版社,2012.
[7] 邱立波. K 线技术分析[M]. 北京:中国宇航出版社,2012.
[8] 张启富,谢贯忠. 证券投资实训(第二版)[M]. 北京:经济科学出版社,2011.
[9] 袁伟. 一本书读懂股票 K 线战法[M]. 北京:中华工商联合出版社,2011.
[10] 张启富,谢贯忠. 证券交易[M]. 北京:机械工业出版社,2010.
[11] 吴晓求. 证券投资学[M]. 北京:中国人民大学出版社,2009.

内 容 简 介

本书以证券交易实训为主线，以网上操作指引为特点，以专业能力训练为目的，对证券交易预备知识、软件下载与安装、行情分析方法与操作、系统软件功能介绍、技术分析方法与应用、网上证券委托、证券投资模拟、网上信息采集等实训内容及操作要领进行了全面介绍。

本书适用面广，在体系安排上科学合理、循序渐进、内容全面，注重对学生理论知识和动手能力的培养。本教材还着重增加了网络证券交易和证券投资模拟内容，使学生可以通过网上操作、建立模拟账户来提高投资水平与技巧。